다문화사회 지역사회와 사회통합

배경임 · 순덕기

KNOWLEDGE COMMUNITY 공동체

머리말

한국은 1990년대 이후 사회적인 수요로 인해 외국인 노동자와 결혼이주 여성이 증가되었고 다문화가정 자녀의 증가 등으로 점차 다문화사회 변화가 확대되어 가고 있다. 앞으로도 한국은 세계 최저를 기록하는 저출생률과 급격한 노령화로 인해 전체 인구의 구성비에서 다문화 이주민의 증가가 예견되고 있다. 한국사회의 변화를 긍정적으로 이끌어 가기 위해서는 사회 여러 부문에서 올바른 사회통합정책이 필요하다. 이를 위해서는 먼저 사람들의 일상이 이루어지는 동적 삶의 공간인 지역사회의 생활세계에서부터 사회통합이 시작되어야 한다. 국가 정책과 사회통합을 위한 각종 프로그램의 진행은 지역사회의 구체적인 특징과 환경이 정확히 반영되어 실행될 때 긍정적인 결과를 기대할 수 있기 때문이다.

한국의 다문화사회 형성은 우리보다 앞서 다문화사회를 경험한 국가들에 비해 진행된 시간이 짧으며 다문화사회 형성 배경도 차이점을 가지고 있다. 이러한 측면에서도 지역사회 생활세계를 중심으로 사회통합이 진행되는 것이 바람직하다. 서로 다른 가치와 문화를 가진 다양한 민족과 인종이 함께 살아가는 공존의 사회는 일상의 삶이 이루어지는 지역사회 공간을 통해 형성될 때 사회통합에 기여할 수 있을 것이기 때문이다.

한편으로 지역사회의 생활세계를 중심으로 진행되는 다문화사회 사회통합은 무엇보다 선주민의 다문화사회 이해와 협조가 전제되어야 한다. 함께 살아가는 사회는 기존의 문화와 가치를 지속해 온 선주민이 이주민과 상호성을 가지고 변화시켜 나가야 하고 이를 통해 새로운 문화를 만들어 가려는 노력 없이는 형성되기 어렵기 때문이다. 다문화사회 형성 초창기 한국사회는 이주민의 사회적응을 통해 사회통합을 강조해 왔다. 그러나 한국의 다문화정책에 점차적인 변화가 일어나고 있다. 교육부가 2007년 공교육 과정에서 다문화이해를 범교과적 주제로 포함시키는 등 사회 전체의 변화를 요청하는 방향으로 확대되어 가고 있는 것이다. 그러나 아직 다문화사회 이해가 사회 저변의 다양한 부문의 시민사회 교육의 영역으로 확장되어 가는 데에는 시간과 노력이 필요해 보이며, 함께 살아가야 할 한국사회의 바람직한 변화를 위해 진행해 온 다양한 분야에서 많은 연구들 역시 앞으로도 계속되어야 할 것으로 생각된다.

이 책은 "지역사회와 사회통합" 과목의 대학강의를 진행하면서 집필되었다. 이는 다문화사회를 위한 긍정적인 변화의 과정 중에 작은 역할을 감당하기 위한 노력의 일환이다. 따라서 다문화사회의 사회통합과 관련된 일반적이고 다양한 내용을 중심으로 구성되었으며, 해외 사례와 국내 다문화 생활세계 공간이 형성되고 있는 지역사회의 경험을 포함하였다. 책을 읽는 분들에게 앞으로 각 영역별로 좀 더 깊이 있는 학습을 위한 출발이 되었으면 한다.

각 장의 구체적인 구성은 다음과 같다.

1장에서는 다문화 이주현상의 개념 및 해외의 이주이론, 국내의 이주이론 및 다문화공간의 형성과 변천을 통해 다문화사회의 형성과 다문화사회의 이주 개념에 대하여 설명하였다.

2장에서는 다문화사회의 다문화 생활세계의 개념, 다문화사회와 문화적응, 이주민의 정체성 시도 및 협상을 통해 다문화생활 세계와 이주민의 정체성에 대해 설명하였다.

3장에서는 인권의 보편적 권리와 개념, 국내 체류 외국인의 인권 현황, 이주민 인권과 다문화사회정책에 대해 다룸으로써 다문화사회 사회통합과 인권의 개념을 설명하였다.

4장에서는 다문화사회와 사회통합의 개념, 사회통합정책 이론의 이해, 국내의 사회통합정책을 통해 사회통합과 사회통합정책의 이론에 대해 설명한다.

5장에서부터 7장까지는 앞에서 설명된 내용을 기본으로 북미의 미국, 캐나다, 유럽의 영국, 독일, 프랑스, 아시아의 중국, 일본, 베트남의 사회통합정책에 대해 알아보고, 한국의 사회통합정책과 비교하여 설명하였다.

8장에서는 거버넌스의 정의와 개념, 다문화사회의 거버넌스 유형, 지역사회 거버넌스의 필요성을 다룸으로써 다문화사회와 거버넌스가 상관관계가 있음을 설명하였다.

9장에서는 지역거버넌스의 모델, 지역거버넌스를 위한 주체별 역할, 지역거버넌스의 구축 사례를 통해 사회통합과 지역거버넌스의 연관성을 설명하였다.

10장에서는 외국 인력의 고용실태, 외국 인력 지원정책과 사회통합 개념, 외국인 인력의 지역사회 통합 사례를 통해 외국 인력의 사회통합과 지역사회 거버넌스에 대해 설명하였다.

11장에서는 결혼이주여성의 실태 및 현황, 결혼이주여성 지원정책과 사회통합의 연관성, 결혼이주여성의 지역사회와 사회통합의 사례를 통해 결혼이주여성의 사회통합과 지역사회의 거버넌스에 대해 설명하였다.

12장에서는 다문화가정 자녀의 현황과 특성, 다문화가정 자녀의 교육적 삶의 개념, 다문화가정 자녀의 지역사회와 사회통합 사례를 통해 다문화가정 자녀의 사회통합과 지역사회의 거버넌스에 대해 설명하였다.

13장에서는 법무부 사회통합프로그램, 다문화사회 사회통합의 미래 방향과 과제, 다문화사회 지역사회의 향후 역할과 과제를 다룸으로써 한국 이주자의 지역사회와의 사회통합 방향과 과제를 제시하였다.

2022년 1월

저자 배경임, 순덕기

CONTENTS

차 례

CONTENTS

차 례

Chapter 13 한국이주자 지역사회와 사회통합의 방향과 과제

Chapter

01

다문화사회 형성과 다문화사회 이주 개념 이해

1. 다문화 이주현상의 개념
2. 해외의 이주이론
3. 국내의 이주이론 및 다문화공간의 형성과 변천

Chapter 01 다문화사회 형성과 다문화사회 이주 개념 이해

1. 다문화 이주현상의 개념

인류는 오랜 이주의 역사를 가지고 있다. 종족 간 영토 개척, 유목, 전쟁, 노예 등 다양한 배경으로 개인 또는 집단 단위로 이주를 계속해 오고 있다. 이주의 역사 초기에 모국과는 단절된 채 정주국에서 새로운 삶을 개척하던 모습과 달리 현대사회의 이주는 다른 양상을 보이고 있다.

1) 현대사회와 이주형태의 변화

전형권(2008)에 의하면 1960년대 중반 이후부터 국제이주의 사회적 · 경제적 패턴은 그 이전 시기와 현저하게 구별되는 특성을 가지고 있다. 그 이전 시기의 이주가 경제, 종교, 정치적 핍박으로 인한 단방향성 · 일회성 이동이었다면, 1960년대 중반 이후부터의 국제이주는 국가의 경계를 초월한 다방향의 급격한 이동이 이루어지고 있다. 최병두(2011)는 1980년대 이후 본격화된 지구화 · 지방화 현상과 함께 진행된 초국적 이주의 결과 한국의 다문화사회[1])로의 변화는 이전과 전혀 다른 '초국적 이주의 시대', '다문화주의 시대'라고 명명했다. 이러한 현대사회의 초국적 이주 현상은 사회, 경제, 정치, 환경 등 다양한 영역에 걸쳐 전 세계적으로 나타나고 있으며, 교통과 통신 등 첨단 과학기술의 발달로 더욱 가속화되고 있다. 또한 현대사회의 문제인 저출산 및 고령화 현상은 지속

---

1) 다문화사회는 '세계화에 따른 국제노동인구 및 난민의 증가로 인한 다인종사회'라는 의미와 '다양한 가치와 문화를 존중하는 다양성의 사회'라는 의미 등 다양한 의미를 내포하는 용어다.

가능한 사회를 위한 국제이주를 요구하고 있다. 캐슬스와 밀러(Castles & Miller, 2013)도 현대사회의 초국적 이주는 이전의 이주와 다른 양상으로 국가의 경계를 넘나드는 네트워크 형성으로 송출국과 수용국 모두에 변화를 일으키고 있으며, 저출산 · 고령화와 같은 인구 문제를 비롯하여 빈부의 격차 등 다양한 사회문제로 인해 이주의 시대가 지속될 것이라고 예측하고 있다.

캐슬스와 밀러(Castles & Miller, 2013)에 의하면 이러한 초국적 이주는 다음의 두 가지 변화를 야기한다고 지적한다. 첫 번째는 불법체류의 전 세계적 확산이며, 두 번째는 초국가주의에 의한 것으로, 이주가 점차 쉬워지면서 이주로 인해 둘 이상의 개인과 국가 간의 사회적 · 정치적 · 문화적 · 경제적 관계가 새롭게 형성된다는 것이다. 이러한 도전들은 활발한 경제 교류와 인간관계 형성, 사회학적 인구문제 해결 등의 초국적 이주로 인한 긍정적 효과를 가져다주는 한편, 2005년 파리 교외 소요사태에서부터 2010년 독일 앙겔라 메르켈 총리의 독일 다문화사회 실패 발표 등 각종 반이민 사건과 사회통합정책 실패로 부정적인 사태가 발생하기도 한다.

2) 한국사회의 대응

한건수(2012)는 한국 사회의 다문화 열풍을 지적하며 다문화사회와 다문화주의에 대한 불명확한 규정과 무분별한 호혜적 다문화 사회통합정책이 다문화혐오증을 불러일으켰다고 지적한다. 따라서 초국적 이주의 시대에 직면하고 있는 한국 사회는 우리보다 앞서 다문화사회를 맞이한 유럽과 북미, 아시아의 사례로부터 이주의 역사와 이에 따른 정책과 경험을 토대로 한국적 상황에 맞는 다문화정책을 시행해야 한다.

한국 사회는 현재 마주한 초국적 이주와 다문화사회 진입이라는 현실을 직시하고 분석하여 지속발전이 가능한 한국 사회를 만들어 나가기 위해서는 이주의 역사에서부터 한국형 사회통합정책과 실천에 이르기까지 더욱 탄탄한 학문적 토대를 가지고 대응하여야 할 것이다.

3) 초국적 이주의 현황

UN DESA(2017)가 발표한 『The International Migration Report 2017』에 따르면 출생 국가 이외의 국가에 거주하고 있는 이주민 인구는 2억 5,771만 5천 명으로 2000년 이후 49%가 증가했다. 이는 전 세계 인구의 3.4%가 이주민으로 구성되어 있음을 보여준다. 특히 높은 경제력을 가지고 있는 고소득 국가에 거주하는 이주민의 증가폭이 2000년 9.6%에서 2017년 14%로 크게 늘어났다. 또한 전 세계 이주민 중 60% 이상이 아시아와 유럽에 거주하고 있다. 2017년 전 세계 이주민 중 1억 6천만 명이 아시아 지역에서 태어났고, 유럽이 두 번째로 많았으며, 다음으로 남아메리카, 아프리카가 그 뒤를 이었다. 이주민의 성비를 보면 유럽과 아시아(서아시아 제외)의 경우 여성 이주가 남성에 비해 많았으며, 북아메리카, 남아메리카, 오세아니아, 서아시아의 경우 남성 이주가 여성에 비해 많았다. 평균연령을 보면 2017년 전 세계 이주민의 평균연령은 39세였다. 그러나 일부 지역(아시아, 중남미, 카리브해, 오세아니아)에서는 이주민의 평균연령이 낮아지고 있다.

UN DESA(2017)의 발표에 다르면 이러한 국제이주는 인구학적 측면에서 볼 때 북아메리카, 오세아니아, 유럽의 인구 감소에 대한 대안으로 작용하여 인구 증가에 기여한 것으로 나타났다. 유럽의 경우 이주민이 없었다면 전체 인구가 1% 감소했을 것으로 나타났다.

4) 한국의 이주 현황

전 세계적 이주 현상은 이미 한국 사회에서도 더 이상 낯선 현상이 아니며, 전 세계의 초국적 이주와 그 흐름을 같이하고 있다. 한국 사회의 이주민 현황을 보면 2018년 3월 말 체류 외국인은 225만 4,085명으로 2014년 179만 7,618명보다 25.4%(456,467명) 증가했다. 2018년 출입국 · 외국인정책본부 통계월보에 따르면 외국인 등록자는 118만 7,988명, 외국국적동포 국내거소 신고자는 41만 8,003명, 단기체류자는 64만 8,094명이었으며, 외국인 유학생은 15만 1명인 것으로 집계되었다.

이러한 이주민 현황을 통해 볼 때 한국 사회는 이미 다문화사회로 진입해 있으며, 이주민의 증가는 지속화될 것으로 예측된다. 최병두(2011)에 따르면 한국 사회에서 일어나는 초국적 이주현상은 새로운 지구-지방적 과정을 배경으로 전개되어 다양한 결과를 초래한다. 보머스와 모라브스카(Boomes & Morawska, 2005, 최병두, 2011 재인용)는 초국적 이주와 다문화사회로의 전환은 과거와 구분되는 새로운 시대로서, 이러한 시대를 분석하기 위한 새로운 이론적 패러다임 개발이 요구된다고 했다.

2. 해외의 이주이론

1) 해외의 이주이론

캐슬스와 밀러(2013)는 국제이주에 대한 연구를 두 가지 범주로 구분한다. 첫째는 이주의 결정 요인, 과정, 유형이고, 둘째는 이주자가 이민을 받아들인 사회에 어떻게 통합되는지의 여부이다. 특별히 두 번째 범주는 이주가 이민자 송출국과 수용국 모두에 변화를 일으키는 방식에 대한 것이다(Castles & Miller, 2003 : 53).

이주과정이란 국제이주를 유발하고 그러한 방향에 영향을 미치는 다양한 요인과 상호작용의 집합이다. 이러한 점에서 이주는 정치, 경제, 역사, 지리, 사회, 심리, 인구, 문화, 법 등이 사회의 모든 분야와 관련되어 있는 것이라 할 수 있다. 이러한 영역들의 상호작용을 복합적으로 이해해야 이주를 이해할 수 있다.

(1) 신고전경제학 이론(neoclassical economics)

매시 등(Massey et al., 1993)에 따르면 신고전학파 이론은 이주 연구에서 가장 오래된 이론으로 지배적인 패러다임을 제공한다. 이 이론의 선구자는 라벤슈타인(Ravenstein)으로, 이주의 통계적 접근을 통해 이주에 대한 체계이론(systemic theory)을 제시했다(Ravenstein, 1885; 1889). 신고전학파 이론의 대표적인 유형으로 거시이론과 미시이론을 들 수 있다.

① 거시이론

사람들을 출생지에서 떠나게 하는 배출요인은 높은 인구밀도, 낮은 경제적 수준, 높은 실업률, 정치적 억압 등이며, 사람들을 특정한 국가로 끌어들이는 흡인요인은 높은 노동수요와 고용 기회, 정치적 자유 등이 있다. 이와 같은 요인들을 토대로 거시이론은 노동력의 수요와 공급의 지역 간 차이가 이주의 근본적인 원인으로 본다. 이러한 접근은 '배출-흡인 이론(push-pull theory)'이라고도 불린다.[2)]

② 미시이론

미시이론은 이주를 인적자본 투자의 한 형태로 본다(Massey et al., 1993, 석현호, 2000 재인용). 이 이론은 비이주와 이주 사이에 상대적 비용과 이익에 대한 비교에 기반을 둔 개인의 합리적 결정을 강조하므로 개인적이며 비역사적인 특징을 가진다.

(2) 신경제학 이론(new economics of migration)

신경제학 이론은 신고전경제학 이주이론에 대한 반론으로서 1980년대에 등장한 개념이다(Stark, 1991). 신고전경제학은 이주 결정이 한 개인에 의해 내려지는 것으로 설명하지만, 신경제학 이론은 이주 결정이 가족이나 가구, 공동체에 의해 내려진다고 주장한다. 이 이론의 분석단위는 개인이 아니라 사회집단으로, 이민 송출국의 보험과 신용시장, 투자기회에 도움을 주는 정책들은 이주 결정에 영향을 주는 것으로 보고 있다.

(3) 이중노동시장 이론 · 노동시장분절 이론(dual labor or segmented market theory)

---

2) 배출-흡인 이론은 실질적인 이동의 주체인 개인을 기본적인 분석의 단위로 상정하여, 개인의 지역 간 인구이동 행위에서 개인수준의 동기를 고려함과 동시에, 출발지와 도착지라는 지역수준의 영향이 개인의 인구이동 의사결정에 미치는 과정을 포괄하는 인구이동의 이론적 모형이다.

신고전학파의 연구에 광범위한 요인을 도입하기 시작하면서 이중노동시장 이론 · 노동시장분절 이론이 등장하는데, 이 이론은 이주와 관련된 노동시장이 분화하는 데 제도적 요인의 중요성을 강조한다. 대표적인 학자는 피오레(Piore)로, 이주가 선진국 경제구조의 영구적인 노동 수요로부터 발생한다고 주장했다. 곧, 이민 유입국의 흡인요인에 의해 이주가 발생한다는 것이다. 그에 따르면, 선진국의 생산 및 서비스 산업이 고숙련 노동자 시장(자본 집약적인 1차 노동시장)과 저숙련 노동자 시장(노동 집약적인 2차 노동시장)으로 분할되지만, 선진국의 국민은 2차 노동시장에서의 고용을 기피하고 1차 노동시장에서 고용되기를 기대한다. 그러므로 2차 노동시장에서 노동 수요는 이주노동력으로 충원할 수밖에 없다. 이러한 노동시장의 분화로 인해 인종과 젠더에 기초한 구분이 발생하게 된다. 이처럼 이 이론은 사용자와 정부가 이주에 미치는 영향과 국제적인 임금 차이가 적을 때도 발생하는 이주를 설명하는 데 도움이 된다.

(4) 역사-구조적 접근 이론과 세계체계 이론(world systems theory)

졸베르크 등(Zolberg et al., 1989)은 배출 및 흡인 요인을 동시에 결정하는 초국가적 자본주의 경제의 역동성으로 이주하는 노동자의 이동을 통해 노동이주를 분석하는 역사-구조적 접근 이론을 제시했다. 이 접근은 1970~1980년대에 등장한 이론으로, 그 이론적인 뿌리는 마르크스주의 정치경제학이며, 대표적으로 1960년대 남미에서 유행한 종속이론이다. 이 이론은 강대국들의 식민지배와 불공정한 무역 구조로 인해 제3세계의 국가들에 많은 영향을 미쳤다.

세계체계 이론은 1970~1980년대에 발전했으며, 역사-구조적 접근보다 포괄적인 접근이다. 중심부의 자본주의 국가들이 발전되지 않은 주변부의 국가들을 편입하는 방식에 주목했으며, 특히 다국적기업들이 저개발국가에 진출하여 촌락의 변화, 빈곤, 노동자의 이주, 도시화 등을 야기하는 현상에 관심을 가진다.

이러한 이론들은 1990년대에 등장한 전 지구화 이론의 선구자라 할 수 있다. 노동의 국제적 이동은 자본과 상품의 국제적 이동과 반대 방향으로 일어나는데, 이주는 과거의 식민지와 강대국 사이에 더 많이 일어나는 경향이 있다. 이는 언어, 문화, 투자, 행정, 통신 및 교통의 연결이 일찍부터 형성되었기 때문이다. 이주는 국가 간의 임금 차이에 기인하지 않으며, 세계 경제의 구조로부터 기인한다.

2) 이주체계 이론(Migration Systems Theory)과 이주네트워크 이론 (Migration Network Theory)

신고전경제학 이론, 신경제학파 이론, 이주노동시장 이론, 세계체계 이론은 이주를 발생시키는 원인에 대한 이론들이라고 할 수 있다. 매시 등(1993)은 이러한 이주의 발생 원인을 넘어 이주를 영속화시키는 조건에 대해 고민했다. 곧, 이주에서 발생 원인과 이주 영속화 원인은 다를 수 있다는 것이다. 이에 영속화 이론으로서 이주체계 이론, 이주네트워크 이론을 제시한다.

이주의 영속화 이론에는 지리학에 기반을 둔 이주체계 이론과 사회학과 인류학에 기반을 둔 이주네트워크 이론이 있다. 1990년대 이후로 사회과학 분야의 학제적 대화를 선도적으로 시도하고 있는 이론들이다. 이주체계는 이주자를 교환하는 둘 이상의 국가들로 구성되는데, 이주체계 이론은 이러한 이주 흐름의 양쪽 끝을 모두 검토하면서 관련된 장소들 간의 모든 연계를 연구하는 이론이다.

이주체계 이론의 기본 가정은 다음과 같다. 첫째, 이주체계 안의 국가들이 반드시 지리적으로 가까울 필요는 없다는 것이며, 둘째, 다극화된(multipolar) 체계가 가능하다는 것이다. 셋째, 국가들은 하나 이상의 이주체계를 가질 수 있으며, 이민수용국보다는 송출국에서 다중 멤버십을 가질 수 있다. 넷째, 국가들은 정치경제적 변화에 따라 체계에 가입할 수도, 탈퇴할 수도 있다.

캐슬스와 밀러(1994)는 이민의 흐름을 거시 구조, 중위 구조, 미시 구조가 상호작용한 결과로 본다. 거시 구조는 대규모의 제도적 요인으로 세계시장이라는 정치-경제적 관계, 국가 간의 관계, 이민 송출국과 이민 수용국 간의 이민 통제를 위한 법률, 구조, 관행 등의 개념이다. 이는 역사-구조적 접근의 주제로,

세계 경제의 생산 · 분배 · 교환이 이주를 결정하는 주요 요인이었으며, 국제관계 및 국가들의 역할이 이주를 촉진하는 과정에서 중요하다. 미시 구조는 이주자의 개인적인 네트워크, 관행, 신념 등으로 이주자들이 이주 및 정주의 과정에서 발전시킨 비공식적인 사회 네트워크다. 예를 들어, 프라이스(Price, 1963)가 언급한 연쇄이주(chain migration)에서 이주자의 가족 및 연고 관계는 이주를 결정하는 중요한 요인이다(Portes & Bach, 1985). 중위 구조는 일련의 중간 단계 메커니즘으로 최근에 주목받기 시작했다. 이는 이주가 지속적으로 증가하고 더 나아가 산업화되면서 이주를 중개하는 개인, 집단 그리고 제도의 등장을 의미한다. 이것은 이주를 통제하거나 중지시키려는 정부의 노력에 반해, 이주의 민영화 경향이 확대되고 있음을 의미한다. 이러한 부분을 설명하는 이론을 제도적 이론(institutional theory)이라고 부르기도 한다(Massey et al., 1993). 이주를 시작하고 유지하는 과정에서 이주자는 이주국에 대한 지식, 경제적 기회를 발굴하고 적응하는 능력인 문화자본을 활용한다. 그뿐만 아니라, 이주자가 형성하는 비공식적 네트워크는 사회자본(Bourdieu & Wacquant, 1992 : 119)으로, 개인적 친분관계, 가족 유형, 친교 및 공동체, 경제적 · 사회적 문제를 해결하는 상호부조 등을 포함한다. 전형권(2007)은 이러한 이주네트워크 이론을 개인주의에 기초한 신고전경제학 이론의 인적자본론에 대비되는 사회적 자본론이라고 했다.

신경제학파의 주장처럼 가족과 공동체는 이주네트워크에서 매우 중요하다. 특히 아시아인의 이주 결정은 대부분 개인보다는 가족에 의해 이루어지는데, 노동시장분절 이론의 주장처럼 젊은 남성이나 여성이 이주하게 될 것으로 예측한다(박신혜, 2016). 가족은 이주 자체를 가능하게 해주는 문화자본, 금융자본, 사회자본을 제공한다. 또한 젊은 남성이나 여성이 이주를 선도적으로 시작하여 일단 이주가 시작되면 후속 이민자가 “이미 지나간 경로”를 답습하고(Stahl, 1993), 이주지역에 이미 이주하고 있는 친지나 친구의 도움을 받게 된다. 매시 등(1998)은 이러한 현상을 누적적 인과 이론(theory of cumulative causation)으로 설명하면서 이주의 행위가 후속적인 이주가 결정되는 사회적 맥락을 변화시키고, 미래의 이주 가능성을 높이는 인과적 작용을 한다고 주장한다.

결과적으로 거시 구조, 중위 구조, 미시 구조는 이주 과정에 얽혀 있으며, 서로가 명확히 구분되는 경계선이 존재하지 않는다. 즉, 이주의 원인은 한 가지로만 설명할 수 없으며, 모든 구조에서 이주 과정의 모든 측면을 이해하기 위한 노력이 필요하다.

3) 초국가주의(Transnationalism) 이론

(1) 초국가주의와 초국가적 공동체에 관한 이론

초국가적(transnational)이라는 용어는 1916년 랜돌프 본(Randolph Bonne)이 처음 사용했다. 본은 미국이 더는 모든 다양한 문화와 인종을 동일화시키는 거대한 용광로가 될 수 없으므로 '미국화(Americanization)'라는 용어를 다시 정의 내릴 것을 요구했다. 본은 미국이 동질화 이론에 순응하기보다 세계 각국 출신 이민자들의 다양한 삶을 받아들임으로써 더 위대한 국가가 될 것이라고 주장했다. 본에게 '초국가적 미국(transnational America)'이란 앵글로 색슨 중심의 사고 방식에서 벗어나 세계의 다양한 문화와의 연관성을 수용하는 새로운 방식을 드러내 주는 참신한 용어이다(이현주, 2017). 초국가주의(transnationalism)는 이주자가 지리적 · 정치적 · 문화적 국경을 넘나들면서 사회적인 장을 형성하고 출신국과 정착국 사이에서 다양한 사회적 관계를 형성하고 유지하는 현상이다(Basch et al., 1994, 이용균, 2013 재인용).

이러한 초국가주의는 새로운 현상이라기보다는 새로운 관점을 재현하는 것인데(Portes, 2003, 이용균, 2013 재인용), 이는 과거의 이주자도 초국적 활동을 했음을 보여준다. 그러므로 초국가주의는 초국가적 렌즈(transnational lens)를 통해 초국가적 삶을 인식하게 하는 관점이라고 할 수 있다(Smith, 2003).

(2) 초국가주의가 등장한 배경과 초국가적의 유형

초국가주의가 등장한 배경을 이용균(2013)은 이렇게 설명한다. 첫째로 초국가주의는 전 지구화(globalization)의 진전과 함께 등장했다(Basch et al., 1994).

바슈 등(1994)은 "탈영토화된 국가주의"가 등장한다고 주장하면서 초국가주의에 대한 논쟁을 촉발시켰는데, 초국가주의는 전 지구화가 간과하고 있는 국가와 영역성을 보완할 수 있다. 둘째로 이주자에 대한 차별은 초국가적 활동을 확산시키는 계기를 마련해 주었다. 이는 미국, 캐나다, 유럽 등에서 발생한 인종차별적 사례로 인한 초국가적 활동에서 알 수 있다. 이용일(2009)에 따르면, 초국가주의는 중심에 대한 주변부의 인종 투쟁에서 발생한다. 셋째로 해외에 거주하는 자국민을 위한 디아스포라 정책 같은 국민강화 프로그램은 초국가적 활동을 자극한다.

파이스트(Faist, 2000)는 초국가적 유형을 정리하였는데, 첫째, 초국가적 집단(groups)은 송금 및 투자를 통한 가족이나 친척의 연결을 의미한다. 둘째, 초국가적 순환(circuits)은 상품과 서비스의 교환과 같은 무역 활동이다. 셋째, 초국가적 공동체(communities)는 디아스포라와 같이 공유된 문화로 이주자를 결속한다.

(3) 초국가주의 구분

베르토벡(Vertovec, 2007)은 초국가주의를 여섯 가지로 구분한다. 첫째, 사회적 형태학으로서의 초국가주의다. 이는 초국가적 사회 형성에 관한 것으로, 초국가적 사회가 이주자의 정착국가에서 형성되고 작동되는 것에 관심을 가진다. 둘째, 인식 형태로서의 초국가주의다. 이것은 이주자의 이중 또는 다중 정체성, 탈중심화된 소속감에 관심을 가진다. 셋째, 문화적 재생산 양식으로서의 초국가주의다. 이것은 이주자가 경험하고 있는 하나 이상의 문화적 유산과 문화적 혼성에 관심을 가진다. 곧, 초국가적 실천에서 세대, 젠더, 종교의 차이에 주목한다. 넷째, 자본 통로로서의 초국가주의다. 이것은 경제적인 영역으로서 이주자의 송금과 출신국 지역개발에 관한 개념이다. 민족경제(ethnic economy) 네트워크를 통한 초국가적 경제 활동은 이주자에게 사회적 자본을 제공하고, 소속감과 정체성을 형성하는 요소로서 작용한다는 것이다. 다섯째, 정치적 활동의 장으로서의 초국가주의다. 여기에서 이주자는 선거참여, 정당의 회원활동, 로비활동을 통해 정치에 참여하는 존재다. 여섯째, 장소 혹은 로컬리티 재구성으로서의 초국가주의다. 초국가적 실천은 국경을 넘나드는 이동성(mobility)과 정착지에서의 지역성(locality)에 동시에 영향을 미친다(Dahinden, 2010). 이러한 현상의 전제는 초국가적 실천을 위해 이주자가 정착국가에 뿌리를 내린다는 것이다.

3. 국내의 이주이론 및 다문화공간의 형성과 변천

1) 국내의 이주이론

국내의 이주 관련 연구 동향을 살펴보면 초국적 이주와 초국가주의의 관점으로 이주에 대해 분석하는 연구가 늘어나고 있다. 윤인진(2012)은 국내의 초국가주의 연구는 국내에 체류하는 외국인 이주자 집단과 해외에 체류하는 한국인 이주자와 재외 한인집단을 중심으로 진행되어 왔다고 분석했다. 국내 체류 이주자의 경우 이주노동자, 결혼이주자에 관한 연구가 진행되었다. 이들 연구의 초기 과정에서는 이주자들의 한국으로의 이주, 한국에서의 적응, 차별, 공동체에 초점이 맞추어져 있으며, 이민연구의 전통적인 통합이론에 근거하여 연구가 진행되어 왔다(윤인진, 2021).

영구 정착을 목적으로 하는 이주와 달리, 노동과 교육을 위해 장기적으로 체류하는 이주가 증가하면서 이주 연구는 국민국가를 기반으로 분석하는 데서 벗어나기 시작한다. 2000년대 후반 들어 초국가주의 연구가 증가추세를 보인다. 대표적인 연구로는 인도인의 초국가성에 관한 연구(김경학, 2005; 2007), 조선족의 사례를 통해 디아스포라에서 초국가주의로의 패러다임 전환을 역설한 연구(박광성, 2008; 윤인진, 2008), 비공간적 네트워크를 지나치게 강조하거나 초국가적 민족주의를 간과하는 위험성을 지적한 연구(박경환, 2007), 결혼이주자의 초국가성에 관한 연구(김동엽, 2010; 임안나, 2005; 장남혁, 2012), 초국가주의에 기반을 두어 조기유학의 실태 및 적응을 다룬 연구(박경환 · 백일순, 2012; 박소화, 2010;

유희연, 2008)를 들 수 있다.

이주민 집단에서 나타나는 초국가주의 연구 외에도 문학과 문화 영역에서 벌어지고 있는 초국가주의 현상에 대한 연구들도 있다. 초국가적 문화의 흐름이 쌍방향임을 주목한 연구(김홍구, 2011; 임춘성, 2008)가 있으며, 탈식민주의와 민족주의의 연장선상에서 문화를 해석하고 새로운 문화담론으로의 초국가주의에 관한 연구(김영민, 2009; 마정미, 2011) 등이 있다.

이러한 연구 동향을 분석해 볼 때, 이주자의 적응과 동화 같은 기존의 주제에서 벗어나 이들의 초국가적 특성에 주목하면서 초국가주의를 이주자의 공간을 연결하는 생활양식과 정체성, 문화를 설명하는 이론적 관점으로 제시하고 있다.

2) 다문화공간의 형성

전 세계적 현상인 초국적 이주라는 이주 현상과 이로 인한 사회공간적 변화 양상은 한국 사회에서도 같은 흐름으로 전개되고 있다. 1970년대 일어난 유럽과 영미 등에서 발발된 경제적 불안과 경제적 신자유주의의 전 세계적 확산은 시장과 무역의 자유로운 왕래를 발전시켰고 이러한 현상으로 인해서 국가와 지역 간의 경제적 상호의존성은 오히려 증가되었다. 이것은 또 다른 측면에서 지역사회의 변화를 촉진하고 있다. 교통과 통신기술의 발전은 새로운 시간과 공간의 변화를 가져왔고 이러한 변화는 전 지구적으로 또한 모든 국가적으로 그리고 개별지역에서 상호적이고 동시적인 관련성을 가지고 진행되고 있다는 측면에서 '지구-지방화' 과정이라고 지칭된다. 더욱이 각 규모는 중첩되고 상호 침투하는 과정이기 때문에 '규모적 접근'이 강조되기도 한다. 이러한 변화는 흔히 다문화사회로의 전환으로 이해되지만, 이들의 초국적 이주 과정과 지역사회 정착 생활은 그 자체로 공간적 측면을 매우 중요하게 내포하고 있다는 점에서 '다문화 공간'의 형성(또는 생산)으로 이해될 수 있다(Choi et al., 2011).

초국적 이주자의 유입이 증가하고 이들에 의한 사회공간적 변화가 가시화됨에 따라 이에 관한 정책적 관심이 확대되고 있다. 앞으로도 초국적 이주자의 다양한 규모의 유입이 한동안 유지될 것이다. 이주민들이 자신들이 거주하는 지역의 공동체 공간이나, 한국 사회 공간 전체에 가져올 영향력도 오랜 시간 지속될 것이라는 면에서 이주민들에 관련된 정책적 · 학문적 관심도 역시 유지될 것이다. 오히려 비중이 더욱 확대될 것으로 예상된다. 이러한 점에서 현 단계의 한국 사회를 중심으로 초국적 이주와 이에 따른 사회공간적 변화를 체계적으로 살펴볼 필요가 있다(최병두, 2012).

3) 이주민 유입에 따른 지역사회와 한국 사회의 공간적 변화

(1) 초국적 이주로 인한 미래의 다문화사회 공간의 형성

'초국적 이주'란 이주민들이 자신의 국가에서 다른 국가로 이동하는 거주지 이동만을 의미하지 않는다. 이주민들의 이주와 연관된 여러 가지 실제적이고 물리적인 상황을 포괄하는 현실적 전환 과정으로 해석되어야 한다. 왜냐하면 초국적 이주를 진행하는 이주민들의 행동은 이주민의 자기의지나 자기의도를 포함하며 이것은 이주민들의 자기 정체성의 변화를 초래하기 때문이다. 그리고 이러한 변화와 행동을 조건 지우고 가능하게 하는(또는 제약하는) 정주국의 구조적 조건들, 유입국과 이주국 국가 간 경제 · 정치적 관계, 유입국과 이주국의 물리적 이동성, 국경 통과, 정주가 이루어진 유입국의 지역사회에서 기존의 사회문화적 관습이나 규율 등의 여러 가지 변화 등도 동반하기 때문이다.

초국적 이주는 이와 같은 이유로 인해 정주한 국가의 지역사회뿐만 아니라 국가 자체, 나아가 송출국 · 유입국 간 국제적 관계, 그리고 세계의 사회 · 경제 · 정치 질서를 변화시키게 된다. 이러한 점에서 초국적 이주는 "이주자가 하나의 공동체에서 다른 공동체로 옮겨가는 것만을 의미하지 않는다." 왜냐하면 "국경을 가로지르는 과정 자체가 새로운 사회적 · 문화적 패턴 · 사고 · 행태를 유발"하기 때문이다(김미경, 2010).

초국적 이주는 국경을 가로지르는 이동만이 아니라, 국경이라는 실체가 이전과는 전혀 다른 양상을 가지며, 국경에 대한 해석까지 변화시키게 된다. 즉, 초국적 이주가 근대 국민국가의 동질성 가정, 즉 "동일한 국적, 단일한 국민 정체성, 배타적인 시민권, 영토 내부에 대한 포괄적인 통치권"에 충격을 주고, 이를 전환시킴으로써 전통적 국가 체제와 이데올로기의 틀을 벗어나는 '탈전통적' 현상이다(김신정, 2010 : 114).

베르토벡(2007 : 150)은 초국적 이주 자체의 문제에서 그 전환적 과정을 강조하기 위해 '초국가주의(transnationalism)'에서 '전환(transformation)'으로 연구의 초점을 옮겨갈 것을 제안한다. 오늘날 이주민들의 국가를 넘는 이주 과정은 이전과는 확연히 다른 양태를 나타내는데, 베르토벡은 이를 세 가지 기본 영역에서 지적하였다. 그가 제시한 사회문화적 영역에서 나타나는 변화는 첫째, 인식적 변화로 정주민이나 이주민 모두에게 나타나는 이주민들을 의식하는 것이다. 둘째, 개념적 변화로 정치의 범위에서도 정체성, 경제, 질서 등이 새롭게 해석되는 것이다. 셋째, 경제적 변화로 경제 범위에서도 지역경제에 변화를 가져오는 것뿐만 아니라 노동과 금융의 영역을 포함한다.

초국적 이주는 이주자에게 낯선 공간에서 새로운 자기의식을 갖게 되며, 기존 지역주민과의 접촉과 연관성을 통해 자신뿐만 아니라 기존 정주민들의 변화까지 일으키는 작용을 한다. 이와 같이 이주민의 유입은 기존의 지역사회와 공간을 점차적으로 달라지게 한다는 점에서 '다문화사회'로의 변화를 일으키는 것으로 이해된다.

(2) 다문화공간과 이주민의 정체성 형성

초국적 이주는 단순히 국경을 가로지르는 근대 국민국가의 영토성을 뛰어넘는 과정을 넘어 그들이 가지고 있는 고유의 문화를 가지고 새로운 장소로 이주함으로써 다양한 문화가 혼종되는 정체성 협상의 과정이다. 초국적 이주의 문제는 단순한 외국인 이주민의 양적 증대와 분포만 측정하는 것이 아니라, 초국적 이주가 가져오는 다양한 문화 창출로 인해 형성되는 새로운 다문화 공간의 형성이라는 사회공간적 변화라는 측면이 있다.

이주민은 자본주의 경제의 지구화 과정을 배경으로 국가 간 사회경제적 격차에 따른 삶의 조건(소득, 교육, 여타 생활환경 등)이 더욱 유리한 지역으로 이주한 사람들이다(최병두, 2012 : 23). 이들은 이주한 국가 또는 지역에 정착하면서 자신들의 삶을 유지하기 위한 기존의 다양한 문화적 가치와 행동양식과 새로운 정주 공간에서의 문화적 가치와 행동양식과의 정체성 협상 과정을 경험한다. 이러한 다양한 문화의 정체성 협상 과정은 단순한 동화 또는 주변화 과정이 아닌 상호침투적 과정을 통한 상호문화적 과정이다. 이 과정을 통해 다문화 구성원이 생활세계에서 형성하는 모습은 외국인 노동자, 결혼이민자, 외국인 유학생, 난민 등 다양한 법적 지위로 구분되는 이주민의 영역에서 저마다 특정한 행태를 보여준다. 그리고 각각의 법적 지위 아래에서 이루어지는 정체성 협상 과정은 다문화사회가 추구해야 할 이상향이라 할 수 있는 상호문화인의 단계에 이르기까지 경계인, 융화인, 주변인, 동화인 등의 모습으로 나타난다.

최병두 등(2011)은 이러한 이주민이 그들의 생활세계를 형성해 나가는 과정에서 드러내는 특성으로 첫째, 외국인 이주민은 자신이 이주한 목적을 이루기 위해서 필요한 일터나 생활하는 가정 또는 학교 등에서 생활하는데 때로는 유입국의 규율이 적용되는 부담스러운 공간임에도 이를 참아내고 가식적으로 만족해야 한다는 의식을 가지는 경향이 있다. 둘째, 외국인 이주민은 생활에 필요한 경우 생활필수품의 구매나 병원 의료시설 이용, 자녀들을 위한 교육, 자신들의 종교 활동 등을 제외하고는 가능한 한 기본생활공간에서 벗어나지 않으려는 경향을 가진다. 이것은 이주민들에게는 경제적으로나 시간적으로 다른 공간을 이용할 수 있는 여력이 정주민과 대비해 부족하며, 다른 지역에 이동하여도 만나는 사람들과의 접촉을 꺼리기 때문이다. 또한 기본생활공간을 벗어난 다른 공간에 대해 필요한 지식이나 정보가 부족하기 때문이다(문경희, 2013). 셋째, 이주민은 인접한 이웃 주민보다는 자신들의 조국에 있는 친척 및 가족들과 지속적인 연결망을 구축하고 더욱 빈번하게 소통하는 경향이 있다. 더군다나 이주노동자는 자신들의 체류기간이 만료되면 지역사회를 떠나 출국해야 하므로 지역사회 정착은 기본적으로 한시적이며, 그렇지 않으면 불법체류자가 된다. 넷째, 지역사회 내 외국인 이주민의 유입이 점점 더 증가하고 점차 장기화함으로 인해서 이주민들은 사회적으로 자신들과 같은 인종이나 문화적 유사성이 있는 집단과 집단을 이루려고 하며 이런 집단화는 새로운 공간을 유입국에 형성하게 된다. 이러한 이주민의 특성은 국적, 인종, 이주 유형(기간, 전문성, 나이 등), 정체성의 단계(경계인, 융화인, 주변인, 동화인, 상호문화인)에 따라 다른 양상을 보일 것이며, 정주민의 다문화 수용성 수준에 따라서도 마찬가지일 것이다.

(3) 정주국의 다문화공간 형성과 사회통합

지금까지 해온 다문화사회에 대한 고민은 이제 다문화공간에 대한 고민으로 이어져야 한다. 다문화사회가 요구하는 공간은 기존의 폐쇄적인 닫힌 공간이 아니라, 다양한 문화가 접촉할 수 있는 열려 있는 새로운 다문화공간이어야 하며, 이를 위한 상호문화 패러다임을 요구하고 있다. 개방성과 연계성, 상호문화적 침투가 허용되는 새로운 문화가 형성되는 다문화공간에 대한 이해로서 세계시민주의[3)]가 필요하다.

초국적 이주로 인해 끊임없이 변화하고 창출되는 다문화 생활세계라는 새로운 공간의 지속 가능한 발전을 위해 공존을 가능하게 할 수 있는 다문화 감수성과 세계시민이 가져야 할 공동체 의식으로서 세계시민성(김영순, 2017 : 216, 281)을 소유해야 한다. 정현주(2008)에 따르면 초국적 이주민은 자본주의적 지구화 과정에서 국경을 가로질러 이주하게 되었지만, 이들은 상품이나 자본의 이동과는 달리 인격체이며, 특히 과거 자신의 삶을 통해 구축된 정체성을 체현하고 있다. 이러한 정체성 습득의 과정은 이주민이 탄생하고 성장한 곳에서 일반적으로 형성된 것이나 자신의 국가를 벗어나 새로운 정주 공간에서 살아가야 할 이주자에게는 매우 소중한 의미가 있을 수 있다. 이들은 자신이 가지고 있었던 고유한 정체성만이 아니라 이주한 지역사회에 안착하여 생활하면서 원주민과의 상호관계에서 습득하게 된 새로운 자기의식과 결합된 다면적인 자기 정체성을 가지게 된다. 특히 이주민들은 혼합적인 자기의식으로 혼재되어 있는 것이

3) 모든 인류를 인종, 민족, 종교, 사상, 문화 등의 차이에 관계없이 공통된 도덕적 가치 및 정치경제적 체제를 공유하는 하나의 공동체로 만들어 가고자 하는 이념이 세계시민주의다.

아니다(Basch et al., 1994). 그들은 다양성을 함의한 자기의식을 가지고 있다.

이제 단일민족의 신화와 동화주의적 다문화주의의 단계를 넘어 초국적 이주의 시대가 요구하는 새로운 다문화적 정체성을 지향해야 한다. 이러한 다문화적 정체성은 타자와의 상호문화적 정체성 협상 과정을 통해 형성될 수 있으며, 이를 위한 새로운 사회통합 모형이 필요한 시점이다. 요프케(Joppke, 2007)에 따르면, 기존의 시민권 개념은 국민국가의 구성원에게 한정되었지만, 다문화사회에서 시민권은 공동체 구성원의 자격 및 지위의 문제, 그리고 인종 및 문화의 다양성에 직면한 공동체의 정체성과 통합 문제와 관련된다. 곧, 다문화사회의 시민권 문제는 시민을 주류로 상정하여 이주민을 통합시키려는 동화주의적 다문화주의의 편협한 관점을 넘어 정주민과 이주민의 경계를 허물고 동동한 인격체로 인정하여 상호문화적 침투를 통해 서로를 시민으로 인정할 수 있어야 할 것이다.

한국 사회의 바람직한 다문화공간 형성을 돕기 위해 기존의 시혜적 복지 제공과 이주민에게만 집중되던 단방향적 지원을 강요한 기존의 사회통합정책을 넘어 정주민과 이주 모두를 향한 상호문화적 사회통합정책 모형을 개발할 필요가 있다.

참고문헌

김미경(2010). 세계화, 세방화, 다문화 – 아래로부터의 세계화를 위한 제언. **인문연구, 59**(59).

김신정(2010). 다문화공간의 형성과 '이주'의 형상화 – 한국 시에 나타난 다문화의 양상. **국어교육연구, 26**(26).

김영순 외(2019). **다문화 생활세계와 사회통합연구**. 북코리아.

문경희(2013). 이주노동자의 사회공간적 특성과 권리에 대한 연구. 21세기정치학화보.

박신혜(2016. 8). 결혼이주여성 대상 현지사전교육에 관한 연구 : 몽골, 베트남, 필리핀. 연세대학교 교육대학원 석사학위논문.

박해육 · 윤영근(2016). 지방자치단체의 이주민 통합정책. 한국지방행정연구원.

윤인진(2012). 디아스포라와 초국가주의의 고전 및 현대 연구 검토. 재외한인학회.

이용균(2013). 초국가적 이주 연구의 발전과 한계 : 발생학적 이해와 미래 연구 방향. **한국도시지리학회, 16**(1).

이현주(2017). 초국가 시대의 역사, 인종, 젠더. **21세기영어영문학회, 30**(4).

전경옥 외(2013). **다문화사회한국의 사회통합**. 이담북스.

전형권(2007). 국제이주이론의 관점에서 본 노동디아스포라의 성격. 전남대 글로벌디아스포라연구소, 2007(11).

______(2008). 국제이주에 대한 이론적 재검토 : 디아스포라 현상의 통합모형 접근. **한국동북아논총, 13**(4).

정현주(2008). 초국가적 이주의 젠더 정치학 : 페미니스트 이주 연구의 흐름과 쟁점에 대한 이론적 고찰. 대한지리학회.

최무현 · 김경희 · 박홍순(2011). 다문화사회정책 거버넌스 현황과 미래지향적 발전방향. 한국여성정책연구원.

최병두(2011). 초국적 이주와 다문화사회에 관한 학제적 · 통합적 연구를 위하여. **현대사회와 문화, 1**(1).

______(2012). 초국적 이주와 한국의 사회공간적 변화. 대한지리학회.

______(2012). 초국적 이주자의 권리와 환대. **한국공간환경학회, 2012**(1).

______(2018). **초국적 이주와 환대의 지리학**. 푸른길.

한건수(2012). 다문화주의 한계와 대안모색. 대구가톨릭대학교 다문화연구원, 2012(4).

황정미(2009). 이주민의 사회통합을 위한 지역사회 참여현황과 참여증진. 한국여성정책연구원.

Alejandro Portes & Robert L. Bach(1985). *Latin Journey : Cuban and Mexican Immigrants in the United States.* University of California Press.

Aristide R. Zolberg(1989). *The Next Waves : Migration Theory for a Changing World.* Sage Publications.

Audrey Singer, & Douglas S. Massey(1998). *The Social Process of Undocumented Border Crossing among Mexican Migrants.* Sage Publications, 32(3).

Bourdieu & Wacquant(1992). *An Invitation to Reflexive Sociology.* University of Chicago Press.

Choi, J., Johnson, D. W., & Johnson, R.(2011). Relationship among cooperative learning experiences, social interdependence, children's aggression, victimization, and prosocial behaviors. *Journal of Applied Social Psychology, 41*(4).

Christian Joppke(2007). Beyond National Models : Civic Integration Policies for Immigrants in Western Europe. *West European Politics, 30*(1).

Douglas S. Massey(1999). International Migration at the Dawn of the Twenty-First Century : The Role of the State. *Population Council, 25*(2).

Douglas S. Massey, Joaquin Arango, Graeme Hugo, Ali Kouaouci, Adela Pellegrino & J. Edward Taylor(1993). Theories of International Migration : A Review and Appraisal. *Population Council, 19*(3).

Ewa Morawska, & Michael Bommes(2015). *International Migration Research-Constructions, Omissions and the Promises of Interdisciplinarity-.* Routledge.

J. Miller & Stephen Castles(1994). *The Age of Migration Third Edition : International Population Movements in the Modern World First Edition.* The Guilford Press.

__________________(2003). *The Age of Migration Third Edition : International Population Movements in the Modern World Fifth Edition.* The Guilford Press.

__________________(2013). *The Age of Migration Fifth Edition : International Population Movements in the Modern World Fifth Edition.* The Guilford Press.

Janine Dahinden(2010). *The dynamics of migrants' transnational formations : between mobility and locality.* Amsterdam Press.

Linda Basch, Nina Glick Schiller, & Christina Szanton Blanc(1994). *Nations Unbound-Transnational Projects, Postcolonial Predicaments and Deterritorialized Nation-States-.* Routledge.

N. Craig Smith(2003). Corporate Social Responsibility : *Whether or How?. The Regents of the University of California, 45*(4).

Oded Stark(1991). The Migration of Labor. *Economic Journal, 23*(3).

Sam Stahl(1993). *Men and Mating.* Selph Pr.

Steven Vertovec(2007). Super-Diversity and Its Implications. *Ethnic and Racial Studies, 30*(6).

Thomas Faist(2000). Transnationalization in international migration : Implications for the study of citizenship and culture. *Ethnic and Racial Studies, 23*(2).

United Nations(2017). The International Migration Report.

Chapter

02

다문화 생활세계와 이주민의 정체성

1. 다문화 생활세계 개념
2. 다문화사회와 문화적응
3. 이주민 정체성 시도 및 협상

Chapter 02

다문화 생활세계와 이주민의 정체성

1. 다문화 생활세계 개념

1) 세계화(Globalization)

(1) 사전적 정의

세계화(世界化, globalization)는 기업, 정부 그리고 세계인들 간의 상호작용과 통합의 과정으로 자본주의 확장의 한 형태로 간주되며, 지방과 국가 경제의 통합을 세계적이고 규제되지 않는 시장경제로 포함한다. 통신과 운송기술의 발전으로 성장한 세계화는 국제적 상호작용의 증가로 인해 국제무역, 문화, 아이디어의 성장을 동반한다.

초국가 · 초국민적 성격을 가지고 있는 세계화는 초국가적 공동체의 출현을 강구하는 대신 국민국가의 권한을 축소시킴으로써 우리가 경험하는 문제들도 어느 한 국가나 국민의 문제가 아니게 만들었다. 오지섭(2008)은 세계화로 인한 문화적 측면에서의 변화는 정치나 경제 문제만큼이나 인류 전체의 삶 저변에 상호 영향을 미치고 있으며, 이러한 현상은 서로 다른 문화가 병존하는 다문화적 상황을 가속화시키고 있다고 주장한다.

(2) 세계화의 결과

세계화는 특정 국가만이 아닌 전 지구적 차원으로 진행되면서 자본의 이동과 노동시장의 국제화를 가속화시켰다. 세계 곳곳에서는 국가 간의 이동이 빈번하게 발생하고 있으며, 더 나은 삶의 조건을 찾아 새로운 국가로 이동하는 사람들의 국제이주가 증가하게 되었다. 이러한 현상은 서로 다른 문화와의 접촉을 통해 전례 없는 갈등을 초래하기도 하고, 새로운 문화를 창조하기도 한다. 즉, 국제이주는 서로 다른 문화와의 접촉을 통해 대립의 양상을 나타내기도 하고 독특성과 다양성을 만들기도 하며 조화와 동질성을 만들어 내기도 한다.

문화적 배경이 다른 사람들의 국제이주로 인해 유출국은 자국 노동력이 해외시장으로 이동하면서 사회구조 및 경제적 환경의 변화를 겪는다. 반면 유입국은 이주민에 대한 법제와 정책을 요구받아 다양한 이주정책을 실시한다. 세계화 시대에는 다원성과 다양성을 바탕으로 여러 가지 정체성이 공존하고 혼성적인 자아를 형성하게 되어 독특성과 다양성을 만들어 내기도 한다. 그럼에도 국가의 정치 · 문화적 정체성 측면에서 통합을 추구함으로써 보편화와 획일화를 초래할 수 있다. 따라서 세계화 시대의 산물인 보편화와 획일화에 주의해야 한다. 다양한 층위의 정체성과 문화의 조화와 공존을 위해 생활세계 기반 사회통합정책이 요구된다. 이를 통해 지속 가능한 다문화사회를 실현할 수 있을 것이다.

2) 세방화(Glocalization)와 다문화 생활세계의 형성

(1) 사전적 정의

영국의 사회학자 롤랜드 로버트슨(Roland Robertson)은 세계화(世界化)를 의미하는 글로벌라이제이션(globalization)과 지방화(地方化)를 의미하는 로컬라이제이션(localization)의 합성어로 세방화(世方化) 또는 글로컬리제이션(glocalization)이라는 신조어를 제안했다(곽윤정 · 장선영, 2015). 초국적 이주로 인한 글로컬리제이션의 흐름은 민족국가의 의미와 개념을 변화시켜 새로운 다문화사회를 창출한다. 다문화사회로의 진입은 인구학적 변동만을 언급하는 것이 아니라 사회, 정치, 문화, 경제 등 모든 사회 영역에서의 급격한 변화를 의미한다.

글로컬리제이션이라는 세계화의 흐름 가운데 서 있는 한국 사회는 이 새로운 생활세계, 곧 다문화 생활세계가 형성되고 있다. 신자유주의적 세계화의 확산과 상호문화성과 타자성이 요구되는 다문화주의 시대를 살고 있는 지금 우리는 글로컬 다문화 생활세계 형성의 바람직한 방향을 찾아야 할 필요가 있다.

(2) 글로컬리제이션의 결과

글로컬 다문화 생활세계는 새로운 시간적 · 공간적 생활세계를 의미한다. 일상의 생활세계로서 이주민과 정주민, 개인과 다양한 집단, 집단과 집단 사이에 새로운 생활세계가 형성되고 있다. 이는 과거의 폐쇄적 생활세계를 탈피하여 새로운 융 · 복합적 생활세계의 새로운 모색이 요구되는 상황이다. 오늘날 한국 사회의 일상세계는 글로컬 생활세계로의 다문화사회로 규정되고 있다. 이처럼 오늘날의 다문화사회는 주류사회의 다수자와 이주민 소수자의 고유한 문화와 가치가 새로운 생활세계를 형성해 나가고 있다(신난희, 2015). 특히 이질적이고 다양한 문화를 가진 이주민은 정착지에서 주류문화와 상호 소통하고 관계 맺음을 실현하고 갈등을 최소화하면서 공동체를 만들어 간다. 또한 이들은 낯선 정주국에서 새로운 타자들과 끊임없이 대면하면서 그들이 처한 사회의 생활양식을 변화시키면서 주체적이고 역동적으로 자신의 생활세계를 재구성한다.

3) 이주민과 생활세계

이주민은 출신국의 문화와 정주국의 문화 사이에서 다양한 문화적 접촉을 통해 새로운 경험을 생산하면서 자신들의 삶의 지평을 확대함과 동시에 자신의 생활세계를 끊임없이 확장시키는 존재다. 한 사회의 구성원으로서 정체감을 가지고 살아가는 이주민은 사회 · 문화적 동기나 내적 동기에 의해 이주한 자율적 존재로서 더 나은 삶을 추구하고 있다. 다문화사회의 구성원인 이들은 새로운 사회적 관계와 소통을 통해 생활세계를 새롭게 형성하고 있다. 다문화 구성원이 형성해 나가는 생활세계는 다문화사회 형성의 기본 단위가 되어야 한다. 김태원(2014)은 자연과학적인 방법을 사용하여 분석하고 규정하는 대상으로서의 세계가 아니라, 인간의 삶을 이끌어 가고 각 개인이 경험하는 일상으로서의 세계를 생활세계로 정의한다. 이러한 생활세계가 지속되는 것은 일상세계의 이면에 있는 법칙이나 구조 때문이 아닌, 실천적 행위를 하는 생활세계 속 행위자들이 있기 때문이다. 따라서 생활세계를 이해하기 위해서는 자연과학적 분석이나 수학적인 법칙이 아니라, 행위자들의 내적 가치나 삶의 관점을 이해하는 것이 필요하다.

4) 생활세계에 관한 학자들의 견해

(1) 후설(E. Husserl)

근대 자연과학적 법칙을 통해 규정된 세계는 보편화되고 객관화된 세계이며 과학적 이념에 이해 구성된 세계다. 이에 비해 후설(E. Husserl)이 만든 생활세계 개념은 인간이 자연스럽게 삶을 영위해 나가는 현실세계다. 후설은 유럽의 근대 세계를 자연과학적 전통에 의해 규정된 세계로 보고, 자연과학적 법칙에 따라 규정된 세계라는 오류를 제시하기 위해 생활세계의 개념을 도입했다(김태원, 2014).

후설에 의하면 생활세계는 직관적 경험의 세계이고, 행위하는 주체의 주관이 개입되어 형성된 의미의 세계다(김태원, 2011). 주체의 주관적 타당성에 의해 형성된 생활세계는, 역사적 삶 속에서 이루어지는 정신적 형성물이다. 그럼에도 생활세계는 보편적인 구조를 가지고 있다. 그 이유는 보편적인 행위의 규범 양식을 개인적 행위가 가지고 있으며, 이에 따라 개인들 간에 소통이 이루어질 수 있게 하기 때문이다. 후설의 생활세계는 '나'라는 주체와 '타자'라는 객체가 서로 공존하는 상호주관적 세계다. 즉, 각 주체로서의 나와 타자 사이에 대립이 존재하기보다는 새로운 의미를 생산하는 관계다. 이러한 그의 생활세계는 다른 두 문화 사이에서 상호 간에 조정되고 만들어지는 것으로 문화적 다양성이 공존하는 가운데 새롭게 발견되는 가치 생산의 원동력이 된다.

(2) 슈츠(A. Schütz)

후설의 현상학(Phänomenologie)과 베버(Weber)의 사회학을 결합하여 새로운 현상학적 사회학의 길을 열은 슈츠(A. Schütz, 1944)는 베버의 사회적 행위자로서의 개인의 행위에 대한 이해를 일상세계와 연관 지었다. 그의 개념인 이해(Verstehen)는 단순한 외적 관찰을 이해하는 것이나 개인의 성찰을 의미하는 것이 아니라, 생활세계를 해석하는 것이다(김태원, 2011). 일상생활에서 개인들은 타자를 의미와 목적을 지닌 인간으로 파악하고, 그들의 생활세계를 공유하고 동기와 의도를 이해함으로써 자신들의 자아의 일부로 받아들이게 된다.

슈츠의 생활세계는 후설의 생활세계와 마찬가지로 자연적인 삶의 세계를 의미한다. 생활세계는 개인의 욕구와 가치가 서로 교차하고 사회적 상호작용이 일어나는 세계로 개인에 앞서 존재하는 사회다. 개인은 생활세계 내에서 사회 구성원과 가치공유를 통해 스스로 삶의 지평을 확장해 나간다. 즉, 생활세계는 다양한 가치와 문화가 공존하며 세계상과 현실적 실천이 뒤섞이는 사회다(김태원, 2012).

(3) 하버마스(J. Habermas)

비판적 사회이론가인 하버마스(J. Habermas)는 후설의 생활세계 개념을 비판적으로 수용해서 자신의 사회이론의 이론적 토대로 삼고 있다(서도식, 2001). 하버마스는 사회의 구성을 '체계'와 '생활세계'로 분류했다. 사회를 정치 · 경제 · 사회 · 문화의 네 하위체계로 나누었을 때, 체계에는 정치와 경제가 생활세계에는 사회와 문화가 구성된다고 했다. 체계는 강제적이고 억압적이며 사회구성원의 의사로부터 독립되어 있고 효율성을 기준으로 하여 목적합리성에 따른 사회적 행위의 공간이다. 반면에 생활세계는 사회구성원의 의지와 의사소통적 행위에 따라 합의를 도출하고 사회 규범을 구성해 나가는 사회적 행위의 공간이다.

하버마스는 체계와 생활세계의 개념을 가지고 역사의 과정을 설명한다. 인류 역사의 초기에는 생활세계만이 존재했다. 그러나 생산력이 발달하면서 경제적

부를 관리하기 위해 정치적 권력 같은 체계의 규모가 커지게 되었고, 이에 따라 거대해진 체계가 생활세계로부터 분리되었다. 하버마스는 체계가 분리되는 과정을 사회진화론으로 파악하고, '체계의 생활세계로부터의 분리', '체계에 의한 생활세계의 식민화' 등으로 기술하고 있다(김동규, 2010). 그는 사회진화론의 역사 과정에 나타나는 체계의 확장은 사회구성원들이 자신들의 생각에 따라 사회를 구성해 나갈 수 있는 기회를 줄어들게 하는 과정으로 파악했다. 그는 체계에 의한 생활세계의 식민화에서 벗어나 생활세계의 부활을 사회적인 처방으로 제시하고, 의사소통 합리성의 발견을 통해 생활세계의 부활이 가능하다고 보았다.

하버마스는 생활세계에 진행된 의사소통적 합리성이 체계의 효율성 구조를 변화시킴으로써, 정당성을 상실한 경제와 행정에 대해 의사소통적 합리성이 체계의 부당성을 수정해 나가야 함을 주장했다(김동규, 2016). 그의 의사소통적 합리성은 주류 집단이 소수집단을 자신들의 이념적 틀 속에 효율적으로 동화시키려는 동화주의(assimilation)의 대안으로서 설득력을 갖는다. 하버마스는 자문화중심주의를 넘어서기 위해 언어가 갖는 상호문화성을 강조한다. 언어는 주체의 생활세계를 결정하는 것으로 다수자와 소수자의 화해와 연대의 정당화를 위해 언어를 통한 의사소통 행위를 필요로 한다. 이는 상호문화주의적 보편적 기반을 설정해 준다. 그는 상호문화주의를 정당화하기 위해 생활세계의 의사소통적 행위에 대한 가능성을 제시했다(이진우, 2000). 생활세계는 동질성과 다양성을 매개시킨다. 생활세계는 의사소통 행위를 통해 주제화될 수 있고, 의사소통 행위는 상호문화주의를 통해 발현될 수 있다.

(4) 후설과 하버마스의 생활세계 정의를 토대로 하는 생활세계의 정의

다문화 구성원이 형성해 나가고 있는 생활세계는 주류문화에 이미 그곳에 거주하고 있는 정주민과 이주민이 함께 만들어 나가는 공동의 생활세계다. 이러한 생활세계 속에서 만들어지는 관계는 주체로서 각각의 나와 타자 사이에 대립이 존재하기보다는 새로운 의미를 생산하는 관계이다. 정주민과 이주민은 동등한 입장으로 상호문화적 의사소통을 통해 협력해 나가는 관계여야 한다. 이러한 생활세계는 세계시민으로서의 공동체적 동질성과 다양성을 기본으로 형성되어야 한다. 한국 사회가 다문화사회를 맞이하며 새롭게 형성되는 다문화 생활세계는 역동적 상호관계가 상정되며, 다름 이상의 공존의 사회통합을 추구해야 한다. 이렇게 생활세계를 정의할 때 다문화 생활세계는 정주민과 이주민을 이분법적으로 구분하는 것이 아니라, 나와 타자를 동시에 주체로 상정하여 동등한 입장에서 나와 타자가 상호문화적 의사소통을 통해 협력해 나가는 과정을 통해 형성되는 생활세계를 의미한다.

5) 다문화 생활세계의 구분

인지정서적 영역으로서의 다문화 생활세계다. 인지정서적 다문화 생활세계 영역은 하버마스와 후설이 설명한 다양한 생활세계 영역 중 언어, 문화, 여가, 진로 등을 포괄하는 영역으로, 사회통합에서 말하는 문화적응과 구조적 적응의 두 영역 중 문화적응의 영역과 그 맥락을 같이한다. 사회제도적 영역은 인지정서적 영역과 달리 사회통합의 구조적 적응의 영역과 맥락을 같이하는 영역으로 교육, 경제, 인권, 복지, 미디어 영역 등을 포괄하는 개념으로 정의하고자 한다. 한국 사회를 새로운 글로컬 다문화사회로 진입시키고 있는 다문화 구성원은 인지정서적 영역과 사회제도적 영역으로 대표되는 다문화 생활세계의 구체적인 영역 속에서 그들의 생활세계를 정주민과 함께 만들어 나가고 있다.

2. 다문화사회와 문화적응

1) 문화적응의 개념

다문화사회 진입으로 인해 정주민과 이주민은 개인적 · 집단적 문화접촉과 적응을 해나간다. 문화란 한 사회구성원이 습득 · 공유 · 전달하는 행동양식 및 생활양식을 말하며(Uba, 1994), 적응은 주어진 환경조건에 맞추어 자신을 변용시켜 나가는 일련의 과정으로서 개인의 주체적 의지와 능동성이 강조된 개념을 말한다(김귀옥, 2000). 이러한 개념에서 문화적응은 기존의 문화에서 새로운 문화로의 적응과정을 의미한다(Birman & Tyler, 1994). 이는 새로운 문화적 환경에 접촉하고 적응해야 하는 사람들에게 적용되며, 문화 간 접촉의 결과로 발생하는 사회문화적이고 심리적인 변화과정이라고 할 수 있다(Berry, 2003).

문화적응에 대한 개념은 사회학자인 레드필드, 린턴, 헤르스코비츠(Redfield, Linton, & Herskovits, 1936)로부터 정의되기 시작했다. 이들은 문화적응을 다른 문화를 가진 개인이나 집단이 또 다른 집단과 접촉하게 되면서 개인이나 집단에서 원래 문화 패턴에 변화가 있게 되는 것이라고 정의했다(Berry, Poortinga, Segall & Dasen, 2002).

2) 문화적응의 유형

(1) 오베르크(K. Oberg, 1960) 문화충격 이론

오베르크의 문화충격 이론은 이주민이 문화접촉을 하는 과정 속에서 단계적 문화충격을 통해 문화적응을 해나간다고 본다. 첫째는 밀월 단계로 이 단계는 이주 초기 단계다. 이주국에서 새로운 문화를 접하며 황홀함, 감탄, 열정 등을 느낀다. 둘째는 좌절과 불안을 느끼는 단계다. 이 단계에서는 이주국에 적응하는 가운데 문화접촉으로 인해 충격적 상황을 마주한다. 마지막은 적응의 완성 단계로, 이주국 문화에 완전히 적응하여 유능감을 갖게 되는 단계다.

(2) 보흐너(S. Bochner, 1982)의 사회 내 접촉과 사회 간 접촉

보흐너는 문화접촉을 두 가지로 구분하는데, 이주민과 정주민의 만남은 문화접촉을 발생시키며, 이러한 문화접촉은 첫째로 사회 내에서 이루어지는 집단 내 다양한 하위문화 간 접촉인 사회 내 접촉과, 둘째로 이주로 인해 발생하는 사회 간 문화의 접촉을 말하는 사회 간 접촉으로 구분된다.

(3) 베리(J. Berry)의 문화적응 이론

베리의 문화적응 이론이 주목받게 된 것은 다차원 모형 문화적응으로서 한 사회 안에서 다양한 문화가 공존할 수 있는 다문화주의를 가능하게 한다는 점 때문이다(Berry, 2001). 베리(1990)는 새로운 문화를 접하는 개인이나 집단이 새로운 주류사회의 문화를 얼마나 수용하는지 여부와 기존의 고유문화에 대한 정체성을 유지하는 데 가치를 두는지의 여부에 따라 문화적응을 동화(assimilation), 통합(integration), 분리(separation), 주변화(marginalisation)의 네 가지 유형으로 범주화했다(윤은영, 2016). 베리(2005)는 문화적응 과정에 대해 문화접촉에 직면한 사람들은 자신이 사회적 맥락과 성격과 자원을 종합적으로 고려하여 다음과 같이 문화적응 전략(acculturation strategies)을 선택한다고 했다. 문화적응 전략의 유형을 구체적으로 살펴보면 다음과 같다.

① 통합 유형

통합 유형은 이주자의 고유한 문화와 정체성을 유지함과 동시에 주류사회의 문화에 능숙하다. 또한 주류사회 집단과 이주자 집단이 모두 서로 접촉하고 교류가 활발하다. 다수의 선행연구는 베리의 통합모형이 활발한 사회활동을 하며 양쪽 문화에 모두 능통한 집단이기에 가장 바람직한 문화적응 유형으로 여긴다(김 렬, 2011; 김연수, 2013; 송지현 · 이태영, 2014; Berry, 2001 : 623; Berry & Sabatier, 2010; Piontkowski et al., 2000; Sam & Berry, 2010 : 477). 왜냐하면 양쪽 문화에 대한 경쟁력을 모두 갖추었기 때문이다.

② 동화 유형

동화 유형은 이주자만이 가지고 있는 고유한 정체성과 문화를 유지하기보다 정주국의 문화에 완전하게 흡수를 선호하는 유형으로 주류사회에 뿌리내리는 것에 관심을 둔다. 통합과 동화 유형 중 어떤 유형이 정주국의 삶에 유리하게 작용하는지 학계의 의견은 일치되지 않았다. 이주자가 정착한 사회마다 이주자에게 요구하는 문화적응 유형이 다르기 때문이다 (Bourhis et al., 1997; Navas et al., 2005).

③ 분리 유형

분리 유형의 이주자는 고유한 문화와 정체성을 유지하는 데만 관심이 있다. 때로는 경제적 자립을 이룬 경우에도 이들은 주류사회와의 관계에 참여하는 데 관심이 없다. 이것은 차별과 강한 관련이 있는데, 주류사회가 자신을 받아주지 않는다고 느끼므로 자신도 주류사회와 관계 맺기를 거절한다(Sam & Berry, 2010 : 479). 자신이 주류사회에서 소외된 이주자이며, 따라서 많은 사회적 기회로부터 배제된다는 것을 인식할수록 더욱 강하게 이주자 고유의 문화와 정체성을 고수하는 경향이 있다(Dimitrova et al., 2013 : 2).

④ 주변화 유형

주변화 유형은 자신들만의 문화와 정체성을 유지하는 것은 물론이고 정주국의 문화에도 관심이 없다. 이들은 자신들의 민족집단과 주류사회 둘 다 관계를 맺지 않고 가장 위험한 문화적응 유형으로 주변화된 집단이다. 주변화 유형은 그 원인에 따라 다시 개인주의형과 아노미형으로 세분할 수 있다(Bourhis et al., 1997). 개인주의-주변화 유형은 이주자가 개인주의 성향이 강함으로 양쪽 집단과 접촉하지 않을 것을 스스로 선택한 것이다. 그러나 아노미-변화 유형은 사회적 배제와 차별이 심한 사회적 맥락에서 문화적응 스트레스를 이기지 못해 정체성 혼란과 낮은 자존감을 경험하는 집단이다(Bourhis et al., 1997; Sam & Berry, 2010 : 476).

(4) 사포츠니크(Szapocznik, 1993)의 문화적응 이론

사포츠니크의 이론은 가족 맥락과 문화 맥락 안에서의 개인을 다루고 있다. 즉, 가족맥락 안에서 개인이 이해되어야 하고, 문화 맥락 안에서 가족이 이해되어야 한다는 개념이 포함된 것이다. 이와 같은 맥락으로 바라보게 된 것은 쿠바 난민가정에 대한 관찰연구에서 비롯되었다. 난민가정 내 어린아이들은 품행에 있어서 높은 비율로 문제를 보였는데, 가정역학의 변화가 이민아동 청소년의 품행 문제 속에 내재한다는 것과 가정 내 상호작용하는 방법에 문화적인 힘이 영향을 미친다는 것을 알아냈다(윤은영, 2016).

그의 이론에서는 문화적 힘이 가정에 미치는 영향을 이해하는 것이 중요하다. 단순히 가정 내 맥락만으로 볼 때는 가정 내에서의 변화나 역동에 대해 설명할 수 없는 부분이 많다. 그래서 사포츠니크는 단순히 가정문화라는 테두리 안에서 가정 역동을 점검하는 것이 아니라 문화적으로 다원적인 환경이 가정에 미치는 영향을 포함해서 보아야 한다고 주장하게 되었다. 사포츠니크는 이민가정에서 세대 간 문화적응 차이의 부정적인 영향으로 가족의 주된 구성원인 성인은 가족의 연결성을 위해 애쓰고, 아동·청소년은 일부 구성원으로서 자율성을 위해 싸우는 가정 내의 투쟁을 확인했다. 이런 투쟁은 보통 사춘기의 아동이 있는 가정에서 발생한다. 문화적응의 차이가 세대 간에 놓여있는 만큼 가정 투쟁의 규모는 커질 수밖에 없고 부정적인 결과로 이어진다. 그 결과 아동들은 가족으로부터 사회적·감정적 지지를 잃고, 부모들은 지도자의 위치를 아동으로부터 잃는 것으로 귀결된다고 했다.

이민자 부모와 자녀 간 격차가 커질 경우 부모와 자녀의 관계는 소원해지게 된다. 그러한 가정에서 문화적응이 덜 된 부모와 문화적응이 더욱 많이 된 자녀 사이에 다툼이 발생하는데, 이 문제를 해결하기 위해 부모들은 아동기 자녀의 스트레스나 행동 문제를 발생시키는 문화적응 과정을 제한하게 되는 악순환이 일어난다(Pasch et al., 2006). 이러한 문제를 방지하기 위해서 문화적으로 가정은 다양한 맥락 안에 맞물려 있다는 중요성을 이해하고 인정해야 한다.

3) 문화적응 영향요인-개인요인

문화적응에 공통으로 영향을 주는 개인 요인은 나이, 언어, 민족정체성, 사회경제적 지위, 사회적 관계, 차별의 경험 등이다. 일반적으로 새롭게 정착한 국가에 빠르게 적응하는 사람일수록 나이가 어리고, 정주국의 언어에 유창하며, 교육을 많이 받은 경향이 있다(Allen & Turner, 1996; Dow, 2011; Papadopoulos et al., 2015; Sung et al., 2013;). 그러나 장기적으로 볼 때 문화적응 유형과 수준을 결정하는 데는 사회경제적 요인의 영향이 크게 작용한다. 서로 유기적으로 연계 되어 있는 각각의 요인과 문화적응 간의 관계는 다음과 같다(이혜림, 2018).

(1) 나이

베리(2001)는 나이가 어릴수록 문화적응에 유리하다고 지적한다. 이주민은 이주한 나이가 어릴수록 정주국의 언어와 문화를 빠르게 흡수함으로써 주류사회에 진입할 수 있는 경쟁력을 갖추게 된다(Barker, 2015). 일반적으로 나이가 어린 사람일수록 환경이 변화하는 것에 유연하게 대처하는 경향이 있다. 그리스에 정착한 알바니아 이주자의 경우, 나이가 많을수록 문화적응 과정에서 더 많은 어려움을 경험함으로써 분리 유형에 속할 가능성이 높았다(Papadopoulos et al., 2015).

(2) 언어

정주국의 언어는 이주자가 정주국에서 관계를 확장하고, 문화를 배우며, 정보를 얻는 등 일련의 문화적응 과정에서 반드시 갖추어야 할 기본적 자원이다. 일반적으로 이주자의 언어능력은 이주한 시점으로부터 약 3년 6개월 안에 집중적으로 성장하지만(Chiswick et al., 2006 : 442), 기관에서 제공하는 언어교육의 질과 본인의 교육 수준, 나이, 이주 목적, 출신국가, 언어 노출 환경 등에 따라 편차가 있다(Derwing & Munro, 2012 : 5). 정주국의 주류사회에 진출해 온전한 적응을 이루기 위해 이주자에게 필요한 언어 역량은 적절한 상황과 맥락에 맞는 의사소통이 가능할 만큼의 경쟁력을 갖추는 것이다(Derwing & Munro, 2013; Derwing & Waugh, 2012; Masgoret & Ward, 2006).

(3) 민족정체성

민족정체성은 문화적응 유형의 핵심 영향 변수다(Berry, 2005). 왜냐하면 주류사회와 교류하려는 마음과 정주국의 삶의 양식을 수용하는 동기에 영향을 주기 때문이다(Dimitrova et al., 2013 : 2; Tarakovsky, 2012 : 86). 이주민의 민족정체성은 고정된 것이 아니라 그들이 평생에 걸쳐 배우고 경험하는 것에 영향을 받아 변한다(Phinney & Ong, 2007 : 272). 개인마다 정도의 차이가 있지만 이주민은 민족 고유의 정체성과 정주국의 정체성을 모두 가지고 있으며, 각 정체성 사이의 관계는 독립적이다(Berry, 2003). 다른 요인을 통제한 경우에도 민족정체성은 문화적응 유형의 중요한 영향요인이다(Tartakovsky, 2012). 민족정체성이 강한 이주민은 분리 유형에 속할 가능성이 높은 반면(Berry et al., 1989), 정주국 정체성이 강한 이주민은 동화 유형에 속할 가능성이 높았다(Ben-Shalom & Horenczyk, 2003).

민족정체성과 정주국 정체성이 모두 강한 이주 청소년은 통합 유형에 속할 가능성이 높았다(Berry et al., 2006). 어느 쪽으로든 확고한 민족정체성을 형성한 이주민은 다른 사람이 자신의 소속 집단에 대해 생각하는 것을 내재화하고 그것에 좌우되는 것이 아니라 독립적으로 평가할 수 있기 때문이다(Phinney & Ong, 2007 : 273).

(4) 사회경제적 지위

현재까지 논의한 요인들은 문화적응 유형과 주로 관련이 있었다. 반면 이주민의 문화적응 수준은 사회경제적 지위에 지대한 영향을 미치는 요인이다. 왜냐하면 전문직, 고학력, 고소득 등으로 평가되는 사회경제적 지위는 이주민에게 기회의 문을 여는 열쇠이기 때문이다. 이주 이후 정주국에서 취득한 인적자본(정주국의 언어, 학력, 기술 등)은 이주민의 사회경제적 지위 변동에 도움을 주고, 궁극적으로는 문화적응에 영향을 준다(Allen & Turner, 1996).

이주민의 학력은 문화적응에 유의미한 긍정적 영향요인이다(Berry, 1997 : 22). 고학력일수록 경쟁력 있는 인적자본으로서 문화적응의 선행요건인 정주국의 언어와 문화에 익숙해질 가능성과 문제해결 능력이 높은 경향이 있기 때문이다. 또한 학력은 직군, 소득, 사회적 관계 등과 밀접한 상관관계가 있다. 고학력

이주자는 고소득 전문직종에 종사하며 주류사회 구성원과 긴밀한 사회적 관계를 갖게 됨으로써 통합 또는 동화 유형에 속할 가능성이 높다(Negy & Wbods, 1992). 그러나 저학력 이주민은 저소득 비전문직종에 종사하며 정주국의 주변화된 이들과 어울리며 그들과 사회적 관계를 맺게 될 가능성이 크다. 이때 이주민은 그들이 노출된 사회적 맥락인 정주국의 주변화 집단에 문화적응을 함으로써 개인적 노력에 상관없이 구조적으로 자연스럽게 주변화 유형에 포함될 가능성이 높다(Portes & Zhou, 1993). 또한 이주민의 낮은 사회경제적 지위는 문화적응 스트레스를 발생시킴으로써 문화적응에 부정적인 영향을 준다(Rudmin, 2009 : 116).

(5) 사회적 관계

사회적 관계는 사람들이 관계에 대한 기대감과 의무감을 가지고 지속적으로 수행함으로써 유지되고 발전한다. 관계는 그 관계에서 바라는 기대와 의무의 강도에 따라 교량형 관계(bridging network)와 결속형 관계(bonding network)로 구분된다. 교량형 관계는 정보 획득, 지식에 초점된 관계가 있는 것이고, 결속형 관계는 실질적 지원, 정서적 지지이다. 이주민은 정주국에 적응하기 위해 현지인과 모국인 모두와 사회적 관계를 맺는다. 관계 안에는 주민의 적응에 필요한 정보, 지식, 실질적 지원과 정서적 지지 등의 유용한 자원이 잠재하는데, 이주민이 실제로 그것을 사용할 때 문화적응에 유효한 영향이 된다(Kao, 2004 : 173; Lin, 2002 : 31).

잉글하르트와 벨첼(Inglehart & Welzel, 2005)은 사회경제적 발전 수준이 높은 국가일수록 사람들의 사회적 관계는 더 중요하게 여겨지며, 결속형보다 교량형이 많다고 지적했다. 이것은 사회경제적 발전 수준이 높은 국가로 이주한 이주민에게도 동일하게 적용된다. 캐나다에서 이주자는 다양한 모임에 자주 참여할수록 자신의 배경과 상관없이 다채로운 사회계층의 주류집단 사람들과 관계를 맺을 가능성이 높았다(Fong & Shen, 2016). 모임의 성격이 사회참여 지향적이면, 이주민은 시민사회에 더욱 활발하게 참여하는 유형으로 적응하게 된다(Voicu &

Rusu, 2012). 이와 같은 교량형 관계는 정주국에 대한 더욱 다양한 양질의 정보를 얻는 통로가 되며, 실제로 이주민이 좋은 일자리에 취업할 가능성을 높인다(Kanas et al., 2011).

(6) 차별 경험의 인식

차별 경험의 인식은 문화적응에 치명적으로 작용하는 부정적 영향 요인이다(Berry et al., 2006). 차별받았다는 인식의 경험은 이주자에게 사회에서 거부당한다는 느낌을 받도록 한다. 이와 같은 거부감은 이주민이 모국에서 경험한 적 없는 충격적인 경험으로서 정주국에 이주자의 적응하고자 하는 동기를 위축시키고 우울하게 한다. 결과적으로 차별을 많이 인식하는 이주민일수록 주변화 또는 분리 유형을 선택할 가능성이 높다(Berry & Sabatier, 2010 : 192; Rudmin, 2009 : 116; Tartakovsky, 2012 : 87).

이주민은 자신의 외모, 언어, 문화, 종교 등이 정주국의 것과 차이가 날수록 더 많은 차별과 문화적응 스트레스를 경험하지만(Barker, 2015; Safi, 2008 : 9), 문화적응 스트레스를 어떻게 극복하느냐에 따라 이주민의 문화적응 결과는 달라진다(Berry, 1997 : 13).

4) 문화적응 영향요인-가족요인

가족은 이주자가 문화적응 스트레스가 있음에도 결혼제도와 혈연을 근간으로 한 강한 연대관계로 인해 성공적으로 정착하기 위해 부단히 노력하게 만드는 강력한 동인이다. 대부분의 이주민은 가족 삶의 웰빙(well-being) 증진을 목적으로 이주를 결행하기 때문이다(Massey et al., 2002). 사회자본으로서 가족과 적응의 관계는 가족의 구조와 기능적 측면으로 살펴볼 수 있다.

(1) 가족의 구조

가족의 구조는 부부를 중심으로 부부의 부모세대까지 3세대가 함께 사는 확대가족, 부부와 자녀로만 구성된 핵가족 구조 등으로 구성된다. 가족 중 자녀(특히, 미취학 자녀), 노부모 등 돌봄이 필요한 가족구성원의 존재는 기혼 이주 여성의 취업 같은 외부 활동에 유의미하게 부정적 영향을 준다(강혜정 · 이규용, 2012 : Kanas et al., 2011). 가사 돌봄에 많은 시간을 할애하게 됨으로써 기혼 이주 여성이 가족 외에 다른 사람들과 의미 있는 관계를 맺을 수 있는 접촉 기회가 감소함에 따라 문화적응이 지연될 수 있기 때문이다(Fong & Shen, 2016).

(2) 가족의 기능

가족 단위의 이주민은 개인 단위의 이주민보다 유용한 자원이 더 많으므로 문화적응에 유리한 편이다(Dow, 2011 : 224). 문화적응 맥락에서 가족은 서로에 대한 강한 의무감과 신뢰도가 있는 결속형 관계로서 실질적 지원, 정서적 지지, 정주국의 문화적 지식과 각종 정보 등을 주고받을 수 있는 자본이기 때문이다(Kao, 2004). 그러나 정주국의 문화에 적응하는 속도와 유형은 각 가족구성원의 개인 특성에 따라 각양각색이다(Portes & Rumbaut, 2001 : 53). 문화적응 선행연구에서 가족 관계 만족도는 종종 이주민의 문화적응 측정 지표로 사용된다(Portes & Rumbaut, 2001).

가족구성원 간의 문화 차이로 빈번하게 발생하는 가족 갈등은 문화적응 스트레스 요인으로서 이주민의 가족 관계 만족도와 문화적응에 부정적 영향을 줄 가능성이 높기 때문이다(Berry, 2001 : 627; Dow, 2011 : 225).

5) 문화적응 영향요인-정책요인

정책과 이주민의 적응은 매우 밀접한 관계가 있다. 이주민 문제를 다루는 정부의 공식적인 태도가 반영된 국가의 정책은 이주민의 문화적응 유형 선택에 매우 큰 영향을 주는 문화적응의 사회적 맥락을 조성한다(Berry, 2005; Portes & Zhou, 1993). 이주민에게 친화적인 사회적 맥락은 이주자가 거주하는 근린환경에 담겨 있는데, 정부의 정책이 다문화 지향적일수록 이주자는 통합 또는 동화 유형을 선택할 가능성이 높았다(Berry et al., 2006; Berry & Sabatier, 2010; Hui et al., 2015; Sam & Berry, 2010). 왜냐하면 정책 기조에 따라 이주민이 경험하는 기회의 양과 질, 그리고 차별이 달라지기 때문이다. 이것은 이민정책 기조의 차이 외에 국가 간 유사성이 높은 캐나다와 프랑스에서 실행된 이주 청소년의 문화적응 유형 비교연구에서도 확인되었다(Berry & Sabatier, 2010). 캐나다의 경우 다문화정책을 지향하기 때문에 동화정책을 지향하는 프랑스의 이주 청소년에 비해 통합 유형을 더 많이 선택했고, 이 차이는 통계적으로 유의미했다.

한편 이주민과 주류집단의 문화적 차이가 크지 않을 때도 이민정책 기조는 이주민의 문화적응 유형에 유효한 영향을 주었다(Hui et al., 2015). 그것은 정책이 지역사회의 이주민에 대한 관용 수준에 영향을 주기 때문이다(Portes & Zhou, 1993). 다문화정책으로 말미암은 홍콩인의 본토 중국인 이주민에 대한 높은 관용 수준은 본토 중국인 이주민과 홍콩인의 관계에서 차별을 축소함으로써 본토 중국인 이주민의 통합 유형 결정에 유의미한 영향을 주었다(Hui et al., 2015). 이처럼 다문화 생활세계를 형성하는 데 이주민과 정주민의 문화적응은 필수적인 부분이다. 문화적응은 개인과 개인, 개인과 집단, 집단과 집단의 만남과 접촉에 의해 발생하는 사회적 통합의 과정이다.

이러한 문화적응은 언어, 문화, 여가, 진로 등의 인지정서적 영역과 교육, 경제, 인권, 복지 등의 사회제도적 영역 모두에서 이루어지고 있다. 이에 다문화 구성원이 형성하고 있는 다양한 생활세계 영역에서 문화적응의 양상과 문제를 분석하여 올바른 다문화사회 진입을 도와야 한다.

3. 이주민 정체성 시도 및 협상

1) 디아스포라 개념

이주민은 문화적응 과정에서 다양한 문화충돌 현상을 겪고 있으며, 특히 정체성의 수준에 따라 다른 문화적응 양상을 보인다. 초국적 이주 속에서 이주민은 정체성 협상 과정을 통해 정주국에 적응해 나가며 다문화 생활세계를 형성한다. 윤인진(2012)은 이러한 이주민의 정체성 문제를 '디아스포라(Diaspora)' 개념으로 설명한다. 윤인진(2012)에 따르면 디아스포라에 대한 개념은 이주의 성격, 모국과의 연계, 종족 정체성을 기준으로 나눈다.

셰퍼(Sheffer, 1986)는 주로 디아스포라의 역사적 · 구조적 요인을 강조했다. 그는 디아스포라의 조건을 모국의 자민족 집단과 타민족 집단과의 구분, 모국과의 지속적인 접촉, 집합적 정체성의 유지의 세 가지로 규정하고 특히 모국과의 연계와 거주국과의 분리에 주목했다. 사프란(Safran, 1991)은 디아스포라의 특징을 모국을 후손들이 회귀할 이상향, 거주국에서의 소외와 격리, 기원지로부터 외국의 주변적 장소로의 이동, 그리고 모국에 대한 집합적 기억으로 여기고 모국에 대해 정치 · 경제적으로 헌신하며, 모국과의 지속적 관계를 유지하는 것으로 보았다. 이들은 모국과의 지속적인 관계 유지, 분리와 애착을 핵심으로 했다. 코헨(Cohen, 1997)은 본인의 의사와 관계없이 이주당하고 또 이주한 지역에서 비참하게 차별과 핍박을 당하는 존재로만 보던 디아스포라의 고전적 의미에 덧붙여서 자발적이고 적극적인 선택으로 이주하여 그들을 관용하는 이주사회에서 자신들만의 독특한 문화를 만들어 내는 존재로 그 의미를 좀 더 확장했다.

디아스포라의 개념은 1990년대 이후부터 '국제이주, 이주노동자, 문화적 차이, 정체성' 등의 의미로 쓰이고 있다(윤인진, 2012 : 5). 신지원(2015 : 14)은 디아스포라를 "모국을 떠나 정주국에 살면서도 자신의 정체성을 유지하고 동족과의 국제적 유대관계도 지속하는 소수민족집단의 행동"이라고 정의했다. 디아스포라는 자신의 정주국뿐만 아니라 자신의 모국과도 관계를 지속해 정주국과 모국이라는 이중정체성을 형성하게 된다(이병창 · 김혜련, 2011).

이제 이러한 디아스포라의 개념은 비단 유대인 등의 일부 민족에만 적용하는 것을 넘어 초국적 이주의 시대 도래에 따른 전 세계적 현상으로 이해해야 할 시점이다.

2) 정체성 시도

정체(正體) 또는 정체성(正體性, identity)은 존재의 본질 또는 이를 규명하는 성질이다. 정체성은 고유한 실체로서 오랜 기간 동안 일관되게 유지되는 자기에 대한 주관적 경험을 함의할 수 있다. 정체성은 다른 존재와의 관계에서 어떤 본질적인 특성을 지속적으로 공유하는 것과 자기 내부에서 일관된 동일성을 유지하는 것 모두를 의미한다. 박아청(1995)에 따르면 정체성의 어원은 라틴어로 '같은 것'이라는 의미인 idem에서 유래한 'identitas'다. 사전적으로는 두 가지 의미, 즉 'A1이 B2가 아닌 A2에 대해 유사하다'는 것에서처럼 대상들의 유사함이나 '시간에 걸쳐 어떤 대상의 확실성과 독특성을 확고하게 해주는 일관성과 지속성'을 의미한다(조진경, 2016).

(1) 전통주의 관점

전통주의 관점에서 정체성을 정의할 때, 실체(substance)의 개념이 중요하다. 여기서 실체란 외관의 변화나 시간의 흐름과 상관없이 변하지 않는 속성을 말한다. 에릭슨(Erikson, 1968)은 정체성이란 시간이 지나도 자기 자신을 지금까지의 자신과 같은 존재로 지각하고 받아들이는 것이며 그 특성을 불변성, 독자성, 연속성으로 인식했다. 이는 "계급, 성, 인종 같은 모든 역학이 일관성 있고, 통일되고, 고정된 정체성을 만들어 내기 위해 동시에 작동하는 것"(Sarup, 1996 : 14)으로 보는 것으로 본질주의 관점이다.

(2) 구성주의적 관점

구성주의적 관점에서 정체성은 고정된 실체가 아니라 인간의 관계와 만남에 의해 재구성되는 복잡다변성을 가진 유동적인 것이다. 양운덕(1992)에 따르면, 데리다(Derrida)는 현전의 형이상학을 해체하기 위해 차이(difference)를 변형시켜 '차연(differance)'이라는 신조어를 만들어 낸다. 이것은 '지연시키다'와 '다르다'라는 두 개의 의미를 하나로 결합한 것으로, 시간과 공간적 구별 작용을 하나로 표현하는 용어다.

타즈펠(Tajfel, 1974)은 정체성을 내재적인 실체가 아닌 사회적 관계를 통해 형성되는 것으로 보았다. 그는 정체성이란 "자신이 소속되어 있는 사회적 집단(혹은 집단들)에 대한 소속감에 덧붙여진 정서적 중요성과 더불어 소속감에서 유래된 개인적 자기개념의 일부"라고 정의했다. 노튼(Norton, 2000)은 "사람들은 다양한 정체성을 동시에 소유하게 되는데, 이 과정은 상호보완적이며 지속적으로 변화하는 특성이 있다"고 했다. 젠킨스(Jenkins, 2004)는 정체성이란 "상호작용을 수반하는 과정이며, 역동적으로 확립되는 것"이라 정의했다. 베이커(Baker, 2006)는 사람들이 자신의 정체성을 사회적 역할, 즉 지위나 사회경제적 계층 혹은 성별, 나이, 국적 등 세상과 자신의 관계를 통해 이해한다고 보았다. 캠벨(Campbell, 2010)은 정체성을 "스스로 자신을 바라보는 방식이면서 타자가 자신을 바라보는 방식이며, 서로 융합되고 사회적인 역할과 더불어 성장하는 것"이라 했다. 정혜승(2010)은 정체성을 "사회적 맥락에 따라 유동적으로 변화하는 다중적인 자아로 사람들과의 관계 속에서 형성되는 자신의 역할에 대한 개념"이라고 주장했다.

(3) 본질주의와 구성주의를 통합한 관점

통합적 관점에서 정체성을 정의하면, 정체성은 지속적으로 변화하며 유동적인 속성과 함께 특정한 서사를 지속하는 등의 일관되고 지속적인 속성도 있다. 동일한 맥락으로 고미숙(2003)도 정체성의 통합적 관점을 설명하며, 정체성 형성에 타자와의 관계가 필수적임을 주장했다. 곧, 인간의 정체성은 단독자로서의 정체성 측면과 함께 사회적 관계 속에서 형성되고 변화하는 관계적 특성도 있다. 특히 초국적 이주의 시대를 맞이하여 끊임없이 변화되는 개인, 사회, 문화와 부딪치며 새로운 다문화사회를 형성해 나가고 있으므로 통합적 관점에서 정체성 형성의 과정을 이해할 필요가 있다

기든스(Giddens, 1991)는 정체성이 특정한 서사를 지속하는 속성을 가지고 있으므로 인간은 성찰로 자신에 대한 이야기를 만들어 내는 과정을 통해 정체성

을 형성한다고 이해하고 있다. 맥애덤스(McAdams, 1997)는 정체성의 지속성과 유동적인 측면을 인정하면서도 정체성은 일관적이면서 통일된 부분도 가지고 있다고 했다. 사루프(Sarup, 1996 : 15)는 정체성을 "계급, 국가, 인종, 민족, 성, 종교 같은 사회적 역학들의 영향력에 대한 선택, 강조, 고려라는 과정을 통해 구성되는 하나의 서사"로 정의한다. 즉, 정체성을 다양한 사회적 관계와의 상호작용 과정에서 형성되는 것으로 정의했다. 조진경(2016)은 초국적 이주 가운데 이주민은 전과 다른 사회적 환경에서 극도의 정체성의 혼란을 경험한다고 했다. 이와 함께 이주민은 정체성을 재구성하는 과정을 거치는데, 정체성 간의 이질성이 클수록 충돌이나 갈등이 커질 수 있다고 지적했다.

사회는 개개인이 모여 이루어지는 집단이며, 그 때문에 개개인 사이의 인간관계는 중요한 부분이다. 따라서 한 개인의 정체성과 집단과 사회의 정체성이 개인과 개인, 개인과 집단, 집단과 집단 사이의 만남과 관계를 통해 형성된다고 가정할 때 정체성 협상 문제는 상당히 중요한 문제다. 따라서 개인이 정체성 혼란 중에 있는 자신의 현실을 자각하면서 정체성 재구성을 위해 여러 개의 정체성을 거치는 과정으로서의 정체성 시도(김영순 외, 2012; Campbell, 2010)는 다문화사회 형성에서 중요한 경험이자 과정이다.

3) 정체성 협상

정체성 시도를 통해 개인과 집단은 끊임없이 새로운 정체성을 형성해 나가는데, 이러한 과정에서 다양한 상황에서 권력관계에 의해 형성된 선택 가능한 정체성들(Commins, 2000)은 협상 과정을 거친다.

(1) 학자들의 정의

고프먼(Goffman, 1983)에 의하면 개인들은 일상적인 상황 속에서 타자와의 상호작용을 통해 제시와 반응이라는 협상 과정을 통해 정체성을 형성한다. 정체성 협상 과정은 이해관계의 충돌로 인한 갈등을 조정하기 위한 과정이다. 젠킨스(2004)에 따르면 이러한 정체성 협상 과정은 둘 이상의 대상에게서 나타나는 상호작용 과정이며, 이 과정을 통해 개인 또는 집단은 정체성 시도를 한다. 존슨과 존슨(Johnson & Johnson, 2002)은 모든 개인은 사회의 일원으로서 그 사회의 주요 인물들의 행위, 신념, 태도를 내면화하는 동일시의 과정을 겪는데, 바로 이 과정은 정체성 협상 과정이자 정체성 시도 행위의 한 예다. 타즈펠(1974)에 의하면 동일시는 사람들이 자신을 어떤 집단의 구성원으로 범주화하여 그 집단의 특성을 자신에게 적용하는 것이다. 미드(Mead, 1934)는 동일시를 역할습득 과정으로 설명하면서 자아 형성을 문화화 및 사회화로 정의한다. 그리고 사회는 개인들 간의 상징적 상호작용에 의해 구성되므로 지속적으로 변화 가능성을 가지고 있어 끊임없이 재구성된다고 했다. 또한 소속감은 사람의 정서나 행동에 영향을 미치므로 대인관계에 중요한 역할을 한다. 젠킨스(2004)는 모든 정체성을 사회 정체성으로 설명하는데, 이러한 사회 정체성은 일치와 불일치, 전통과 혁신, 의사소통과 협상 같은 상호작용을 수반한다. 동일한 맥락으로 기든스(1991)는 사회적 상황은 개인의 삶과 분리할 수 없으므로 개인들은 일상생활에서 마주하는 사회적 문제 상황을 해결하여 사회를 재구성하는 능동적 행위를 하는 존재다. 또한 캠벨(2010)에 따르면, 인간은 문화 안에서 정체성을 학습하므로 문화보다 다양한 정체성의 선택이 존재한다.

사루프(1996)는 인간의 정체성을 계급, 국가, 인종, 민족, 성, 종교 등의 사회적 역학들의 영향력에 대한 선택과 강조, 고려 과정을 통해 구성되는 하나의 서사로 정의한다. 곧, 인간의 정체성은 다양한 문화 영역에서의 정체성 선택, 협상 과정을 통해 재구성된다. 이처럼 다양한 문화 영역의 정체성 선택을 이주민이 초국적 활동을 통해 다문화 생활세계를 형성하는 문화적응 과정으로 이해한다. 타즈펠(1974)은 사회정체성 이론을 통해 문화적응의 인지적 측면을 강조했다. 그에 따르면 사람들은 자신을 한 집단의 구성원으로 범주화하여 그 집단의 특성을 자신에게 적용시킨다. 그렇기 때문에 정체성은 자신이 속한 사회집단과의 동일시를 통해 형성된다. 그리고 자신이 속한 내집단과 외집단과의 비교우위를 통해 내집단의 정체성에 긍지를 부여하고, 그 정체성을 지속적으로 유지하려고 노력하게 된다. 코민스(Commins, 2000)는 정체성을 개인의 정체성과 다양한 사회적 권력관계와의 사이에서 협상 과정을 통해 형성되는 산물로 규정했다. 이주민은 정체성 협상 과정을 통해 모국과 정주국 사이에서 다양한 문화 적응 양상을 보인다.

(2) 초국적 이주와 정체성 협상

개인과 개인, 개인과 집단, 집단과 집단이 마주하게 되는 사회적 상황 속에서 다양한 정체성 협상 과정을 통해 정체성이 형성된다. 하지만 정체성 형성은 이질성을 지닌 다양한 정체성 가운데 하나의 정체성으로 귀결되는 것이 아니라 정체성 협상 과정을 통해 확장이라는 다양한 정체성 형성으로 이어진다. 김영순(2015)에 따르면 정체성 협상 과정을 통해 정체성은 또 다른 새로운 정체성으로 재구성되며, 이를 통해 A와 B라는 정체성이 만나 A, B, C 등 다양한 정체성이 형성된다. 결국 초국적 이주의 시대를 살아가고 있는 한국 사회 내 정주민과 이주민은 어느 한쪽의 정체성을 강요하거나 동화를 강조하는 대신 각각의 정체성 유지와 함께 새로운 다문화사회 정체성을 형성해 나가야 한다. 새롭게 형성되는 정체성은 기존의 정체성 A, B와 공유할 수 있는 속성과 새로운 속성 모두를 포괄하게 된다.

오늘날 한국 사회의 이주 현상도 초국적 활동을 강조하는 초국적 이주라는 세계의 흐름과 동일선상에 있다. 그렇기 때문에 캐슬스와 밀러(2013)는 국가 차원의 의사결정조차 초국적 요소를 소홀히 해서는 안 됨을 강조한다. 국가는 이주민을 구성원으로 받아들임으로써 자연스럽게 이전과는 다른 새로운 행위공간과 행위환경을 발생시킨다(Beck, 2011 : 28). 초국적 이주를 통해 이주해 오는 새로운 다문화 구성원은 과거의 일국적·단절적 이주와는 다른 모국과의 네트워크를 유지한 채 사회, 경제, 문화 등 다양한 영역에서 초국적 활동을 해오고 있다. 이러한 초국적 활동을 하는 데 그들의 정체성 문제는 중요한 부분이다.

참고문헌

고미숙(2003). 정체성 교육의 새로운 접근:서사적 정체성 교육. **한국교육**, 30(1).

곽윤정 · 장선영(2015. 12. 31). 역량기반 교육과정 개발 및 운용을 위한 교육체계 수립 사례연구. **학습자중심교과교육학회**, 15(12).

김귀옥(2000). 지역 조사와 구술사 방법론 : 경험과 성찰, 새로운 출발. **한국사회과학**, 22(2).

김영순 외(2019). **다문화 생활세계와 사회통합연구**. 북코리아.

김영순 · 김창아 · 윤현희 · 최 희(2015). 북한이탈주민 자녀를 지도하는 초등교사의 경험 재구성에 대한 연구 : 편견을 중심으로. **교사교육연구**, 54(3).

김태원(2011). 특집 : 인구정책의 현황과 과제-저출산과 독일의 다문화가족정책에 대한 연구. **민족연구**, 0(48).

______(2012). 다문화사회의 통합을 위한 패러다임으로서의 유럽 상호문화주의에 대한 이론적 탐색. **유럽사회문화**, 9.

______(2014). 생활세계와 이방인으로서의 결혼이주민. **현대사회와 다문화**, 4(1).

박아청(1995). 성인발달연구를 통해 본 평생발달심리학의 경향과 전망. **人間發達硏究**, –(2).

박해육 · 윤영근(2016). 지방자치단체의 이주민 통합정책. 한국지방행정연구원.

서도식(2001). 하버마스의 사회 이론적 생활세계 개념. **哲學**, 69.

신난희(2015). 생활세계의 관점에서 본 다문화 아카이브. **다문화와 인간**, 4(2).

신지원(2015). 국제이주와 발전의 연계 담론에서 '디아스포라'의 역할에 대한 비판적 검토. **디아스포라연구**, 9(2).

양운덕(1992). 새로운 이론 : 데리다의 해체이론. **월간사회평론**, 92(7).

오지섭(2008). 세계화 시대 한국문화의 정체성 : 한국 종교의 조화와 공존적 특성을 중심으로. **인간연구**, 0(14).

윤은영(2016). 다문화가정 아동의 부모-자녀 관계가 문화적응에 미치는 영향 : 영적 안녕감과 자아탄력성의 매개효과를 중심으로. 숙명여자대학교 대학원 박사학위 논문.

윤인진(2012). 민족교육, 시민교육, 세계시민교육. **민족연구**, 0(50).

이병창 · 김혜련(2011). 한국화교의 다중정체성에 대한 고찰. 전남대 세계한상문화연구단 국제학술회의, 2011(11).

이진우(2000). 민주적 공동체의 "관계적 이성". **哲學硏究**, 49.

이혜림(2018). 결혼이주여성의 문화적응과 사회·경제적 참여에 관한 연구. 성균관대학교 대학원 박사학위논문.

전경옥 외(2013). **다문화사회한국의 사회통합**. 이담북스.

정혜승(2010). 수업에 드러난 교사의 문식성 인식과 학생의 정체성 협상 양상-예비 초등교사의 국어과 심화 수업 실습 사례를 중심으로. **한국초등국어교육, 43**(-).

조진경(2016). 중국계 중도입국청소년의 방과후 영어수업 참여경험에 나타난 정체성 협상. 인하대학교 대학원 박사학위논문.

조진경·김영순(2016). 고등학교 영어수업에 참여한 중국계 중도입국청소년의 정체성 협상 과정과 특성. **한국교육문제연구, 34**(4).

최무현·김경희·박흥순(2011). 다문화사회정책 거버넌스 현황과 미래지향적 발전방향. 한국여성정책연구원.

최병두(2018). **초국적 이주와 환대의 지리학**. 푸른길.

황정미(2009). 이주민의 사회통합을 위한 지역사회 참여현황과 참여증진. 한국여성정책연구원.

Alfred Schuetz(1944). *The Stranger : An Essay in Social Psychology*. University of Chicago Press, 49(6).

Berry, J. W., & Sabatier, C.(2010). Acculturation, discrimination, and adaptation among second generation immigrant youth in Montreal and Paris. *International Journal of Intercultural Relations, 34*(3).

Berry, J. W., Poortinga, Y. H., Segall, M. H., & Dasen, P. R.(2002). *Cross-cultural psychology : Research and applications*(2nd ed.). Cambridge University Press.

Bochner, S.(1982). *Cultures in Contact -Studies in Cross-Cultural Interaction-*. Pergamon.

David L. Sam & John W. Berry(2010). Acculturation : When Individuals and Groups of Different Cultural Backgrounds Meet. *Perspectives on Psychological Science, 5*(4).

Dina Birman, Forrest B., & Dina Tyler(1994). Acculturation and alienation of Soviet Jewish refugees in the United States. *Genetic, social, and general psychology monographs, 120*.

J. W. Berry(2002). A Psychology of Immigration. *Journal of Social Issues, 57*(3).

__________(2003). *Conceptual approaches to acculturation*. Psychological Association Press.

Laura Uba(1994). *Asian Americans : Personality patterns, identity, and mental health*. Guilford Press.

Oberg, K.(1960). Cultural Shock: Adjustment to New Cultural Environments. *Practical Anthropology, 7*.

Robert Redfield, Ralph Linton, & Melville J. Herskovits(1936). *Memorandum for the Study of Acculturation*. Wiley, 38(1).

Ursula Piontkowski, Arnd Florack, Paul Hoelker & Peter Obdrzálek(2000). Predicting acculturation attitudes of dominant and non-dominant groups. *International Journal of Intercultural Relations, 5*(3).

Chapter

03

다문화사회 사회통합과 인권의 이해

1. 인권의 보편적 권리와 개념
2. 국내 체류 외국인의 인권 현황
3. 이주민 인권과 다문화사회정책

Chapter 03

다문화사회 사회통합과 인권의 이해

1. 인권의 보편적 권리와 개념

1) 인권의 정의

인권(人權, human rights)은 보편적이고 절대적인 인간의 권리 및 지위와 자격을 의미하는 개념이다. 즉, 인권은 사람은 사람답게 살 수 있는 권리가 있다는 생각이며, 법의 관할 지역이나 민족이나 국적 등 지역적인 변수나, 나이에 관계없이 적용되는 보편성을 지니는 것으로 정의된다.[1)]

이러한 권리들은 일반적으로 생명 권리, 이동의 자유, 교육의 권리, 사상과 언론 및 표현의 자유, 적절한 삶의 수준을 보장받을 권리, 자기 결정의 권리 등을 포함한다. 유엔 회원 국가들의 정치적, 국제법적 결정에 근거하고 있는 인권의 규칙들은 '국제 인권 기구'들에 의해서 보장되고 발효된다. 특수한 전시의 경우 인권은 대부분 '국제 인도주의 법'을 따른다.

2) 현대적 인권 개념의 발생

(1) 프랑스 혁명과 그 이후

많은 학자들은 현대적 인권 개념은 근대에 일어난 프랑스 혁명이 성공함으로써 탄생했다고 본다. 봉건 시대의 대다수 사람들은 신분제의 족쇄에 놓여 있었다. 이러한 상태에서는 보편적 자유의 개념 자체가 희박했고, 모든 인간이 동등

1) 국가인권위 역. 사회복지와 인권. 인간과 복지, p. 14. 인간답게 살 권리가 헌법 제34조에 규정

한 가치와 권리를 가진다는 사상이 성립하기 어려웠다. 그런데 프랑스 혁명이 발생하자, 혁명은 불평등한 사회 모순을 혁파하고 '자유, 평등, 박애'라는 이념을 전 세계에 전파하는 계기가 되었다. 이는 세계인권선언 제1조에 그대로 "인간은 태어날 때부터 자유롭고 평등하며, 인류는 '형제애'로 상호 간을 대해야 한다"고 명시한 것에서 나타난다. 이 때문에 다른 변화들과 비교하여 프랑스 혁명은 제1차 인권혁명이라고도 한다(김성환, 1999). 또한 프랑스 혁명은 우애 정신을 구체적으로 발현시켰다. 우애는 상대가 전제된 연대와 결속의 권리이자 욕구이기에, 개인에게 초점이 놓인 자유와 평등권과는 다르다. 프랑스 혁명 이후로는 1968년 6·8혁명이 일어나게 되었는데, 학생과 여성, 소수자, 아이, 이주민 등이 인권의 주체로 부각됐다(3차 인권혁명). 그리고 인권의 요체인 평등권의 내용도 강화되었다. 이는 단순하게 법 앞의 평등이나 기회의 평등뿐만 아니라 사회보장제도의 확충으로 이어졌다.

오늘날의 인간은 원자화되어 상실감과 소외로 괴로워하는데, 인간은 사회적 존재이기에 우애와 연대의 정신은 사회인권적인 차원에서 중요할 수밖에 없다.

(2) 프랑스 법학자 바작(K. Vasak)의 인권 3세대론

프랑스 법학자 바작은 시대의 흐름에 따라 인권의식의 발전을 '인권 3세대론'으로 구분했다. 1세대 인권은 시민적·정치적 권리로 자유권, 선거권, 양심의 자유, 종교의 자유, 사상의 자유가 해당된다. 1세대 자유권적 인권은 현대의 많은 국가들의 헌법에 명시되어 있는 것으로, 모든 인간이 지닌 자유의 권리는 침해될 수 없다는 것을 의미한다. 2세대 인권은 교육권, 경제적·사회적·문화적 권리로 노동권, 적절한 생활수준을 누릴 권리(의료와 의식주 등)이다. 2세대 사회적 인권은 국가, 사회에 소속되어 살아가는 인간으로서의 인권보장을 근간으로 하며, 이는 사회책임론과도 관련이 있다. 3세대 인권은 국경을 초월한 연대의 권리로 평화권, 인도주의적 재난 구제를 받을 권리, 지속 가능한 환경에 대한 권리이다. 3세대 인권은 보편인권의 항구적 존립을 위해 평화와 생태의 지속을 추구하는 사상이다.

3) 기본적인 인권의 개념들

(1) 생명권

철학자 테일러는 생명권은 생명의 가치를 존중받을 권리라고 말한다. 인간은 살아있음에, 즉 생명에 근간하기에 생명권은 모든 권리의 존재의 기반, 기초가 된다. 독일 헌법은 생명권을 모든 인간의 권리의 기초로 명시한다. 절대로 침해될 수 없는 권리이기에 한국의 헌법 역시도 생명권은 모든 인간이 누구나 존중을 받아야 할 권리로 여긴다. 이러한 생명권은 여러 운동의 형태로도 나타나는데, 평화주의, 산업안전의식, 사형제 반대, 낙태 반대운동 등이다.

(2) 자유권

자유권은 모든 인간이 자유를 지니고 행사할 수 있는 권리다. 모든 인권 논의의 근본이 되는 자유권에는 생명권 역시 포함되기도 하며, 표현의 자유, 신체의 자유, 정보의 자유, 사상의 자유 등으로 다양하게 해석될 수 있다.

(3) 평등권 및 사회권

평등권 및 사회권은 부당한 차별을 받지 않을 권리다. 역사적으로 많은 사람들은 종교, 성별, 정치 · 사회적 신념 및 양심, 나이, 인종, 빈부, 사회적 신분, 장애, 출신 지역 등과 같은 구분으로 차별을 당했다. 예를 들어, 과거의 남아프리카공화국과 현재의 미국에서는 여전히 흑인들의 인종차별 이슈가 대두되고 있다. 인종차별을 통해 백인들은 구조적인 악을 자행했고, 흑인들은 교통수단 이용의 권리, 직업선택의 자유, 거주이전의 자유 등을 인정받지 못했다.

(4) 노동인권

근로기준법에서 노동자는 자본가에게 노동을 제공하고 월급, 주급, 일당 등으로 경제적 보상을 받는 사람이라고 정의된다. 노동인권은 이들 노동자를 위한 권리로, 역사적으로 대한민국에서는 노동자들이 자본가들과 싸워 자신들의 이익과 권리를 향상시켜 왔다.

4) 다문화사회에서 인권

(1) 구성원들의 합의를 통한 인권 개념 형성

하버마스는 인권의 정당화 담론에서 인권을 보편적 타당성을 갖는 법적 규범으로 정당화하였으며, 구체적으로 인권의 적용 담론에서 의사소통적 세계민주주의와 법다원주의를 고려해서 평가하였다. 인권 개념의 보편성을 도덕형이상학에 의존해 정당화시키는 경우 문화다원주의, 종교다원주의 및 법다원주의 등과의 충돌을 피할 수 없으므로, 인권의 정당화 논의는 도덕적 관점뿐만 아니라 실용적 관점 그리고 윤리적 관점을 함께 고려해야 한다고 강조하였다(김학태, 2015).

다원주의 사회에서는 어떠한 보편적 타당성을 확보하는 데 있어 도덕적 정당성이나 자연법적 이념 등과 같은 논리적 이념이나 추상적 전제에서 도출되지 않는다. 다만, 구성원들의 합의가 중요하다. 도덕적 당위에 의해 법을 종속시켜서 파악하는 인권 개념은 더 이상 통용되지 않는다. 이런 이유에서 다문화사회의 인권 개념의 정당성은 다양한 현실을 반영하는 법적 담론에서 찾아야 한다.

(2) 문화상대주의적 관점에서의 인권 개념 접근

자국문화 민족주의에 대한 반대 의미로 이해되는 문화상대주의는 문화의 다원주의가 지배하는 현대사회에서 문화적 가치의 보편성을 인정할 수 없다고 강조한다(양천수, 2012). 문화상대주의에 의하면, 개인을 공동체의 부분 또는 문화로 인정하는 것이 중요하다고 강조한다. 즉, 개인은 문화와 공동체 안에서 사고방식, 도덕적 표상, 자기의 고유성 그리고 자신의 행동을 형성하는 것이다.

미국인류학회가 1947년 UN의 세계인권선언에 대해 작성했던 성명서에 의하면 개인인권은 그들 문화의 연관성에서 확립될 수 있는데, 모든 문화는 근본적으로 개인을 각인하고 형성하는 그 나름의 고유성을 보유하며, 개인은 자기 인격을 자기 문화를 통해 실현함에 방점을 두어, 서양 보편 인권사상에 기초한 개인주의가 아닌 공동체 정향적 문화에 맞는 인권 개념을 강조하였다.

(3) 상호문화성 관점에서의 인권

'상호문화성'과 인권 또는 인권의 '상호합법성' 논의도 다문화사회의 인권 개념을 재정립하는 관점으로 제기된다. 상호문화성이란 상이한 각기 다른 문화 사이에 어떤 서열이 있는 것이 아니라는 관점이다(이부하, 2015). 모든 문화는 기본적으로 동등하고 다양한 문화들은 서로를 존중하고 인정해야 한다는 개념이다. 이러한 맥락에서 다문화사회의 인권 개념은 현대 다문화사회에서 이질적 문화들이 서로 충돌하지 않도록 서양 중심의 개인주의적 권리 관념에서 벗어나서 다원적 인권 권리로 인정된다. 같은 맥락으로 상호합법성 체계 역시 단일한 것이 아니라 다원적인 것이며, 따라서 합법성은 서로를 존중하는 과정에서만 존재하는 의미로 이해된다(양천수, 2011).

글로벌 시대를 맞이하여 개별 국가가 겪고 있는 법적 문제를 풀어가는 데 있어서 근대의 법체계에서는 하나로 완전히 통일된 법체계가 존재하지 않았다. 그러한 상황 속에서 기존 근대법 체계를 통하여 문제해결 방법을 찾는 것보다는 다양한 사회 영역에서의 각기 다른 법체계 적용방식을 통하여 접근하는 것이 올바른 방법이 될 수 있다. 따라서 글로벌 시대에 맞는 이른바 법다원주의 세계에서는, 단일화된 합법성 체계를 부정하고 공동체나 집단 각자의 고유한 법체계를 인정하고 상호 승인함으로써 법적 충돌을 해결할 수 있게 된다(양천수, 2011).

보편적 인권 개념은 서구를 바탕으로 한 시민혁명으로 얻어진 자유, 평등 이면, 그리고 계몽주의 사상에 기초를 둔다. 그러나 서구의 인권 개념은 특정한 시기에 야기된 인간의 자기선언으로 귀결된 것이다. 따라서 개별성과 독창성이 강조되는 현대 다문화사회에서는 불의와 불평등에 대한 저항으로 만들어진 보편적인 인권의 개념으로 법적 가치를 근거하는 것은 한계에 부딪히게 된다. 글로벌 다문화사회에서는 시대적 요청에 맞는 인권 개념의 재정립과 각 지역에 맞는 인권권리가 지켜져야 할 것이다.

2. 국내 체류 외국인의 인권 현황

1) 다문화사회에서의 소수자

다문화사회에서 소수자는 인종, 국적, 문화, 종교 등이 다르다는 이유 때문에 사회의 구성원들로부터 차별 또는 배제를 당하는 집단을 의미한다. 소수자의 사전적 의미는 큰 사회 안에서 문화적, 민족적, 인종적으로 구별되는 특수집단, 한 사회 안에서 지배집단에 종속해 있는 집단을 가리키며, 그 규모보다는 종속성이라는 성격이 더 중요한 기준으로 작용한다(전영평, 2008).

소수자의 개념을 정립하는 것은 매우 중요한데, 소수자의 기준과 법적 개념을 어떻게 정립하느냐에 따라 소수자의 범위는 달라질 수 있다. 일반적으로 소수자를 말할 때 소수자는 사회의 주류 구성원과는 다른 인종적, 종교적, 언어적 특성을 지니고 있다. 또한 자신들의 전통, 문화, 언어, 또는 종교를 지키려는 집단이다. 이러한 기준으로 판단한다면, 다문화사회에서 이주노동자, 유학생, 결혼이주자와 같은 부류는 주류집단과 대비되며 전형적인 소수자 집단에 해당한다.

2) 국내 체류 외국인의 인권 현황 이해

2019년 말 한국 체류 외국인은 2,524,656명으로 전체 인구(51,849,861명) 대비 4.86%가 되었다. 이는 2015년 대비 10.6% 증가한 것이다. 중국 및 구소련 지역 동포에 대한 재외동포 신분 및 영주자격 자격 부여를 확대한 이후 재외동포 및 영주자격자 등의 수가 큰 폭으로 증가했으며, 제조업 분야 등 외국인 근로자 도입 확대로 비전문직 취업(E-9) 자격 체류자도 계속 증가했기 때문이다(법무부, 2020).

(1) 외국국적 동포

재외동포는 "대한민국의 국민으로서 외국의 영주권을 취득한 자 또는 영주할 목적으로 외국에 거주하고 있는 자(재외국민)와 대한민국의 국적을 보유하였던 자(대한민국 수립 이전에 국외로 이주한 동포를 포함) 또는 그 직계비속으로서 외국국적을 취득한 자(재외국적동포)"이다.

재외동포법이 정부 수립 이전에 국외 이주한 사람들을 제외시킨 것이 형평에 맞지 않아 2001년 11월 수정된 후 중국 및 구소련 지역 동포를 2002년에 취업관리제 및 2007년 방문취업제도를 도입하여 자유 왕래가 가능하게 하고 국내 취업을 허용하면서 중국 및 구소련 재외동포들이 지속적으로 증가하고 있다. 외국국적 동포는 2019년 878,439명으로 2015년 754.427명 대비 15% 이상 증가하였다. 현재 외국국적 동포 중 중국 및 구소련 지역 동포에 대한 재외동포(F-4) 자격 대상 확대 정책의 결과 전체 체류 외국국적 동포 중 중국이 86.6%로 가장 많다(법무부, 2020).

(2) 외국인 근로자

① 외국인 취업 관련 제도 도입 변화

한국에서 외국인의 국내 취업은 1990년대 초 생산직 인력 부족이 심각하게 인식되면서 고려하게 되었다. 1993년 11월 산업연수생 제도를 도입하여 단순 기능 인력을 도입할 방법을 마련하면서부터 외국인의 국내 취업은 시작되었다. 2000년 4월부터는 연구 취업제가 실시되어 연수생 신분은 일정 기간 후 근로자 신분으로 전환이 가능해졌다. 2002년 11월에는 취업관리제 도입으로 한국 내에 지인이나 친척이 있는 외국국적 동포를 대상으로 건설 및 서비스 분야에서 3년까지 최대로 근무가 가능하게 되었다. 2004년 8월 외국인 고용허가제가 실시되어 외국인 근로자도 내국인 근로자와 동등하게 노동관계법을 적용하는 합법적인 고용을 허가하였다. 2007년 3월 방문취업제가 실시되어 연고의 유무를 떠나 외국국적 동포에게 3년간 국내 취업을 허용하였다.

② 취업자격 체류외국인의 인권침해 현황

외국인 취업 관련 제도의 변화 과정을 거쳐 외국인 근로자의 취업 상황 또한 확대되었지만 외국인 근로자들의 인권이 사각지대에 놓인 상황은 여전히 개선할 부분이 많다(권금상, 2011). 통계청이 발표한 '2019년 이민자 체류실태 및 고용조사 결과'에 따르면 2019년 취업자격 체류외국인의 취업인원은 지난 5월 기준 86만 3,000명이다. 이 중 인권침해와 관련하여 관심의 초점이 되는 집단은 비전문 단순기능직 외국인 노동자이다(박영주, 2019).

여러 실태조사에 의하면 이주노동자들에게 가장 큰 비중을 차지하는 인권피해 유형은 폭언과 욕설, 차별, 임금 체불, 성폭력 혹은 희롱, 폭행, 사기 순으로 나타났다. 근로 조건에 관련된 많은 작업이 근로계약서와 일치하지 않으며, 작업현장에서 적용할 수 있는 법이나 규정은 있으나 이들이 기본권을 보호받지 못하는 경우가 많다. 산재의 경우 제대로 치료나 보상도 받지 못하고 오히려 생산력이 떨어진다고 홀대받는 경우도 발생하고 있다. 이 밖에도 강제출국, 고용허가제 안의 근무처 변경 제한, 체불 임금 등 사례가 있다. 국내 외국인 근로자는 직장 변경의 어려움도 늘 존재한다. 작업장에서 불안전한 처우나 질병 때문에 직장을 옮기고 싶어도 직장 변경 횟수가 한정되어 있고 이마저도 고용주의 협조 없이는 어려운 경우가 많다(김용신, 2011).

외국인 근로자는 생활권 보장도 인권문제로 지적된다. 이들은 열악한 노동환경과 비주거용 장소에서 거주하기도 하는데, 과밀 수용, 위생, 안전, 타 문화권 입주자와의 갈등 등을 겪으면서 거주하게 되는 경우는 개선되어야 할 점이다(여경수, 2015). 외국인 근로자 고용 사업주의 관리도 요구된다. 외국인 근로자의 사회보험을 미납하거나 악의적으로 계약을 해지하는 등 부당한 행위를 하는 사업주에 대한 관리 감독을 철저히 하여 이주근로자가 사회보험 등 권리를 누릴 수 있도록 해주어야 한다. 형식적인 감시로 이런 문제들은 개선이 잘 안 되고 더욱이 미등록자의 노동에 대해서는 관리 감독이 더 열악한 현실이다(권금상, 2011) 내국인과 동등한 근로조건을 제공받아야 함에도 불구하고 열악한 환경에서 계속 노동해야 한다고 하는 것은 국적에 관계없이 동등한 근로조건으로 대우해야 한다는 UN과 ILO 등 국제규범과 헌법 제11조(평등권)와 근로기준법 제6조(균등한 처우) 등에 위반하는 것이다. 사업장의 폐쇄 등 근로자에게 귀책사유가 없는 직장 변경의 경우도 3회에 한하여만 허용된다는 것은 자의적인 고용주의 행위를 방치하는 것이 될 수도 있다.

이주근로자의 인권보호는 이주절차가 진행되기 전 송출국과 유입국 간의 체계적인 협의(국가 간 MOU 체결)를 통해 많은 부분을 개선할 수 있다. 즉, 양국이 적극 협력하여 노동자 이주에 대한 법적 장치를 합의하고, 적용하는 시스템 작동에 의해 가능하다. 송출국과 유입국이 적극 협력하여 노동자의 이주에 대해 법적 장치를 합의하고 고지하고 적용하는 시스템이 제대로 작동해야 한다. 또 본국을 떠나기 전에 독일의 경우처럼 작업장 내 교육, 산재 방지 규정, 복무규율 등을 모국어로 집중 교육할 필요가 있다. 국제앰네스티[2]는 한국과 같은 유입국에서 인권침해를 동반한 착취노동을

2) 국제 앰네스티(Amnesty International)는 국제 비정부 기구로 “중대한 인권 학대를 종식 및 예방하며 권리를 침해받는 사람들의 편에 서서 정의를 요구하고자 행동하고 연구를 수행하는 것”을 그 목적으로 삼고 있다. 영국인 페터 베넨슨 변호사, 에릭 베이커, 루이스 쿠트너가 설립하였다.

하게 되는 네팔 이주노동자들의 처지를 다룬 보고서를 내놓았다. 송출국과 유입국 간 협정이 있다 하더라도 이를 브로커의 손에 들려주지 않으려는 노력을 적극적으로 하지 않으면 이주노동의 비인권적 악순환을 방지할 방법이 없다.

③ 국제결혼 이주여성

결혼이민자는 2002년 이후 2006년까지 지속적으로 증가하다가 2007년부터 감소로 전환한 데다 2009년에는 결혼이주여성에게 벌어진 불미스러운 사건들이 알려지면서 현저히 감소하고 있다. 2010년에는 국제결혼을 희망하는 내국인의 수요 증가 및 각국의 국제결혼제도의 정상화 노력으로 전년대비 13.2%가 증가하였고 2011년에는 국제결혼 안내 프로그램 이수 의무화 조치 및 결혼이민사증 발급심사 강화 등으로 전년대비 2.1% 하락하였다. 결혼이민자는 2006년 94,000명에서 2009년 125,000명, 2011년 144,681명, 2015년 151,608명, 2019년 166,025명으로 점차 증가하고 있다. 2020년 기준 법무부 통계자료에 의하면 이 중 중국 국적 결혼이민자가 36.0%, 베트남 26.8%, 일본 8.5%, 필리핀 7.2% 등이고 여성이 82.5%, 남성이 17.4%이다.

결혼이주여성들은 의사소통, 문화적 차이로 인한 충격, 가정폭력, 정보로부터의 소외와 이로 인한 사회활동의 참여가 부족하게 되면서 어려움을 겪는다. 반면 결혼이주여성은 이질적인 가족관계 속에서 소외감이나 차별을 극복할 때 개인의 만족감을 얻는다. 결혼이주여성의 한국 사회 안에서의 통합을 위해 제시된 방법으로는 한국어 교육, 가정폭력으로부터의 보호 및 사후처리, 문화 체험을 통한 한국 이해 등 인권침해 방지가 있다. 결혼이주여성들이 지나치게 가족에게 의존해야만 하는 구조도 문제로 지적된다. 남편이 사망한 결혼이주여성은 매우 곤란한 상황에 처하기도 하고, 이혼한 결혼이주여성의 경우도 자녀양육권리나 합법적 보상의 권리를 주장하기 어렵다. 이러한 이들을 위해 인권보호 방법 중 하나로 국적 취득

요건 완화를 통해 남편으로부터 독립적으로 살 수 있는 자격을 부여하는 것도 고려해 볼 필요가 있다(김지영 · 최훈석, 2011).

결혼이주여성의 한국 생활 만족도는 보통 이상의 수준이나 경제 수준의 만족도는 매우 낮은 것으로 나타났다. 이런 결과는 결혼이주여성들이 기대했던 경제적 윤택함에 대한 실망과 고향의 가족들을 도울 수 있으리라는 기대가 깨지는 경험에 의한 것으로 보인다. 한국의 결혼이주여성에 대한 가정폭력 사례들로 인해 2009년 11월 유엔사회권위원회는 국제결혼 여성의 지나친 배우자 의존 요구와 더불어 가정폭력에 대한 우려를 표현하며 한국 정부의 개선을 요구하기도 하였다. 그 외 결혼중매업자에 의한 피해 사례도 있다.

④ 중도입국 청소년

중도입국 청소년은 국제결혼 재혼가정의 증가로 늦게 부모를 따라 입국한 청소년이다. 이들의 유형으로는 이주자가 대한민국에 입국한 뒤 한국 배우자를 만나 한국인 자녀로 입양하여 초청하는 경우, 결혼이민자가 국적 취득 후 현지에 남아 있던 자녀를 초청하는 경우, 한국인 배우자와 결혼한 외국인 배우자가 국외에서 출생한 자녀를 현지에서 어느 정도 성장 후 입국시키는 경우 등이 있다.

중도입국 청소년들의 체류자격은 친척 방문, 가사 정리, 피부양, 가족 동거 등으로 F-1-1 비자를 받는다. 현재 이들에 대한 정확한 통계는 아직도 미비한 실정이다. 2019년 10월 기준 법무부 통계에 따르면 결혼이민자인 부모를 따라 국내 입국한 중도입국 자녀, 또는 중도입국 청소년의 숫자는 대략 1만 1천 명 정도로(국내 국적 취득자는 약 7천 명) 보고 있다. 이들은 부모와의 이별로 인한 불안, 교육공백, 가정생활의 부재와 같은 경험을 가지고 있고, 입국 후에는 한국어 능력 부족으로 학교생활에 적응하기 어려워 일반적인 국제결혼가정의 자녀들과는 경우가 다르다.

통상적인 결혼이민자가정의 자녀들은 한국에서 출생하여 재한외국인처우 기본법 및 다문화가족지원법의 지원 대상이 되지만, 이들 중도입국 청소년들은 법적 지원 대상이 아니다. 따라서 이들은 인권 사각지대에 있으며 실제로 성폭력, 직장 및 주거지 주변에서의 폭력 등에 시달리고 있다. 특히 한국어 능력이 부족한 상태로 학교를 다니고 있어 따돌림과 학교폭력 노출 등 여러 가지 어려움을 겪고 있다. 이들과 연관된 정부 부처도 법무부, 교육부, 고용노동부 등으로 일원화되지 못한 상황이다. 대부분의 중도입국 청소년들은 진로에 대한 의식을 갖는 것에 어려움을 겪고 있다. 이것은 자신들의 한국어 능력, 한국 사회 적응능력이 떨어짐으로 인해 학업에 대한 기대수준도 낮기 때문이다. 따라서 미래를 위한 자아실현보다는 가계에 보탬이 되는 직업을 가지려는 경우가 많다. 중도입국 청소년들이 가지는 문제는 다른 국제결혼가정 청소년들과 달라 해결 방안도 분명 다르게 접근해야 한다.

⑤ 미등록 외국인 근로자

2019년 9월 말 국내 불법체류 외국인 노동자는 380,081명이다. 과거에는 고용허가제 불법체류 외국인의 숫자가 가장 높은 비율에 해당하였으나, 최근 고용허가제 불법체류 외국인들의 숫자는 이전에 비해 줄어드는 상황이다. 반면에 2015년 이후 불법체류자 숫자가 가장 높은 비율로 드러난 나라는 러시아, 태국, 카자흐스탄 등 '사증면제' 제도를 통해 입국한 외국인이다(이 중 카자흐스탄과 러시아는 2014년 사증면제 협정 체결). '사증면제'[3]는 협약을 맺은 두 나라 사이의 친선과 우호 등을 위해 최대로는 90일 범위 내에서 단기적인 관광활동이나 방문 등을 위해 비자가 없이도 입국이 가능하도록 편의를 제공하는 제도다. 이것은 이주노동이나 취업을 위한 제도가 아님에도, 2019년 9월 말 '사증면제' 불법체류 외국인 수는 전체 불법체류 외국인 380,081명의 45%를 차지하고 있고, 이는 '고용허가제' 불법체류 외국인 47,093명의 약 3.6배에 달하는 수치다.[4]

3) 대한민국 정책브리핑(2019. 10. 21). 불법체류 '사증면제' 입국 외국인이 가장 많아. https://www.korea.kr/news/policyNewsView.do?newsId=148865793

미등록 이주노동자들, 즉 불법체류자들은 가장 법의 보호를 받기 어려운 사람들이다. 입국과 체류의 적법성 여부를 떠나 이들을 고용한 작업장에서 평등한 권리를 보장하는 것은 당연하지만 권리요구 면에서 이들은 약자이다. 불법 입국이나 불법 취업이라 하더라도 인권을 고려하지 않는 대우는 정당할 수 없다. 그들 역시 작업장에서 평등한 대우를 받을 권리가 있다. 법을 집행하는 부처들의 입장은 인권을 우선하는 입장과 행동의 방식과 수위가 다르다. 불법이라는 약점을 이용해 미등록 노동자들을 착취하는 경우가 많다. 정부 차원에서 임금체불 방지를 위한 장치가 있지만 강제 퇴거로 인한 불이익 때문에 고소 · 고발이 제대로 이루어지지 못하는 실정이다.

한편 미등록 노동자 자녀의 경우, 이들의 법적 신분으로 인한 교육권 제한이 자녀들의 인격 성장에 걸림돌로 작용할 가능성이 높아 2010년 12월부터 교육과학부(현 교육부)는 거주 확인만으로 자녀의 입학을 허용하였다. 부모의 거주 자격과 별개로 아동의 교육권에 가치를 둔 결정이었다. 하지만 이들은 교육을 받을 권리는 가지고 있으나, 대학 입학이나 취업은 어려운 미등록 상태로 사회생활을 미등록 이주자 신분으로 하게 된다. 국적법, 출입국관리법, 사회보장법에 표기된 이주근로자의 권리는 시민의 자격에 근거하여 판단한다. 따라서 이주노동자 협약의 체류상 불법인 미등록 이주노동자는 자유권적 기본권, 사회권적 기본권, 이주노동자 신분에 따른 권리를 보장받을 권리에서 배제되는 것이다.

⑥ 난민

난민신청자는 2010년 이후 꾸준히 증가하였고, 난민법이 시행된 2013년 이후로는 급격하게 늘어나는 추세를 보였다. 한국에서는 1994년부터 2018년에 이르기까지 총 936명이 난민 인정을 받았으며, 2018년 한 해 동안은 144명의 사람이 난민으로 인정되었다(법무부, 2019). 난민은 정치문제, 소

4) 대한민국 정책브리핑(www.korea.kr)

수민족 박해, 인종, 종교, 가족결합 등의 이유로 발생한다. 전체 신청자 중 정치적 의견이 이유인 사람이 37.2%, 종교가 14.2%, 인종 10.7%, 특정 사회집단 구성원 신분이 6.7% 순이다.

난민 관련 인권문제는 아직 사회적으로 많이 다루어지고 있지 않다. 따라서 한국에서 난민 지위를 신청하고 있거나 지위를 인정받은 난민들은 법의 보호를 제대로 받지 못하고 있다. 난민에 관한 담론은 1951년 난민협약에서 본격적으로 시작되었고, 여기에는 난민의 개념과 그 지위를 둘러싼 권리와 국제적 보호의 필요성에 대한 일반적인 정의를 담고 있다. 여기에는 어떤 이유로든 개인의 생명이나 자유가 위협당할 위험이 있는 국가로 송환당하지 않을 권리를 포함하고 있다. 이런 보호는 모든 난민에게 평등하게 적용되어야 한다.

난민 보호가 어려운 것은 국가 간 분쟁의 원인이 되어서는 안 되기 때문이다. 이 협약은 제2차 세계대전 이후 1951년 유럽 난민문제 해결을 위해 마련된 대응책이라 더욱 다양해진 현재의 난민 해당 여부를 해석하기에는 어려움도 있고, 간혹 국가 간 정치적 결정에 의해 좌우되기도 한다.

3. 이주민 인권과 다문화사회정책

1) 이주민의 인권 이해

(1) 국외

UN 차원에서의 소수자의 인권 보호에 관한 법적 근거는 '시민적 및 정치적 권리에 관한 국제협약' 제27조와 1992년 채택된 '민족적, 인종적, 종교적 및 언어적 소수자 권리선언'에서 찾아볼 수 있다. '시민적 및 정치적 권리에 관한 국제협약' 제27조는 "인종, 종교 및 언어상의 소수자가 거주하고 있는 국가 내에서, 그러한 소수자 집단에 속한 사람들과 같은 특성을 지닌 소수자와 공동으로 그들의 특유한 문화를 보존하고, 종교 활동을 하며, 공동의 언어를 사용할 권리를 부정당하지 않는다"고 규정하고 있는데, 이는 단순히 소수자의 정체성 유지를 위해 그들의 활동을 방해하지 않을 소극적 보호 의무가 아닌 구체적인 정책을 통한 국가의 적극적 보호가 요구된다는 의미로 해석된다(General Comment No. 23, UN Doc. HRI/GEN/1/REV.1/ at 35(1994). para. 9).

소수자권리선언은 1992년에 채택되었는데, 그 규정은 이렇다. "소수자는 자신들이 거주하고 있는 지역 혹은 자신들이 속한 소수자집단에 대한 거주국의 결정에, 국가적 혹은 지역적 차원에서 적절하다고 인정될 때 국내법에 저촉되지 않는 범위 내에서 그 결정과정에 실효적으로 참여할 권리를 가진다." 이 선언문에는 소수자 보호의 국가적 의무를 설정함에 있어 적절하다고 판단될 경우라는 단서를 달아 놓아, 소수자들을 위한 실효적 보호라는 차원에서 한계가 있다. 그럼에도 전체 UN 총회에서 채택되었다는 점에서 의의가 있다(박정원, 2007 : 283).

유럽공동체의 소수자보호를 위한 법적 근거는 유럽평의회에서 채택된 '소수자보호를 위한 프레임워크협약'에서 찾아볼 수 있는데, 이에 의하면 협약의 당사국은 소수자가 법 앞에서 평등하고 어떤 차별도 금지하며 평등한 법적 보호를 받을 것을 보장함에 서약해야 하며, 필요시 소수자가 경제, 사회, 정치, 문화 모든 영역에서 다수자에 대해 완전하고 실효적인 평등을 누릴 수 있도록 적절한 조치를 취해야 하며, 이러한 조치를 취함에 있어서 당사국은 소수자가 처한 구체적인 상황을 면밀히 검토하여야 한다고 규정하였다(김학태, 2015). 이러한 협약규정은 단순히 소수자를 향한 차별금지만을 선언만으로 규정한 것이 아니라, 적극적인 자세로 소수자를 보호하기 위한 실효적인 국가보호의무를 강조했다는 데 큰 의의가 있다.

(2) 국내

대한민국 헌정사는 소수민족, 소수인종 등에 대한 헌법상 특별대우를 할 만한 대상이 존재하지 않았기 때문에 헌법에 소수자 보호규정은 없다. 다만, 현재의 국내법에서는 국가인권위원회법 제30조 제1항 제2호에서 법인, 단체 또는 사인에 의하여 평등권 침해의 차별행위를 당한 사람 또는 그 사실을 알고 있는 사람이나 단체는 위원회에 그 내용을 진정할 수 있도록 규정하고 있다. 국가인권위원회가 인권침해 구제를 대상으로 한 소수자의 범위를 살펴보면 장애인, 외국인(이주노동자), 난민, 여성, 아동, 청소년, 노인, 병력자, 군인/전의경, 시설생활인(보호시설), 성적 소수자(동성애자), 북한이탈주민(탈북자) 등이 포함되어 있다.

국가인원위원회법 제2조 제3항은 "평등권 침해의 차별행위"란 합리적인 이유 없이 성별, 종교, 장애, 나이, 사회적 신분, 출신 지역(출생지, 등록기준지, 성년이 되기 전의 주된 거주지 등을 말한다), 출신 국가, 출신 민족, 용모 등 신체 조건, 기혼·미혼·별거·이혼·사별·재혼·사실혼 등 혼인 여부, 임신 또는 출산, 가족 형태 또는 가족 상황, 인종, 피부색, 사상 또는 정치적 의견, 형의 효력이 실효된 전과(前科), 성적(性的) 지향, 학력, 병력(病歷) 등을 이유로 한 다음 각 목의 어느 하나에 해당하는 행위를 말한다. 다만, 현존하는 차별을 없애기 위하여 특정한 사람(특정한 사람들의 집단을 포함한다. 이하 이 조에서 같다)을 잠정적으로 우대하는 행위와 이를 내용으로 하는 법령의 제정·개정 및 정책의 수립·집행은 평등권 침해의 차별행위(이하 "차별행위"라 한다)로 보지 아니한다고 되어 있다.

소수자의 인권은 국가인권위원회법과 같은 국가기관이 인권원칙을 선언한다고 자동적으로 보장되는 것이 아니라, 현실적으로 사회적 논의를 주도할 수 있고 연대성이 강한 소수자 집단이나 소수자 집단 가운데서도 목소리를 크게 낼 수 있는 그룹들이 실제적인 인권 보호 혜택을 누릴 가능성이 크다. 자체적인 옹호집단이 없는 소수자 그룹 혹은 집단을 가지지 못한 소수자들은 개개인이 자신들의 개별적 행동과 적극적 신고를 통해서만 인권침해를 구제받을 수 있다. 이미 사회 안에서 조직화·집단화되어 있고 적극적인 소수자 운동을 전개하는 여성, 비정규직 그룹, 장애인 등은 인권정책에 있어서도 수혜자가 되는 경우가 많은 반면에, 결혼이주여성이나 외국인 근로자 등의 이주민 소수자 그룹은 인권

침해에 있어서 사회적인 사각지대에 놓여 있다고 할 수 있다.

소수자 집단의 구성원의 인권보장에 있어서 일반적인 차별금지원칙의 차원에서만 접근하고 판단해서는 실질적인 인권보장이 이루어지기 어렵다. 이들의 인권보호를 위한 국가의 적극적인 개입과 조건형성이 현실화되어야 이들이 인간으로서의 보편적 권리를 보장받음은 물론, 소수자로서의 권리보호를 받음으로써 실질적인 평등원칙에 도달할 수 있다. 국가는 결과의 평등과 기회의 평등을 담보하기 위해 차별금지원칙을 실질평등의 원칙으로 이해하고, 자국에 거주하고 있는 소수자를 인종, 언어, 종교 및 문화의 차이에 의해 차별하지 않는 국가적인 정책을 실현해 나가야 한다. 만일 소수자가 불평등한 상황에 처해 있다면 거주국은 마땅히 이를 개선해 나가야 하며, 그럴 때 소수자보호의 이념과 원칙이 세워질 수 있다.

2) 사회통합정책과 상호성의 원칙

하나의 국가 안에서 다양한 문화의 존재와 가치가 존중되며 공동체를 형성하는 사회통합은 현대 다문화사회가 추구하는 이념이다. 한국도 이러한 다문화사회에 예외가 아니며, 정책적으로 다문화인들이 한국 사회의 문화에 빠르게 적응할 수 있는 동화정책에 무게감이 있었다. 그러나 진정한 사회통합은 동화를 강요하는 것으로 이루어질 수 없다. 그것은 미봉책에 불과하며 많은 부작용을 수반한다. 거시적인 관점에서 서로 다른 문화와 역사의 차이에 대한 이해를 높이고 지역사회 안에서의 구성원으로 함께 어울려 살아갈 수 있는 이해와 교류가 선행되어야 한다. 따라서 인종과 민족에 대한 구분 없이, 상호 간의 문화와 언어를 존중하며 공존하는 '상호성의 원칙'에 입각한 사회통합이야말로 다문화사회가 나아가야 할 사회통합이다.

이러한 성공적인 사회통합을 이루어 낸 대표적인 나라는 싱가포르다. 싱가포르는 중국계, 말레이계, 인도계와 기타 민족으로 구성된 다인종 국가임에도 큰 무리 없이 사회통합을 이루었다. 그 첫 번째 조건으로 '민족에 상관없이 실력

우선'을 취해 다인종적 위계질서를 지향했다. 종합교육정책과 이중언어 사용을 높여서 여러 민족이 공존할 수 있도록 유도했다. 또한 공공주택정책을 통해 국가경제성장의 이익을 각 민족에게 고루 분배하여 사회통합의 분위기를 마련했다. 싱가포르는 인종, 민족, 종교를 구분하지 않고 언어정책의 공평성, 경제적인 형평성을 통해 모든 거주민들의 고유 정체성을 보존할 수 있게 하여 사회통합을 성공적으로 이룬 것으로 평가받았다.

3) 다문화사회정책과 이주민의 인권

1986년 쉥겐 협정(The Schengen Agreement)을 통해서 유럽 국가들은 협의국끼리는 이동을 자유롭게 하는 정책을 만들었다. 그러나 최근 난민이 폭증하는 현상을 견제하고 '유럽 주권'을 재확인하려는 움직임이 커지고 있다. EU 체제는 난민이나 이주자들로 인한 사회 균열에 공동 대응책을 마련하고자 하는 것이지만 이 과정에는 딜레마가 있다. 이는 보편적 인권 보호 개념과 인권정책이 정치경제적 필요에 의해 수정될 수 있음을 보여주는 것이다.

(1) 문화 차별과 인권정책

한국 다문화 인권정책은 아직 이주민에 관한 차별적인 관점이 나타난다. 한국의 일반적인 시민들의 의식 속에는 이주민의 출신국에 따른 문화적 차별이 존재하는데, 특히 빈곤국 출신 외국인에 대해 더 크게 존재한다. 모든 사회가 이주민과 함께 살아가기 위한 통합정책을 선택하지는 않는다. 때로는 통합 상대를 선별적으로 고르게 된다. 한국의 경우도 사회통합정책을 논의하거나 인권정책을 사회통합정책과 연결하여 평가할 때 사회 안의 우리가 되는 것을 허용하는 누군가와 허용을 원치 않는 누군가로 나뉜다. 인권정책이 통합적인지 선별적인지에 따라 보편적 인권은 차별 적용된다.

한국 사회에서 살아가는 모든 외국인이 차별을 경험하는 것은 아니다. 그러나 이주민과의 갈등은 인간의 존엄함을 기본적으로 인정하고 대우하는 개인으로서 갖게 되는 감정과 한 국가의 재화를 나누어서 누리는 시민권이라는 배타적 특권향유의 배제적 개념 사이에서 나온다. 문제의 핵심은 국가 주권과 경계를 열어주는 인권 보호 사이의 갈등에 있다. 경계가 완전히 사라질 것이라고 주장하는 이들도 있지만 이를 기대하기에는 유럽의 다문화사회의 갈등에서도 보여지듯 정주민의 주권 개념이 매우 강화되고 있다. 주권 개념 강화에의 요인에는 이주민과의 갈등 등 여러 가지 이유가 있다.

이주자들이 새로 정착한 국가에 대한 혹은 공동체에 대한 통합에는 관심이 없고 심지어 피해를 준다면 유입국은 쉽게 폐쇄정책으로 돌아설 수밖에 없다. 처음의 이주민들을 위한 긍정적 정책을 가졌던 국가들의 정책 변화 원인은 국가마다 차이가 있지만 빈곤, 인권, 정의 같은 보편적 담론에 대한 이해와 소통은 변화 과정에서 경시되는 경향이 있다. 이주민과 함께 살아가는 사회에 대해서 여러 가지 편견을 줄이려는 노력이 정부 차원에서나 민간 차원에서 모두 적극적으로 추진되어야 한다. 서로 다른 가치, 신념, 태도 등에 대해 차이를 인정하는 태도가 무엇보다 중요하다. 부정적인 시각으로 대하거나 배제시키려는 방법은 이주민과 함께 살아가야 하는 현실을 변화시킬 수 없다.

세계적인 현상인 이주는 더 이상 부족한 노동력을 채워주는 장치가 아니라 인적자원의 공유를 통해 상호 국가 간 이익과 평화로운 관계의 가교 역할을 담당하고 있다. 이런 측면에서 생활세계 안에서 함께 살아가는 외국인들의 기여를 인정해야만 할 것이다.

(2) 사회통합에 대한 내국인의 입장

다문화사회로의 변화는 내국인의 입장에서도 변화를 요구받는 일이다. 때로는 정주민으로서 기득권의 포기뿐 아니라 이질적인 문화에 대한 포용을 통해 마주하게 되는 긴장감과 불안감이 존재한다. 이러한 점들이 자주 간과되거나 공정하지 못하게 평가되어 역차별의 논쟁이 일어나기도 한다.

노동시장에서의 개인적인 상실 문제도 생기고 사회 균열적인 요소들이 심리적인 불안감을 조성하기도 한다. 많은 사안에 대해 옳고 그름을 판단하기 어렵고 이 역시 불안요소가 되어 사회적인 담론이 갈등으로 가기도 한다. 다문화사회의 포용과 통합이 어려운 것은 이런 법과 인정 사이의 갈등 때문이다. 갈등을 피하고 싶은 심리가 오히려 불안을 가중시키기 때문이다.

정주민과 이주민을 가해자와 피해자의 이분법으로 분류하는 접근은 오히려 장애가 된다. 소수자를 수용하고 통합을 완성해야 할 다수자는 내국인임에도 불구하고 사회통합을 위해 소수자에 대한 배려와 예산지원에 힘쓰고 있다. 이와 같은 단순한 소수자 지원정책보다는 내국인에 대한 이해, 교육, 배타적 태도의 포용, 적응 같은 다양한 프로그램을 운영하고, 법 및 제도 등에 대한 고려가 동시에 필요하다. 이 과정에서 사회통합과 관련된 활동가, 정책결정자, 교육자, 당사자들의 협의와 거버넌스가 필요하다. 배타적으로 자기 방식만 고집한다면 편견 못지않게 통합의 걸림돌로 작용할 것이다.

국제결혼의 예를 보면 정책논의와 담론이 주로 국제결혼여성을 중심으로 이루어지고 있다. 그러나 한국 남편도 국제결혼을 통해 다른 문화를 수용하고 자문화와 통합을 경험해야 한다. 국제결혼이 아니어도 점차 인구구성에서 이주민의 비율이 높아지고 있는 상황에서 내국민은 문화적 이질감을 경험하는 주체이다. 이들이 이질감을 어떻게 극복할지, 통합을 위해 어떤 노력을 할지는 중요한 문제이다. 차별적 요소를 줄임과 동시에 상호 포용이 절실히 필요한 부분이다 (김영순 · 최유성, 2020).

4) 정책과 제도에 있어서의 수요자 중심성

인권침해 소지를 제공하는 중요한 기준과 요소에는 언어교육, 고용과 관련한 체류기간 연장, 국적취득 방식 등이 있을 수 있다. 이런 점들이 인권과 직접적인 관련성이 없다고 유추할 수 있으나 이런 세밀한 부분에서도 제도의 개선, 법적 유연성 등을 가지고 있어야 할 것이다. 이주민의 노동력이 필요해서 고용한 사업장에서는 이주민의 인권보호와 관련하여 사업주 위주의 규정, 사업장 안에서의 불평등한 대우 등을 개선해야 한다.

국제결혼자의 경우에 있어서도 한국인 배우자 의존도를 합리적으로 조정해 나가고, 국적법의 합리적 적용을 고려해야 한다. 미등록자에 대한 인권보호에 있어서도 인간으로서의 기본권의 관점을 우선하는 인식 개선이 필요하다. 미등록자 자녀 문제 역시 아동권리협약에 준해서 권리를 배려하는 요구가 많다. 이런 문제들은 법적 장치가 마련되어 있다고 지켜질 수 있는 것은 아니다. 또한 온정적 도움으로만 해결되지도 않는다. 그러한 문제점에 대응하는 노력들과 실제적인 현장의 요구에 대한 진지한 정책적 수용과 반영이 함께 이루어져야 한다(정의철, 2016).

체류외국인들 가운데 결혼이민자나 비숙련 노동자에 대한 인권 침해는 그들을 위한 인권보호장치를 만드는 과정에서 이루어지기도 한다. 제도가 발전해가는 과정에서 새로이 등장하는 관점이나 이슈로 인한 부작용으로 일어나는 경우도 있고 정책 입안자나 정책 수행자의 세계관에서 야기되기도 한다. 정책 제안의 효력에서 국가인권위원회 등 국가가 인권보호 행위의 주체가 될 때는 좀 더 신속한 결과를 이루기도 하지만, 국가-시민사회라는 갈등구조 속에서는 인권보호에 갈등과 한계가 나타나기도 한다. 국가의 인권기구에는 국가인권위원회, 법무부(사회통합과, 이민통합과, 외국인정책과 등), 다문화가족지원센터, 각 지방자치단체 등이 포함된다. 이러한 정부 기관의 활동에서 가장 중요한 것은 부처 간 정책의 협력과 일관성이다.

중앙정부와 지방정부 각 부처 간에, 여러 이주자 집단 간에, 이주자의 출신국가 간에, 목표, 규범, 규정, 기대치 등에 대한 일관된 해석이 중요하다. 이렇게 확보된 일관성 속에서 정책수요를 만들어 낼 수 있고 정책을 기대할 수 있다.

참고문헌

권금상(2011). 다문화사회의 이주민 인권 : 실태와 쟁점. 한국언론학회 학술대회 발표논문집, pp. 91-95.

김민경(2020). 학교밖 중도입국 청소년의 진로준비에 대한 현상학적 융합연구. **한국융합학회논문지**, 11(6), 249-258.

김성환(1999). **교과서 밖의 세계사**. 사계절.

김영순 외(2019). **다문화 생활세계와 사회통합연구**. 북코리아.

김영순 · 최유성(2020). 사회통합을 위한 결혼이주여성의 상호문화소통 탐색. **현대사회와 다문화**, 10(4), 91-126.

김용신(2011). 다문화 소수자로서 외국인 노동자의 이주 정체성 : 글로벌 정의는 가능한가?. **사회과교육**, 50(3), 17-27.

김지영 · 최훈석(2011). 결혼이주여성의 인권침해실태 및 대책에 관한 연구. 한국형사정책연구원 형사정책연구원 연구총서, 1-4.

김학태(2015). 다문화사회에서의 법적 갈등과 해결방안에 관한 연구-다문화사회에서의 인권개념에 관한 논의를 중심으로-. **외법논집**, 39(1), 281-301.

대한민국 정책브리핑(2019. 10. 21). 불법체류 '사증면제' 입국 외국인이 가장 많아. https://www.korea.kr/news/policyNewsView.do?newsId=148865793

박영주(2019. 12. 19). 국내 외국인 취업자수, 6년 만에 최대폭 감소. 세계일보. https://m.segye.com/view/20191219514456

박해육 · 윤영근(2016). 지방자치단체의 이주민 통합정책. 한국지방행정연구원.

법무부(2019). 2018 출입국 외국인정책 통계연보.

______(2020). 2019 출입국 외국인정책 통계연보.

양천수(2020). 근대 인권 구상의 한계와 새로운 인권 구상의 가능성. **공법학연구**, 21(3), 131-158.

엄한진(2011). **다문화사회론**. 도서출판 소화.

여경수(2015). 이주 노동자 주거복지를 위한 법제개선방안. **법학논총**, 33, 281-298.

이부하(2015). 국내거주 외국 우수 ICT 인력 활용을 위한 취업비자 · 이민 제도 개선방안 연구. **IT와 법연구**, 0(10).

전경옥 외(2013). **다문화사회한국의 사회통합**. 이담북스.

전영평(2008). 다문화시대의 소수자운동과 소수자행정 : 담론과 과제. **한국행정학보**, 42(3), 9-27.

정의철(2016). '다'양한 '다'문화 현상의 '다'면적 이해를 위한 길라잡이. **현대사회와 다문화**, 6(1), 137-141.

최무현 · 김경희 · 박홍순(2011). 다문화사회정책 거버넌스 현황과 미래지향적 발전방향. 한국여성정책연구원.

최병두(2018). **초국적 이주와 환대의 지리학**. 푸른길.

최성환(2011). 다문화주의와 인권의 문제 : 문화 상대주의와 보편주의의 경계에서. **철학탐구**, 30, 348-388.

황정미(2009). 이주민의 사회통합을 위한 지역사회 참여현황과 참여증진. 한국여성정책연구.

Chapter

04

사회통합과 사회통합정책 이론

1. 다문화사회와 사회통합의 개념
2. 사회통합정책 이론
3. 국내의 사회통합정책

Chapter 04

사회통합과 사회통합정책 이론

1. 다문화사회와 사회통합의 개념

1) 사회통합의 정의

크래머(Kraemer, 2008)에 따르면, 통합은 규범적으로 긍정적인 것으로 평가되고 있으며, 이주민 통합에 관심을 가져온 독일은 통합을 '좋은 사회(gute Gesell schaft)'를 만들기 위한 본보기로서 기능을 수행하는 것으로 규정한다. 통합에 대해서는 다양한 학자들의 의견이 존재하는데 슈뢰어(Schrőer, 2011)는 통합에 대한 개념을 여덟 가지로 설명하였다. 첫째, 통합은 한 사회공동체로의 편입을 의미한다. 둘째, 통합은 목표이자 과정이다. 셋째, 통합은 시간이 필요하다. 넷째, 통합주민뿐만 아니라 기존의 집단과 소수의 집단 모두에게 일어나는 상호적 과정이다. 다섯째, 통합은 이주민과 동시에 정주국 사회의 변화를 요구한다. 여섯째, 통합은 한 사회 속 모든 분야의 동등한 참여를 가능하게 한다. 일곱째, 통합은 존중과 인정을 전제로 한다. 여덟째, 통합은 구체적 목표와 프로그램을 지향한다.

기본적으로 사회통합(social integration)은 뒤르켐(Durkheim)의 '유기적 연대성'과 파슨스(Parsons)의 '규범적 통합'에서 유래했다. 사회학자인 뒤르켐은 '사회적 통합' 개념을 최초로 사용했으며, 사회적 결속력을 "사회구성원 간의 상호의존성, 충성심 그리고 연대성"으로 정의했다. 그에게 통합된 사회는 시민이 서로 의존하고 궁극적으로 국가에 의존하는 사회로, 시민이 상호의존적인 관계에 묶여 있어 국가나 공동체를 향한 충성심을 내포한다고 주장했다.

헤크만(Heckman)은 통합을 과정적인 측변으로 세 가지로 구분한다. 첫째, 통합은 연결되지 않은 개별적인 요소들로 하나된 시스템이나 구조를 만드는 것이다. 둘째, 통합은 지금의 구조에 개별적 요소들을 추가하여 현재 시스템과 구조에 연계하는 것이다. 셋째, 통합은 하나의 시스템 내 요소들 간의 연관성을 강화시키고 개선하는 것이다.

2) 사회통합의 개념

(1) 현대사회와 사회통합의 필요성

현대사회는 경제적 관계 안에서 또 다른 의미의 계급이 존재하며, 끊임없는 분열과 사회와 과학기술의 급속한 변화로 인해 사회통합의 어려움을 겪는다. 이러한 상황 속에서 현대사회의 모순을 극복하기 위한 사회통합은 자본주의 사회 발달에 따른 자연스러운 분화를 보완하는 역할을 한다(Stigendal, 2010 : 18). 사회통합은 사회구성원 간의 불균형을 최소화하고 복지를 보장하며, 지역사회의 응집력을 증진시킨다. 또한 네트워크 구축을 통한 도시의 재생을 기대할 수도 있다(Baussan, 2015 : 23).

(2) 사회통합의 필요성과 관련된 학자들의 입장

미첼(Mitchell, 1998 : 1-2)은 사회통합에는 의사결정에서의 통합이 필요하다고 주장했다. 그녀는 사회통합이 지역 주민에게 상당한 수준의 권한을 줌으로써 지역 안에서 구성원들의 책임감 향상, 통합상승, 이익분배를 촉진할 수 있다고 강조했다. 챈과 챈(Chan, J., & Chan, E., 2006)은 사회적 통합을 위해 신뢰를 포함하는 일련의 태도와 규범이 특징인 소속감, 참여 의지, 도움의 정도를 사회적 통합의 요소로 보았다. 놀(Noll, 2002)은 사회통합을 통한 민주적 의사결정의 중요성을 역설했으며, 지속 가능한 사회발전을 위해서는 사회의 모든 의사결정이 이전과 다른 패러다임으로 구성되어야 한다고 주장했다.

(3) 사회통합에 영향을 미치는 요인에 관련된 학자들의 견해

토크빌(Toqueville)과 퍼트넘(Putnam)은 가족, 사회 네트워크 같은 민간제도 속 사적 행동이 사회통합과 사회질서를 촉진한다고 보았다. 뒤르켐과 파슨스의 사회이론을 따르는 사회통합 이론은 공동체에 대한 충성심과 연대에 기초를 둔 상호의존성이 사회통합과 질서를 촉진한다고 보고 있다(차미숙, 2011 : 8). 애킷(Acket)과 사라시노(Sarracino)는 심리학적 · 사회학적 접근과 경제적 목적이 사회통합에 영향을 미친다고 보았다. 이러한 접근법을 통해 그들은 실업률이 낮은 국가는 사회통합이 높고 아르바이트 같은 여러 형태의 고용률이 높다고 분석했다. 또한 사회의 응집력이 높을수록 평생교육 과정에 투자하는 사람들이 많으며, 불평등과 빈곤의 위험이 감소하고, 여성 및 청소년의 사회참여와 사회의 신뢰형성에 긍정적인 영향을 미친다고 주장했다(Acket & Sarracino, 2011 : 25).

(4) 사회통합의 지속 가능성과 발전의 요인

사회통합을 위한 사회질서는 제도적 생활에 기초된 사회화에 방점을 둔다. 이를 위해서 모든 질서가 정당성을 강요받지는 않지만, 제도적 사회화 형성을 위해서는 개개인의 생활 태도와 요구를 고려할 필요가 있다. 사회통합이 진행되는 과정 속에는 불평등이 발생하기도 하며, 이는 갈등으로 드러나기도 한다. 이러한 갈등을 해결하기 위해 사회통합은 사회구성원 간의 신뢰와 포용을 바탕으로 사회구성원 모두의 행복과 안녕을 추구하지만, 사회통합의 개별 구성요소는 모든 구성원에게 만족스럽지 않으며 일부 집단에서는 배타적일 수 있다(장용어 외, 2012 : 290-291).

사회통합 과정에서 합의된 의사결정은 공동체의 발전과 통합으로 이어진다. 그러나 합의된 결정에 만족하지 못하는 구성원은 스스로를 배제하거나 구성원으로부터 배제당할 수 있다. 사회통합은 이들과 같은 배제된 사람들까지 끌어안으려는 시도가 필요하다. 이러한 지속 가능한 발전과 사회통합을 위해서는 구성원 간의 활발한 커뮤니케이션과 상호적인 이해 그리고 협조가 필수적이다.

나아가 뒤르켐은 사회통합의 주요 요인을 공유된 충성심과 사회적 연대에서 찾았으며, 집합적 가치와 믿음의 통일성, 그리고 개인의 자율성을 사회통합의 요소로 제시했다(김준영, 2012 : 24). 또한 사회통합은 개인이 사회의 체제에 맞추기 위해 노력하는 것이 아니라 사회가 개인에게 제도를 맞추어 구성원으로 수용하려고 노력해야 하며, 개인이 사회규범에 적응하기보다는 사회가 개인을 포용할 수 있도록 유연성과 관용성을 높여나가는 것이다(노대명, 2009 : 8).

(5) 다양한 사회적 요소와 특성을 고려한 사회통합의 목적

사회통합은 네 가지 목적을 가진다. 첫째, 자본주의의 발달에 따른 사회분화를 보완하려는 사회적 결합이다. 둘째, 공동체의 모든 구성원을 포용하려는 노력이다. 셋째는 구성원의 공동체 활동 참여다. 마지막으로 구성원의 신뢰와 행복감의 증진이다.

이러한 사회통합의 목적을 달성하기 위해서 다양한 사회적 요소와 특성을 고려할 필요가 있다. 가장 기본적으로 상호 간의 신뢰가 필요한데 이는 태도에서 비롯된다. 신뢰가 무너지면 불신으로 이어지고 사회갈등으로 드러난다. 또한 상호 간의 포용성이 부족할 때는 배제되는 구성원이 존재하게 된다. 사회적 배제는 경제적 결핍뿐만 아니라 정치, 사회, 문화, 심리 · 정서적 차원에서 사회규범으로부터 소외된 집단을 의미한다(조미형, 2007 : 449). 따라서 사회통합은 공동체의 연대와 충성심에 근거한 상호의존성을 강조하며, 배제하지 않는 포용성, 서로 간의 신뢰, 구성원의 행복감 향상이 그 구성요소임을 알 수 있다.

3) 상호문화적 관점과 사회통합

(1) 세계시민주의적 관점의 사회통합

전 지구적인 인구이동으로 인해 세계 각국의 국가가 지향하고 있는 사회통합은 이주민들이 정주국으로 통합되는 것을 목적으로 하고 있다. 다문화사회에서 이주민과 정주민의 사회통합은 국가발전의 중요한 요인으로 인식되기 때문이다. 사회통합은 한 주류의 사람들과 소수의 사람들이 하나의 우산 아래 모여서 사회적 안에서 발생될 수 있는 갈등을 최소화하는 과정이다. 따라서 사회통합은 주류의 집단과 소수의 집단 간의 평등 보장, 구조적 차별 극복, 이해와 교류 등 상호 존중을 위한 노력이 전제되어야 가능하다.

한국 사회에서의 사회통합은 이민자에게만 초점이 맞추어져 있는 단방향적 사회통합의 관점이 우세하다. 이성순(2011)도 한국의 사회통합에 대해서 "이민자는 소득, 건강, 노동, 정치 등 다양한 영역별 삶의 차원에서 인간으로서의 절대적 차원과 정주민과의 상대적 차원 모두에서 어떠한 이유로도 차별과 불평등을 받지 않아야 한다"는 시혜적 입장의 사회통합을 이야기했다. 사회통합의 완성은 이주민과 정주민 전부에게 해당되는 상호문화적 정체성 협상과정을 통해 형성되는 다문화 생활세계다. 곧 이주민과 정주민이 동등한 책임과 권리, 관계 속에서 상호작용을 통해 다문화사회 공간을 만들어 세계시민주의적 관점으로 사회통합을 이루어 나가야 한다.

(2) 상호문화적 공존을 위한 정주민과 이주민의 관계

다문화사회의 정주민은 이주민의 유입으로 인해 가치관의 혼란, 노동시장에서의 경쟁 등을 경험하면서 이주민이 정주민들의 문화와 생활양식이 존중받을 것을 기대함과 동시에 이주민정착 방안을 마련하고자 한다. 반면에 이주민은 자신들의 문화적 고유성과 가치를 인정받고 보존하며 정주민들과 동등한 자격과 능력을 부여받음으로써 주류사회에 진입하고자 한다. 그러므로 서로 다른 이해관계 속에서 일어나는 다양한 문화의 정체성 협상 과정은 상호문화적이어야 하고 공평해야 한다. 또한 다수의 정주민과 소수의 이주민 사이의 상호문화적 공존으로 새로운 다문화 생활세계를 형성하기 위한 기반으로서 사회통합이 매우 중요하며 필요하다.

이러한 상황 속에서 한국의 사회통합은 차별과 편견으로부터의 탈피, 기존 단일민족 신화를 넘어서 다양성에 기초한 정체성 협상의 과정을 통해 다문화사회 공간을 새롭게 창출해 나가야 한다.

(3) 사회통합의 다양한 층위

노대명(2009)은 사회통합을 세 가지 층위로 분류한다. 첫째, 사회적 포용(social inclustion)으로 빈곤과 실업을 포함한 사회적 위험으로부터 국민을 보호하는 것이다. 둘째, 사회적 융합(social integration)으로 동등한 기회와 권리를 모든 사람에게 제공함으로써 통합적 목표를 지향하는 것이다. 셋째, 사회적 응집(social cohesion)으로 공동체 구성원이 공동의 비전을 공유하고, 공동체에 대한 소속감을 가지며, 다양한 배경을 가진 구성원이 긍정적이고 강력한 관계를 발전시켜 나가도록 하는 것이다.

사회통합은 이러한 세 가지 층위를 포괄하는 의미로서 어떠한 특정 틀에 모든 사회구성원을 조정하려는 노력이 아니라, 다양한 개인들을 한 공동체가 수용하려는 노력을 의미한다. 정주민과 이주민을 이분법적으로 경계 지어 '단선적인 동화과정'을 강조하는 것이 아니라 이주민이 가지고 있는 문화의 고유성과 특수성을 인정하고 동등한 문화적 정체성 협상 과정을 통해 새로운 다문화사회를 형성하는 데 토대를 마련하는 것이다. 하버마스(1987)도 사회통합을 위해서는 '왜곡되지 않은 이상적인 의사소통'을 통한 상호문화적 이해와 존중을 통해 구성원의 합의 도출이 필요함을 역설했다.

2. 사회통합정책 이론

캐슬스와 밀러(2003)는 이주민의 사회통합정책 이론을 차별적 배제모델, 동화주의 모델, 다문화주의 모델의 세 가지로 제시했다.

1) 차별적 배제모델

(1) 차별적 배제모델에 관한 학자들의 정의

김나연(2011)과 명 진(2016)은 차별적 배제모델을 "이민을 받아들이는 유입국

사회가 이민자의 정착을 원천적으로 차단하는 정책을 펼치는 모형"으로 정의한다. 이런 유형의 유입국은 자국민이 피하는 저임금 노동시장 같은 사회의 한정된 영역에서만 이주근로자나 이주민을 수용할 뿐 사회복지 혜택이나 시민권, 국적, 선거권, 피선거권의 부여 같은 사회·정치적 영역까지 확대해서 수용하지 않는다. 오영숙(2013)은 차별적 배제모델을 노동 분야 등 3D업종 같은 특정 분야에 대해서만 외국인을 수용하고 국적, 시민권, 복지혜택 등과 같은 정치·사회 영역에서 이주민을 배제하는 유형이라 하였다. 김희석(2017)은 차별적 배제모델을 부족한 노동력을 충족시키기 위해 특정 업종과 관련된 외국 인력을 받아들인 뒤, 이주민에게 노동시장 같은 특정 사회영역만 제한적으로 허용함으로써 복지를 비롯한 선거권·피선거권, 국적 부여 등처럼 사회정치적 권리와 관련된 부분은 배제하는 것으로 차별적 배제모델을 정의한다. 이 모델의 구체적인 내용은 외국인 노동자의 가족초청을 제한하고, 안정적인 체류를 위한 비자발급을 거부하면서 체류심사를 까다롭게 하는 것 등이다.

(2) 차별적 배제모델의 내용

국민의 단일성을 우선으로 하여 그에 반하는 소수인종과 문화를 위협적인 요인으로 인식하여 이들을 배제하는 것이다. 그렇기 때문에 인종적으로 최소화하는 것을 정책적인 목표로 설정하며, 국적을 취득하는 데 있어 혈통이 중요한 속인주의를 택한다. 이주민들은 단순한 손님으로 대우 받으며 정책의 대상으로 고려되지 않는다. 국적을 부여받더라도 그들이 정주민들의 수호하고 있는 문화, 가치, 제도에 흡수되어 가는 것을 당연하게 여긴다. 이러한 나라에서 이주민은 주류사회와는 동떨어져 있으며 불안한 상태를 유지한다.

대표적인 예로 교체순환정책이 있는데, 단기적으로만 이주노동자를 취업시켜 자국의 부족한 노동력을 메우고 계약이 만료되면 본국으로 귀국시키는 정책이다. 이는 이주민을 위한 일자리도 내국인과 구분되고 분리된 특정 업종에 국한시키는 것이며, 더 나아가 이들의 정주를 차단하기 위함이다. 독일의 이주노동자제도, 한국의 고용허가제도 등이 이러한 차별적 배제모델의 전형이다.

(3) 차별적 배제모델의 현황

차별적 배제모델을 채택했던 나라로는 독일, 일본, 한국, 대만 등이 있는데, 내국인과 외국인을 혈통주의 원칙에 입각하여 구분하고 있는 국가들이다. 김나연(2011)에 따르면 동북아 국가들이 주로 수용하고 있으며, 혈통주의의 강력한 고수로 외국 이주민의 유입을 부정적으로 바라본다. 하지만 오늘날 차별적 배제모델을 고집하고 있는 나라는 이제 거의 없다. 오영숙(2013)은 세계화에 따른 경제통합으로 각 나라는 우수 전문기술 인력을 자국에 정주시킴으로써 국가경쟁력 강화를 꾀하며, 이러한 상황에서 차별적 배제모델의 고집은 불가능한 일이라고 주장한다.

2) 동화주의 모델

(1) 동화주의 모델의 개념

동화란 소수민족 집단이나 비주류문화가 다수 또는 주류문화에 일치되는 것을 말한다. 동화이론은 문화를 우수한 것과 열등한 것으로 구분하고, 열등한 문화는 결국 우수한 문화로 귀착된다는 이론이다. 즉, 시간이 흐르면서 소수민족 집단이나 비주류문화가 모두 주류문화집단으로 유형화되어 하나의 공통문화로 흡수되어 융합되고 통합된다는 이론이다. 동화주의 이론은 한 국가공동체 내에 공존하는 주류문화와 소수집단의 비주류문화 중에서 다수적인 사회문화를 통해 사회통합을 목표로 한다. 이 이론에서 주류문화의 특징은 우월하고 바람직한 것으로 간주되고, 비주류문화의 특징은 열등하고 바람직하지 못한 것으로 여겨진다.

동화주의 이론은 이주자에게 정주국의 권한을 취득하고 정주민과 같은 존재로 살기 위해 오랫동안 체득한 언어적 · 정서적 · 문화적 정체성에서 탈피하도록 권유한다. 또한 공적으로 정주국의 언어를 사용하게 하는 등 문화적 적응과정을 당연하게 받아들임으로써 결국 정주국에 적응하여 새로운 국가의 일원이 될 것을 요구한다.

(2) 동화주의 관점의 사회통합

동화주의적 관점에 따른 사회통합의 논의는 정치적 경계와 문화적 경계를 일치시키려는 민족주의 혹은 국가주의의 시도로서 문화적 동질성을 추구하는 것에서 시작된다. 문화적 동질화의 의지는 바로 동화주의적 접근을 의미하며, 동화주의 사회에서 소수민족집단의 문화적 정체성과 다양성은 사적인 영역 내에서 존재할 뿐 공적인 영역에서는 배제되거나 부정되는 등 문화적 동질성이 사회적 규범으로 간주된다.

근대 이후의 국민국가들은 국가 내의 정당성과 연대성을 보장한다는 명분으로 동화주의를 추구하게 되었다. 동화주의를 추구하는 국가들은 목적 달성을 위해 일방적으로 동화시키기 위해 억압적 요소를 사용하는데, 여기에는 소수자가 가진 고유의 전통문화나 정체성 유지를 어렵게 하는 문화적 억압과 불이익이 가해진다. 즉, 소수자의 고유한 문화를 포기할 것을 강요하지는 않더라도 고유한 문화와 언어를 유지하기 위한 법적 · 제도적 지원을 하지 않는다(한승준, 2008 : 107).

(3) 고든(Gordon, 1964)의 동화 7단계 구분

고든은 동화를 위한 7단계가 필요하다고 설명했다. 첫째, 문화적(cultural) 동화, 둘째, 구조적(structural) 동화, 셋째, 혼인적(marital) 동화, 넷째, 정체적(identification) 동화, 다섯째, 태도 수용적(attitude receptional) 동화, 여섯째, 행동 수용적(behavior receptional) 동화, 일곱째, 시민적(civic) 동화다. 이 가운데 주류사회의 조직이나 제도로 진입하기 위해서는 구조적 동화가 가장 결정적이며, 주류사회의 문화를 채택하고 문화적 동화가 이루어졌다고 해도 그 사회의 영향권 내부로 진입할 수 있는 것은 아니다(황혜성, 2007).

3) 다문화주의 모델

(1) 다문화주의의 등장 배경

다문화주의 모델은 1970년대 이후 서구에서 차별적 배제모델과 동화주의 모델이 모두 다인종·다문화 사회에 적합하지 않은 것이 드러나면서 등장했다. 이 모델은 이민자가 출신국의 문화를 인정하고 지키도록 장려하는 것을 정책목표로 한다. 그리고 소수민족이나 문화적 다양성이 주류사회에서 공존하도록 하는 것이다. 다문화주의는 행위 주체를 기준으로 국가주도 다문화주의와 시민주도 다문화주의로 유형화할 수 있는데(윤인진, 2007), 국가주도 다문화주의는 복수 문화집단 간의 공존을 기반으로 국가통합을 이루고자 하는 것을 지칭한다. 시민주도 다문화주의는 소수집단의 고유한 문화와 정체성이 보호받으면서 사회구성원 모두가 평등하게 참여할 수 있도록 '아래로부터의 다문화주의'라고 할 수 있다(김윤희, 2010).

다문화주의 모델은 소수민족집단이 자신들의 정체성을 유지할 것을 장려하면서 문화적 다양성을 지닌 구성원이 차별 없이 공존하는 것을 지향한다. 속지주의를 국적부여 원칙으로 채택하고, 공생과 공존을 추구한다.

(2) 다문화주의 모델의 개념

다문화주의 사회통합 이론은 등장 이후 지금까지 다양한 민족적 정체성을 가진 이주민을 하나의 국민으로 통합시킬 방안에 대한 고민으로 여전히 쟁점화되고 있다. 킴리카(Kymlicka)는 소수집단에게 동화정책과 같이 억압 기제를 작동하는 방식의 국민 형성에 반대하고, 소수집단의 권리를 보장하는 분배적 정의에 따른 민주주의의 심화를 주장한다. 이것은 동화주의에서 다문화주의로의 전환을 의미하는 것이기 때문이다(Kymlicka, 2002 : 364-365).

다문화주의는 한 사회 내의 문화적 다양성을 존중하고 인정하려는 사회적 실천이다. 또한 다문화주의는 문화적 다양성을 상호존중하며 평등의 원리에 입각한 평화적 공존에 대한 믿음이다. 즉, 다문화주의는 문화적 정체성을 유지하고 상호 간의 이해와 존중을 바탕으로 하는 실천적 개념으로 고유의 문화적 개별성이 공존하는 가운데 통합성을 이루어 내는 것이다.

(3) 구견서(2003)의 다문화주의 실천모델 4단계

구견서는 다문화주의 실천모델을 네 가지 단계로 제시한다. 1단계는 문화적 차별 극복 단계로 인종과 문화차별을 배제하기 위해 다양한 문화를 인정하는 단계이며, 다문화 교육정책을 요청한다. 2단계는 사회적 차별 극복 단계로 사회적으로 구별된 지위에 따른 차별, 즉 인종차별, 복지차별, 종교차별을 철폐하는 것이다. 3단계는 경제적 차별 극복 단계로 경제적인 활동과 이익 등에서 동등한 기회를 통해 평등한 결과로 이어지는 정책을 추구하는 것이다. 4단계는 정치적 차별 극복 단계로 투표권, 정부에서 일할 수 있는 권리 등을 동등하게 부여하는 정책이 시행되는 단계다.

(4) 다문화주의 모델의 세부적 구분

다문화주의 모델은 세부적으로 문화다원주의(cultural pluralism)와 다문화주의(multiculturalism)로 구분한다. 다양한 구성원의 존재를 인정하면서 동시적으로 사회통합을 추구한다는 관점에서는 두 모델이 동일하지만, 문화다원주의는 주류문화가 반드시 전제되는 가운데 문화의 다원성과 다양성을 인정하는 것이다.

다문화주의 모델은 태생적으로 이민 국가인 캐나다와 호주, 문화다원주의 모델은 미국 등이 채택하고 있다. 문화다원주의를 추구하고 있는 미국은 주류라고 할 수 있는 백인문화의 우월성을 근간으로 하면서 소수자들의 문화는 자유롭게 놓아둔다. 그러나 다문화주의는 주류사회의 존재를 전제하지 않으면서 다양한 문화가 평등하게 인정되어야 하는 입장을 강조하는 개념이다(임운택, 2009). 다문화주의를 표방하는 캐나다와 호주는 비주류집단의 다양한 언어, 문화, 민족, 종교를 인정하며 평등 · 기회균등 등의 소수자 권리를 주류사회와 동등한 자격으로 인정한다(김미나, 2009; 이성미, 2012).

4) 상호문화주의 모델

(1) 상호문화주의 모델의 등장

캐슬스와 밀러(2003)는 사회통합 모델로서 차별적 배제모델, 동화주의 모델, 다문화주의 모델의 문제점을 지적한 바 있다. 이처럼 기존의 사회통합 모델에 반대하며 캐나다 퀘벡 주에서는 '상호문화주의'라는 새로운 사회통합 모델에 대한 논의가 시작되었다. 상호문화주의는 2001년 영국 캔들(Candle) 보고서를 시점으로 상호문화주의 모델(interculturalism model)에 대한 연구와 다양한 정책적 검토가 시작되었다(김태원, 2012). 이어 유럽연합(EU)에서 2008년을 '유럽 상호문화적 대화의 해'로 선정하면서 본격적 상호문화에 대한 개념이 확산되었다(오정은, 2012).

(2) 상호문화주의 모델의 개념

상호문화주의는 한 사회공동체 내에 존재하는 문화적 다양성을 보존하고 그것의 동등한 가치를 인정하는 다문화주의와 유사하다. 그러나 상호문화주의는 변화하는 사회 속에 살고 있는 개인들이 끊임없는 접촉을 통해 주변 환경과 상호작용하며 정체성을 선택하거나 새로운 정체성을 추구한다는 측면에서 차이를 보이고 있다. 파레크(Parekh, 2007)는 상호문화주의 모델에 대해 다문화사회의 규범적 지향성에 대한 바람직한 사회통합 방안으로 '상호적 다문화주의(interactive multiculturalism)'를 주장했다(김태원, 2012). 그의 주장에 따르면 성공적인 다문화사회는 문화적 다양성에 대한 속성으로 인해 어느 특정 민족이나 문화 또는 가치를 기준으로 이루어지지 않으며, 다중적 가치들이 상호 소통하면서 결정된다는 것이다.

사회통합 모델은 시대의 흐름에 따라 지속적인 이론적 발전과 형태의 변화를 나타내고 있다. 논의한 모델들은 어느 사회에서 어느 시기에 보이는 특징으로 구분되는 것이지만, 한 국가 내에서 실행되고 있는 정책들은 한 가지 모델만을 고정된 방식으로 운용하는 것이 아니라 서로 다른 모델들로 이동해 가기도 한다.

3. 국내의 사회통합정책

1) 국내 사회통합정책 분석

(1) 이주민 관련 법제도

한국은 이주유형에 따라 차별적인 정책이 시행되고 있다. 출입국관리법, 국적법, 「재외동포의 출입국과 법적 지위에 관한 법률」 등의 법률에 의해 이주민을 분류하고 있다. 2006년 4월에는 대통령 직속으로 12개의 정부부처가 '여성결혼이민자 가족의 사회통합지원대책'을 발표했다. 2007년에는 재한외국인 처우기본법이, 2008년 3월에는 다문화가족 지원법이 시행되었다.

(2) 이주자 유형별 정책

① 이주노동자

한국은 1980년대 이주노동자 송출국 위치에서 1987년 이후 이주노동자 유입국으로 전환되었다. 국내 노동력 부족 해결을 목적으로 1991년 해외투자업체 연수제도를 시행하였고, 1992년 이주노동자에 대한 출입국관리법에 의해 잠정적 입국을 허용하였다. "부득이한 사유로 유효한 여권이나 사증소지 등 입국허가 요건을 갖추지 못한 외국인에 대해 입국허가 여부가 결정될 동안 주거제한 등의 조건을 붙여 잠정적으로 입국을 허용"하는 법 개정은 이주노동자의 유입을 결정적으로 증가시키는 계기가 되었다. 1993년 산업기술연수생제 도입 이후 급격하게 이주노동자가 유입되었고,

2003년 「외국인 근로자의 고용 등에 관한 법률」이 제정된 후로는 외국인 노동자들이 취업활동이 가능한 체류자격에 해당되는 사증 발급 시 국내 고용환경이 고려되도록 하는 사안과 외국인의 체류자격 및 체류상한기간 재조정이 있었는데, 이를 계기로 이주노동자의 유입이 본격화되었다. 2004년 고용허가제 도입은 이주노동자의 유입을 가속화시키고 있다. 고용허가제는 이주노동자를 노동자로 인정하고 노동권을 보장하는 제도로, 최장근로기간을 5년 미만으로 설정하고 있다. 그럼에도 이주노동자들에게는 정주불허의 원칙을 유지하면서 고용허가제를 통해 합법적인 지위를 보장하고 있다. 이들은 주로 단기 계약으로 입국하며 정해진 직종에만 취업이 가능하고 사업자 변경 및 가족재결합이 불가하다. 일반귀화나 특별귀화 요건을 충족하지 못한 경우 이주민의 영주체류자격을 인정하지 않으나, "대한민국에 공로가 있는 자나 특정 분야에서 탁월한 능력을 소유하여 대한민국에 보탬이 될 수 있는 자"는 특별귀화 요건으로 인정하며 교육수준이나 전문적 기술을 보유한 외국인들의 한국 유입은 환영하고 있다는 점에서 차별적으로 수용하고 있다는 것을 알 수 있다.

② 결혼이민자

결혼이민의 다수를 차지하고 있는 결혼이주여성의 경우 그 체류자격은 2011년부터 거주(F-2)에서 결혼이민(F-6) 자격이 신설되었으며, 한국 국민의 배우자로 영주권 신청자격에서 2년이면 신청할 수 있는 조건이 주어지고 있다. 결혼이주여성은 결혼이민자 중 다수를 차지하고 있다. 결혼이주여성은 결혼이민 비자를 발급받는데, 이 비자는 "대한민국 국민의 배우자나 국민과 혼인관계에서 출생한 자녀를 양육하고 있는 부 또는 모로서 법무부 장관이 인정한 사람"에 한해 발급된다. 또한 "대한민국 국민의 배우자와 혼인한 상태로 국내에 체류하던 중 그 배우자의 사망이나 실종, 그 밖에 자신에게 책임이 없는 사유로 정상적인 혼인 관계를 유지할 수 없는 사람으로서 법무부 장관이 인정한 사람"도 이에 해당한다. 외국인이 국제결혼으로 한국에 거주하기 위해서는 한국인 배우자의 초청이 필요하다. 결혼이주여성은 다음의 절차에 따라 귀화할 수 있다. 결혼이민 비자(F-6)로 입국하여 거주한 지 2년이 지나면 귀화 신청이 가능하다. 한국 거주기간이 2년 이상만 되면 신청자격이 주어지므로 결혼이주여성의 한국생활에 안정성을 보장한다는 긍정적 측면이 있다. 그러나 일반적인 귀화의 요건을 충족해야 한다는 점에서 여전히 높은 장벽이다. 그 예로 "생계유지능력이 있어야 한다"는 조항이 있는데, 3천만 원에 달하는 재산현황을 서류로 제출하거나 재직하고 있는 직장의 재직증명서 등을 제출해야 하는 조항이다. 이와 관계하여 국적법은 지속적으로 개정되고 있다. 예를 들어, 1997년 개정된 내용을 보면, 종전의 부계혈통주의가 부모양계주의로 전환(부 또는 모 어느 한편이 대한민국 국적자면 그 자녀에게 국적을 부여함)되었다. 그리고 2004년에는 "국민인 배우자와 혼인한 상태로 대한민국에 주소를 두고 있던 중 그 배우자가 사망 · 실종되거나 자신의 귀책사유 없이 혼인생활을 계속할 수 없는 경우 또는 혼인에 의해 출생한 미성년자녀의 양육 등의 필요가 있는 경우에는 외국인 배우자의 인권보장과 아동보호 차원에서 국적취득을 허용"하는 방향으로 국적법이 개정되기도 했다. 이는 혼인상태 지속 여부에 따른 불안정하고 종속적인 결혼이주여성의 법적 지위를 개선한 것이다.

③ 재외동포

구소련 지역의 고려인들과 중국의 조선족 동포들은 「재외동포의 출입국과 법적 지위에 관한 법률」, 「외국인 근로자의 고용 등에 관한 법률」, 국적법에 연관되어 있으며 재외동포 및 영주권자 유형과 방문취업제 대상자의 유형이 뒤섞인 상태로 그 신분과 지위가 불안정하다. 1999년 제정된 「재외동포의 출입국과 법적 지위에 관한 법률」은 재외동포에 대한 법적 우대를 규정하는 것으로, 중국, 소비에트 연방공화국 등에 거주하는 해외동포, 즉 현실적으로 가장 법적인 보호를 받아야 할 대상이 적용대상에서 제외

됨으로써 많은 비판에 직면하기도 했다. 이 법은 불법체류 외국인의 대부분을 중국동포가 차지하게 되는 상황을 초래하기도 했다. 이후 2004년 동 법률이 개정되어 드디어 200만 중국동포, 50만 구 CIS(Commonwealth of Independent States; 독립국가연합) 지역 동포가 그 대상에 포함되었다.

(3) 차별금지 관련

'이민자통합정책지수(MIPEX)'는 이민자 사회통합정책에 대한 평가에서 활용할 수 있는 지표다. 지표에는 세 범주가 중요한 기준인데, 인종 · 민족, 종교 · 신념, 국적이다. 한국은 국가인권위원회를 2001년에 설립하고 이주민을 포함한 소수자들의 인권보호를 위해 노력하고 있다. 위원회의 활동범위는 피해자의 진정이 없는 경우에도 인권침해나 차별행위가 있다고 믿을 만한 상당한 근거가 있다고 인정할 때는 직권으로 조사할 수 있어 넓은 편이다. 2007년 12월 차별금지 사유에 "인종, 피부색, 출신민족"이 포함된 「차별금지법안」이 국무회의를 통과했지만, 발의조차 되지 못하고 폐기되었다. 2009년에는 「인종차별금지법안」 관련 공청회(전병헌 · 국가인권위원회)가 개최되었으나 법안에 상정되지 못했다.

이주노동자의 경우 노동법상 근로자의 지위가 보장되고 차별받지 않도록 기본적인 법 정비는 이루어졌다고 볼 수 있으나, 출입국관리법상 불법체류자인 까닭에 열악한 노동환경과 차별을 받는다는 한계가 있다.

(4) 이주민의 정치참여

한국은 이주민들에게 지방선거 선거권을 허용하고 있다. 이주민의 권리 인정 측면에 있어서 다른 나라와 비교할 때 선진국가에 속하지만, 이주민들이 정당 가입이 허용되지 않고 정치활동을 할 수 없게 한 것은 모순되는 상황이다. 참정권 인정과 정치참여 현황을 보면, 2005년 공직선거법 개정을 통해 지방자치단체장 선거와 지방의원 선거에서 "영주권 취득일로부터 3년이 경과한 19세 이상의 외국인"으로서 자치 단체 내에서 외국인으로 등록되어 있는 모든 사람에게 선거권을 부여했다. 그리고 교육감을 뽑는 선거 역시도 영주권 취득 후 3년이 경과한 19세 이상의 외국인에게는 선거권을 허락한다. 또한 주민투표, 주민소송, 주민소환제도에 외국인의 참여를 모두 보장하고 있다.

외국인 선거권에 관한 사회적 합의사항을 보면, 국정선거와 지방선거를 구분하고 있으며, 선거권과 피선거권을 구분하고 있다. 그렇기 때문에 외국인에게는 정당 가입이 허락되지 않고, 정치자금 기부도 금지된다. 또한 합리적인 이유 없이 피선거권을 인정하지 않는 점과 대한민국 국민이 아닌 사람은 선거운동을 할 수 없는 것은 문제점으로 지적되고 있다. 정치 활동의 자유가 없는 이주민은 자신들의 이익을 대변하는 정치적 단체를 결성할 수 없다. 다만, 정주할 자격이 주어지는 영주권자에 한해 지방의회 선거권만 주어진다.

2) 이주자와 관련된 경제 · 사회문화적 사회통합정책

한국 정부는 다문화가족들을 위한 보육 및 교육 지원이 중요함을 인식하여 2013년 법을 개정하였으며, 정부와 지방자치단체가 이를 실현하기 위해 노력하고 있다. 다문화가정 아이들이 경험하는 언어적 어려움도 고려하여 한국어뿐만 아니라 모 또는 부의 모국어 교육이 가능하도록 관련 학습지원과 교재지원 등 이중적으로 언어를 사용할 수 있도록 지원하고 있다.

한국 정부는 등록된 이주민에 대해 4대 보험과 고용허가제 4대 보험을 통해 이들의 사회권을 보장하고 있지만, 개별사업장에 대한 관리 부족으로 수도권을 벗어난 지역에서 이주노동자들은 보건 · 복지적 혜택을 누리지 못하고 있다. 특히 미등록된 이주민은 그러한 정책에서는 아예 해당되지 않는다.

이주민들은 한국에 들어와 다양한 노동의 형태를 통해 삶을 영위해 간다. 노동시장에 진입하는 이주자의 유형은 세 가지다. 첫째, 이주노동자의 경우 노동시장 접근의 측면에서 보면, 한국에서는 고용허가제를 통해 기능실습제의 문제를 풀어냈으며, 노동자로서의 관련된 권리를 인정해 줌으로써 그들의 인권을 보장한다. 둘째, 결혼이주여성에 대한 취업지원은 관련 부처가 통합되어 있지 않고, 참여가 가능한 대상자가 한정되어 있는 한계가 있다. 그럼에도 결혼이주여성들이 통번역사라는 새로운 직종을 만들어 자신들의 사회참여의 활동 폭을 넓힌 점에는 의미가 있다. 셋째, 귀환 동포들의 경우 노동시장 접근은 재외동포로서 관리되는 부분과 이주노동자로서 관리되는 부분이 있다.

3) 이주자와 관련된 정부 기관 사회통합정책

(1) 법무부

법무부는 다음과 같은 근거 법령에 따라 이주민을 위한 사회통합 프로그램을 시행하고 있다.[1)]

- 출입국관리법 제39조 및 제40조
- 출입국관리법 시행령 제48조 내지 제51조
- 출입국관리법 시행규칙 제53조 내지 제53조의2
- 재한외국인 처우 기본법 제10조 내지 제17조 및 제20조, 제21조
- 국적법 시행령 제4조 및 시행규칙 제4조
- 사회통합 프로그램 다문화사회 전문가 인정 기준 등에 관한 규정(법무부훈령 제1086호)
- 사회통합프로그램 평가관리 규정(예규) 등

사회통합프로그램(KIIP : Korea Immigration and Integration Program)은 중앙부처 사회통합정책 중 중추적인 역할을 담당하고 있으며, 결혼이주민을 포함한 이주민이 한국 사회에 조화롭게 유입되도록 기본 소양을 함양시키고자 한다. 이를 통해 안정적으로 한국 문화에 적응하도록 하며, 한국어 과정 등도 이수하도록 하고 있다. 이 프로그램의 기본 방향은 첫째, 이민자들이 한국에서 생활할 때 필요한 언어, 경제, 법률, 사회 등 기본 소양을 습득하게 하는 데 있다. 둘째, 이민자들의 한국에 대한 기본 소양을 평가하고 이수 레벨을 부여하여, 그들의 언어 능력, 사회이해 정도를 측정하는 데 있다. 셋째, 이민자에게 직접 KIIP 서

---

1) 2019년도 법무부 출입국·외국인정책본부 사회통합프로그램 운영 지침

비스를 제공할 운영기관(교육기관)을 지정한다. 넷째, 운영기관에서 다문화 이해 및 KIIP 강의 등을 수행할 전문 인력을 양성 및 관리한다.

이민자가 이와 같은 프로그램을 이수할 경우 몇 가지 혜택이 주어진다. 첫째, 귀화를 신청할 경우 귀화 필기시험이 사회통합프로그램 귀화용 종합평가로 대체되며, 귀화 면접심사 면제, 국적취득 심사 대기시간이 단축된다. 둘째, 영주자격과 사증(visa)신청 시 한국어 능력 입증을 면제해 주는 인센티브를 제공한다. 셋째, 평가된 점수에 따른 전문 인력 거주(F-2) 자격 변경 등 가점을 부여한다.

① 사회통합프로그램의 내용과 체계

사회통합프로그램 과정은 이민자를 위해 '한국어와 한국문화 과정', '한국 사회이해 과정'으로 구성되어 운영되고 있다. 한국어와 한국문화 과정의 강좌는 정규강좌가 시작되기 전 한글 읽기와 쓰기가 어려운 학습자들을 위한 0단계, 정규강좌인 1단계부터 4단계까지로 구성되어 있다. 0단계는 15시간, 0단계를 넘어선 각 단계는 각각 100시간으로 총 400시간이다.

한국어 기초단계는 기본적인 철자, 즉 자음과 모음을 모르는 사람을 대상으로 초급 1은 원어민과 의사소통이 불가능하고 한국어에 대한 매우 낮은 지식을 지닌 학습자들을 대상으로 한다. 초급 2는 한국어 수업을 100시간 받았거나 그만큼의 한국어 능력을 갖추고 있으며, 제한적이기는 하지만 원어민과 기본 의사소통이 어느 정도 가능한 사람을 대상으로 한다. 중급 1은 한국어 교육을 200시간 받았거나, 원어민과 기본적인 의사소통이 가능한 사람을 대상으로 한다. 고급은 400시간의 한국어 교육을 받았거나 그에 준하는 한국어 능력을 갖추고 원어민과 자유로운 일상적인 의사소통이 가능한 수준을 대상으로 한다(이현숙, 2014). 한국어 강좌가 끝나면 학습자들은 5단계인 한국 사회이해 강좌를 70시간 이수해야 한다.

한국 사회이해 강좌는 한국의 역사, 문화, 사회, 경제, 정치, 생활일반, 법질서 등 실제적으로 생활 가운데 꼭 필요한 사회이해 정보습득에 중점을 둔 종합소양 교육이다. 과정을 마치면 종합시험을 보게 되는데, 시험에 불합격할 시 50시간을 재이수하여 재시험을 치러야 한다.

② 사회통합프로그램의 평가 단계

사회통합프로그램의 평가는 사전평가, 단계평가, 중간평가, 종합평가의 4단계로 이루어져 있다. 실질적인 평가는 사전평가를 제외한 3단계다. 평가 기준은 각 단계에 요구하는 수업에 대해 80% 이상 출석했을 때만 단계평가, 중간평가, 종합평가에 응시할 수 있다.

사전평가는 참여 신청자를 대상으로 강좌가 시작하기 전 한국 사회 이해 정도와 한국어 실력 등 기본적인 소양을 평가한다. 단계평가는 각 단계(초급 1, 초급 2, 중급 1) 종료 후 해당 과정 종료자 전원을 대상으로 한국어 및 한국문화 등 해당 과정의 내용을 평가한다. 중간평가는 한국문화 과정과 한국어 과정 최종단계인 중급 2를 마친 학습자를 대상으로 한국 사회이해 과정을 수학하기 위한 한국문화 기초 지식 및 한국어를 평가한다. 종합평가에 해당하는 이민귀화적격시험(KINAT : Korea Immigration and Naturalization Aptitude Test)은 한국 사회이해 과정 5단계를 마친 학습자를 대상으로 한국어와 한국 사회이해 등을 평가한다. 합격기준은 100점 만점 기준으로 60점 이상을 획득해야 하고, 합격한 사람들에게는 ‘사회통합프로그램 이수증’ 및 ‘한국이민귀화적격시험(KINAT) 합격증’을 발급하고 이수완료시킨다.

(2) 여성가족부의 다문화가족지원센터

① 다문화가족지원센터 설립 목적과 운영

여성가족부는 다문화가족에 대한 지원 강화대책을 2008년 10월 30일에 발표하면서 이를 근거로 전국 시 · 군 · 구 단위에 다문화가족지원센터를 설립했다. 다문화가족이라 함은 다문화가족지원법 제2조 제1호에 따라 “결혼이민자 · 귀화자와 대한민국 국적을 취득한 자로 이루어진 가족”을 말한다. 다문화가족지원센터는 다문화가족의 안정적인 가족생활과 정착을 돕기 위해 가족 및 자녀 교육 · 상담, 역량강화사업, 통번역 및 정보제공 등 서비스를 종합적으로 제공하여 다문화가족이 한국 사회에서 적응하고 사회 · 경제적으로 자립하도록 하기 위해 설립되었다. 다문화가족지원센터는 2018년에 경기 30개소, 서울 24개소, 경북 23개소, 인천 9개소 등 총 217개의 센터가 설립 · 운영되고 있다. 다문화가족지원법에 따라 다문화가족지원사업만을 수행하는 일반형과 건강가정기본법과 한부모가족지원법 등에 의해 가족지원사업을 같이 수행하는 통합 서비스 운영기관인 확대형이 있다. 2018년을 기준으로 일반형은 72개소, 확대형은 139개소, 그리고 지방비로 운영되는 센터가 8개소 있다. 다문화가족지원센터를 이용할 수 있는 대상은 결혼이민자(혼인귀화자 포함), 배우자, 외국인 유학생, 귀화자, 시부모, 친인척, 자녀(중도입국 자녀 포함), 북한이탈주민 등이다.

② 다문화가족지원센터의 프로그램 내용

센터에서 운영하고 있는 사업은 전국의 모든 센터에서 공통적으로 제공하는 기본사업과 지역사회의 특성이나 수용에 따라 다르게 제공하는 특성화 사업이 있다. 기본사업은 가족, 성평등 · 인권, 사회통합, 상담영역, 그리고 홍보 및 자원연계 등과 같이 5개 영역으로 구분되어 다양한 사업을 시행하고 있다. 특성화사업에는 다문화가족 방문교육사업, 다문화가족 자녀 언어발달 지원사업, 다문화가족 사례관리사업, 결혼이민자 통번역서비스 사업, 이중언어 가족환경 조성사업 등이 있다. 각 사업별 사업의 목적, 대상, 세부 내용 등을 주요 키워드 중심으로 살펴보면 다음과 같다.

㉠ 기본사업 프로그램

기본적으로 가족 영역을 통해 가족 내 이중언어 사용 활성화를 촉진하고, 이를 통해 소통 증진과 다문화 정체성을 함양하는 데 목적을 둔다. 프로그램 중 '다문화가족 이중언어 환경조성 프로그램'은 20가정을 대상으로 연간 10시간 운영한다. 그리고 학령기 자녀를 둔 다문화가족의 입학 및 입시 정보 제공은 다문화가정 부모를 대상으로 연간 4시간 이상씩 진행하고 있다. 교육내용과 운영방법은 단기성이나 행사성을 지양하고, 지역이나 운영하는 센터의 특성에 맞추어 교육과 체험 프로그램을 적합하게 실시할 수 있다.

성평등 · 인권 영역 관련 프로그램은 부부와 가족 간의 인권의식을 함양하여 인권침해 문제가 발생할 경우 보호 및 구제하기 위한 영역이다. 성평등 프로그램은 서로를 이해하기 위해 당사자가 적극 참여하도록 하고, 인권 프로그램에서는 여성가족부와 국가인권위원회의 연계 방안, 인권 관련 NGO 등 단체 및 전문가 활용을 시도하고 있다. 위의 프로그램들이 민주적이고 양성평등한 가족관계를 확립할 수 있는 내용이 되도록 구성하고 있다.

사회통합 영역은 다문화가족의 취업에 주안점을 두고 있다. 취업 자격증, 면허증 등 준비반을 운영하고, 구직자가 있을 경우 워크넷에 등록하도록 하며 새일센터로 적극 연계해 준다. 새일센터는 결혼이민자의 체계적인 직업 훈련을 지원해 주고 있다. 아울러 여성가족부와 고용노동부 간에 연계 방안을 마련하거나, 학업지원반(검정고시)에 희망자가 있는 경우 반을 운영하거나 전문교육기관과 연결해 준다. 또한 나눔봉사단을 운영하고 지원한다. 나눔봉사단은 먼저 정착에 성공한 다문화가족이 새롭게 한국에 오게 된 다문화가족이 한국 사회에 잘 적응할 수 있도록 지원함으로써 정서적 유대감을 형성하고 안정적인 조기정착을 위해 다양한 자조 모임을 운영한다. 그리고 결혼이민자 멘토링 프로그램도 운영하고 있다. 이 프로그램은 초기 정착 과정을 경험하고 있는 결혼이민자에게 정서적 돌봄과 지지를 통해 한국 사회에 안정적으로 정착하고 사회통합에 기여하고자 운영되고 있다. 멘토의 자격 요건은 1년 이상 국내거주하여야 하고, 한국어 구사가 가능하며, 모범적인 가정생활을 유지하고 있어야 한다. 멘티는 센터 미이용자, 방문교육

서비스 대기가정, 그리고 한국어 능력이 미숙한 자들을 우선 선정한다.
상담 프로그램은 다문화가족이 서로 간의 관계 속에서 발생되는 갈등을 해소하고 가족 건강성을 증진시키는 데 목적을 둔다. 상담 내용에는 부부문제, 자녀문제, 친인척문제, 사회문제, 성문제, 경제문제, 취업상담, 법률상담, 장애상담, 기타 개인 관련 문제 등이 모두 해당한다. 상담 시 여성가족부에서 개발한 「다문화가족 상담 가이드북」(2008), 「다문화 사례관리 매뉴얼」(2015), 「다문화가족지원센터 상담 프로그램 매뉴얼」(2015) 등을 활용한다.
홍보 및 자원연계 영역은 다문화 캠페인과 언론 매체를 통해 다문화가족지원사업을 홍보한다. 다국어판 생활 · 정책 정보지 보급을 확대하고, 「한국생활가이드북」과 「레인보우플러스」를 배포하고 있다. 특히 다문화가족이 거짓된 정보로 불이익을 겪는 상황을 막기 위해 법률, 취업, 의료 등에 대한 정보를 제공하고 있다. 또한 지역사회 내에서 다문화가족지원사업이 효과적으로 진행될 수 있도록 서비스제공기관과 연계하는 역할을 하고 있다. 마지막으로 지역별 다문화가족지원센터 홈페이지인 '다누리'를 운영하고 있다.

㉡ 특성화사업 프로그램

다문화가족 지원센터의 특성화사업은 다문화가족 방문교육사업, 다문화가족 자녀 언어발달 지원사업, 다문화가족 사례관리사업, 결혼이민자 통번역서비스 사업, 그리고 이중언어 가족환경 조성사업의 다섯 가지 유형으로 나뉜다(양계민, 2019). 먼저 다문화가족 방문교육사업은 단계별 · 체계적 한국어교육서비스를 제공하고, 문화와 언어적인 장벽 등으로 자녀를 양육하는 데 어려움을 느끼는 결혼이민자를 위해 부모교육 서비스를 지원한다. 다문화자녀를 위해서도 생활서비스를 제공하며 다문화가족센터를 직접 방문하기에 접근성이 떨어지는 섬이나 벽지 지역 등에 직접 방문하여 한국어와 부모교육, 자녀생활 서비스를 지원하고 있다. 운영시간은 주 2회, 회당 2시간씩이다. 특히 만 3~12세

이하 다문화가족 자녀이거나 중도입국자녀인 경우에는 독서코칭, 숙제지도, 발표토론지도, 상담, 기본생활습관, 건강 및 안전, 진로지도 등을 진행하고 있다.

둘째로 다문화가족 자녀 언어발달 지원사업은 다문화가족 자녀들이 사회구성원으로 건강하게 자리잡을 수 있고, 나아가서는 세계적인 인재로 성장할 수 있는 초석 마련에 목표를 둔다. 언어발달 지원사업을 효율적으로 수행하기 위해 센터에 언어발달교실을 설치하여 언어교육 및 언어평가가 필요한 만 12세 이하의 다문화가족 자녀 등을 대상으로 전국적으로 300명의 다문화 언어발달지도사가 언어발달 지원사업에 참여하고 있다. 언어교육은 주 2회, 회당 40분 수업으로 진행되며, 일대일 개별수업과 2인 이상의 모둠수업 형태로 진행한다.

셋째로 다문화가족 사례관리사업은 다문화가족의 정서 · 심리적 안정 및 자립역량 강화를 지원하기 위한 맞춤형 종합서비스를 제공하는 것이다. 양질의 사례관리 서비스를 제공함으로써 결혼이민자와 다문화가족의 안정적인 사회 정착기반을 마련하고자 한다. 현재 93개소에서 사례관리사업을 시행하고 있으며, 사례관리 서비스 유형을 '위기관리 가구형', '일반형 관리 가구형', '통합형 관리 가구형'으로 구분하여 맞춤형으로 관리하고 있다.

넷째로 결혼이민자 통번역서비스 사업은 입국 초기 결혼이민자의 초기 정착 단계에서 경험하는 의사소통 문제 해결을 위해 통번역서비스를 지원하고, 이들이 한국 사회에 조기 적응하는 데 기여하고자 한다. 서비스 대상 언어는 베트남어, 캄보디아어, 필리핀어, 중국어, 몽골어, 일본어 등 센터별 1~4개 언어를 선택해서 통번역서비스를 실행한다. 지원되지 않는 언어의 통번역은 주변 다문화가족지원센터로 연계해서 지원한다. 통번역 서비스 내용에는 입국 초기 정착 상담, 국적 및 체류 관련 정보, 임신 · 출산 · 양육 등의 생활정보 안내, 행정 · 사법 · 공공기관이용 등이 있다.

마지막으로 이중언어 가족환경 조성사업은 다문화가족 자녀가 가정 내에서 어릴 때부터 편하게 이중언어로 소통할 수 있는 환경을 제공해 주어 자녀가 정체성을 확립하고 글로벌 인재로 성장할 수 있도록 지원해 준다. 이를 통해 부모-자녀 상호작용 서비스 및 부모교육을 제공하여 부모의 역량을 강화함으로써 부모와 자녀 간의 의사소통과 정서적 유대감 강화를 기대한다. 2018년 전국 센터에 120명의 이중언어 코치가 배치되었고, 이중언어 부모코칭 프로그램, 이중언어 활용 프로그램, 부모-자녀 상호작용 프로그램, 그리고 가족코칭 프로그램 등으로 운영된다.

참고문헌

김나연(2011). 다문화가족의 사회통합정책에 관한 연구. 동아대학교 대학원 석사학위논문.

김영순 외(2019). **다문화 생활세계와 사회통합연구**. 북코리아.

김윤희(2010). 농촌 다문화가정 복합 문화 센터 실내 공간 계획 : 폐교재산 활용을 중심으로. 홍익대학교 건축도시대학원 석사학위논문.

김희석(2017). 다문화시대의 사회통합에 관한 연구 : SNS를 활용한 사회자본 형성을 중심으로. 동국대학교 대학원 박사학위논문.

노대명(2009). 사회통합의 실태와 과제. **보건·복지 Issue & Focus, 15**, 1-8.

명 진(2016). 한국과 일본의 이주민 사회통합정책 비교 연구. 전남대학교 대학원 박사학위논문.

박해육 · 윤영근(2016). 지방자치단체의 이주민 통합정책. 한국지방행정연구원.

양계민(2019). 다문화청소년 종단연구 2019 총괄보고서. 한국청소년정책연구원.

오영숙(2013). 다문화인의 인권과 사회통합정책에 관한 연구 : 한국과 독일의 제도비교를 중심으로. 한영신학대학교 대학원 박사학위논문.

오정은(2015). 프랑스의 미성년 이민자 정책 현황과 전망. **통합유럽연구, 6**(2), 31-59.

윤인진(2006). 사회통합을 위한 한국어 교육 정책, 한국어의 미래를 위한 제1차 토론회, pp. 3-15.

이정은(2017). 다문화주의와 상호문화주의의 대결 : 한국적 적용을 위한 연구. **시대와 철학, 28**(1), 191-234.

이현숙(2014). 사회통합프로그램 운영 현황과 활성화 방안 연구 : 서울 제2거점 기관 참여자를 중심으로. 선문대학교 일반대학원 석사학위논문.

전경옥 외(2013). **다문화사회한국의 사회통합**. 이담북스.

차미숙(2011). 사회통합을 위한 지역적 대응과제. 지역사회통합지수 개발 및 활용방안 국토연구원 연구정책세미나, pp. 1-293.

최무현 · 김경희 · 박홍순(2011). 다문화사회정책 거버넌스 현황과 미래지향적 발전방향. 한국여성정책연구원.

최병두(2018). **초국적 이주와 환대의 지리학**. 푸른길.

한승준(2008). 동화주의모델의 위기론과 다문화주의 대안론. 한국행정학회 학술발표논문집, 2008(6), 97-126.

한승준 · 오승은 · 정준호 · 최무현(2009). 아시아국가의 다문화사회 형성과정과 정책추진 체계 연구. 한국여성정책연구원.

황정미(2009). 이주민의 사회통합을 위한 지역사회 참여현황과 참여증진. 한국여성정책연구.

Chapter

05

해외 사회통합정책의 사례 파악 및 국내 사회통합정책과의 비교 : 북미

Chapter 05 해외 사회통합정책의 사례 파악 및 국내 사회통합정책과의 비교 : 북미

1. 미국의 사회통합정책

1) 미국의 다문화사회 형성 배경

전 세계 국가들로부터 이민자를 받아들인 미국은 인종적 구성과 문화적 배경이 다양한 나라다. 미국 사회에 체류하는 소수자의 유형은 아메리칸 인디언인 원주민, 미국령 푸에르토리코, 유럽계 백인, 그리고 라틴아메리카와 아시아 등에서 이주한 이민자 집단이다(김정규, 2010).

미국은 국가 설립 초창기부터 인종주의 이민정책을 도입했다. 1850년부터 아시아계 이주민의 유입이 많아지자, 1882년 「중국인 배제 법(Chinese Exclusion Act)」을 만들어 중국인의 유입을 원천 봉쇄했다. 1921년부터 1965년까지는 국적 쿼터제를 도입하여 국가별로 차등화한 인종주의 이민정책을 시행했다. 이러한 정책에도 이주민 수가 늘어나자 새로운 이민 정책을 모색했다. 1964~1965년 「민권법」(1964) 제정과 「이민법」(1965) 개정으로 이주민의 유입 수를 확대했다. 이로 인해 그동안 제한했던 이민이 재개되면서 여러 나라의 이민자가 대규모로 유입되기 시작했다. 과거에는 영어권 이민자가 주로 유입되었지만, 「민권법」 제정과 「이민법」 개정 후에는 라틴계나 아시아 출신의 비영어권 국가 이민자가 대거 유입되었다. 특히 미국 남서부 일부와 하와이에서는 소수인종이 인구의 절반을 차지할 정도로 인구통계학적 측면에서 이민자 수가 양적으로 늘어났다.

미국 사회는 증가하는 이민자로 인해 다문화사회로 변화되었고, 이와 함께 주류사회인 유럽 이민자로 구성된 백인들이 추구하는 전통적 가치관과 사회질서는 큰 변화를 겪게 되었다. 이에 따라 미국은 이민자의 높은 출산율, 평등한 고용기회 보장, 다른 언어와 문화를 가진 이민자의 정착 지원 등을 위한 제도 및 법률적 지원을 마련해야 했다. 다양한 이주민의 유입은 문화적 · 인종적으로 다양화된 이들을 주류사회의 문화로 동화시키는 것을 어렵게 만들었고, 미국의 다문화정책은 평화와 존중을 기반으로 하는 다문화주의로 전환하게 하였다. 이러한 사회적 변화로 인해 미국은 사회통합을 위해 다양한 사회구성원의 문화적 다양성을 인정하고, 더 나아가 '샐러드 볼(salad bowl)'에 비유되는 다문화주의를 표방하기 시작했다(Banks, 2007). 하지만 트럼프(D. Trump)가 미국의 대통령으로 취임한 이후, 반이민정책이 가속화되고 있다. 2017년 1월 27일 트럼프 대통령이 특정한 7개국 국민의 국민은 미국 입국을 한시적으로 중단하는 행정명령에 서명하면서 많은 단체의 반발과 함께 혼란이 발생하고 있다. 더불어 행정부와 이를 저지하려는 법원과 주정부 사이에 여러 법적 다툼이 발생하면서 이민정책이 안정적이지 못한 채 많은 논쟁과 비판을 불러오기 시작했다(홍성우, 2017).

2) 미국 사회통합정책의 특성

미국의 사회통합정책은 1970년대 이후 동화주의정책에서 사회의 분열과 갈등을 예방하는 다문화주의로 선회함에 따라 다양성에 기반을 둔 문화다원주의 정책이라 할 수 있다(Castles, S., & Miller, M., 2003). 하지만 다문화주의가 사회통합이념으로 등장하기 전에는 전 세계적으로 '용광로(melting pot)'로 비유되는 동화주의를 받아들였듯이 동화주의적 이념을 내걸었다. 왜냐하면 미국의 사회통합정책은 한 도가니에 모두 녹여서 새롭게 무엇인가를 만들어 낸 결과물을 백인, 앵글로색슨, 프로테스탄트, 남성의 문화로 귀결시켰기 때문이다. 이러한 민족융합정책은 미국이라는 거대한 공동체를 통합시키고 유지하는 데 강력한 역할을 했다.

(1) 미국의 문화다원주의와 자유방임주의

미국은 1950년대에 그동안 당연한 것으로 간주되었던 동화주의가 구시대의 낡은 이념이 됨으로써 인종 간 갈등의 불씨가 되었다. 이후 미국은 출신국의 문화와 언어를 인정하면서도 주류사회의 문화를 분명하게 명시하는 문화다원주의를 기반으로 한 사회통합의 기본 방향을 제시했다(유네스코 아시아 · 태평양 국제이해교육원, 2008 : 91-93). 이에 경제 · 문화 · 사회 · 정치적인 통합을 위해 문화다원주의적 사회통합정책을 시행했지만, 이민자 스스로 미국 사회에 통합될 수 있는 길을 모색하도록 장려했다. 따라서 미국은 노동시장 및 교육영역에서 이민자에게 최대한의 기회를 제공하지만, 이민자에 대한 적극적 지원이 이루어지지 않는 자유방임주의형(laissez-faire)으로 볼 수 있다.

(2) 미국주의(Americanism)와 동화(assimilation)

미국의 사회통합정책의 이면에는 미국 사회가 지향해야 할 가치로서 '미국의 신조(American's Creed)'가 역할을 했으며, 현재도 '하나의 미국'에 대한 강한 신념체계로서 작동하고 있다. 미국의 신조는 1917년 윌리엄 타일러 페이지(William Tyler Page)에 의해 작성되었고, 1918년 4월 미 하원에서 채택된 공식적인 미국의 신조다. 미국의 신조라는 신념체계는 '건국의 아버지들(Founding Fathers)'로부터 그 기원을 찾을 수 있듯이, 미국으로 이주해 온 이민자뿐만 아니라 주류사회의 미국인에게도 '미국주의(Americanism)'에 대한 신념을 확고하게 심어주고 있다(이용승, 2010). 미국주의는 사회통합을 위한 정치적 구호 그 이상이다. 이것은 국가의 정체성을 구성하는 에토스(ethos)일 뿐만 아니라, 미국 국민으로부터 당연하게 받아들여지고 있는 가치체계다.

미국은 이민자의 이민을 자발적인 선택으로 간주하므로 공적 영역에서는 미국 사회의 정책과 법규를 수용하면서 미국 사회에서의 삶에 적극적으로 참여하면서 적응하고 동화해야 한다고 간주했다. 다만, 사적인 영역에서는 출신국의 문화적 전통과 관습의 차이 및 다양성이 유지될 수 있도록 출신국의 문화를 인정하고 보장하는 자유주의적 모델을 적용했다. 하지만 미국은 사회통합을 위해 다문화주의를 철학으로 표방한 적이 없다. 다만, 미국이 추구하는 사회통합은 사회구조와 가치규범에서 '동화(assimilation)'라는 방법을 통해 주류문화를 기반으로 삼아야 한다는 것을 강조했다. 그러나 최근 미국은 흑인(black)을 아프리카계 미국인(African-American), 그리고 아시아인을 아시아계 미국인(Asian-American), 멕시코에서 온 이주민을 라틴계 미국인(Latino-American)으로 부르고 있다. 이는 개인의 문화적 배경을 존중하고 인정하는 것처럼 보이지만, 그 내면에는 오히려 인종 간 구별 짓기, 편견의 정당화, 문화적 배경의 다름과 사회적 지위의 차이를 구별하는 부정적인 인식을 낳고 있다. 이러한 인식은 이주자에 대한 분리와 게토화가 사회적 지위와 권리를 확보하고 향상시켜 가는 과정에서 필요한 것이며, 결과적으로 모든 이주자는 주류사회로 동화되기를 바라고, 또 그렇게 될 것이라는 것에서 기인한다.

니와 앨바(Nee & Alba, 2004)에 따르면, 동화의 과정에는 모든 구성원이 주류사회의 구성원이 되고자 하는 노력의 단계가 포함되었다. 그러나 그들은 모든 사람에게 보편 가능하게 적용될 수 있는 동화의 과정이나 형태는 존재하지 않는다고 강력하게 주장했다(Nee & Alba, 2004 : 88). 따라서 빈곤층 이주자는 동화의 목적이나 진행 방식에 대해 의미가 없으므로 이들의 동화는 사회나 문화 영역 등에서 미국이 중요하게 여기는 가치로의 동화라기보다는 기존의 빈곤층으로의 동화다. 그래서 미국의 다문화주의적 사회통합은 하나의 '이상(理想; ideal)'일 뿐이다. 결과적으로 미국은 구체적인 정치적 결정의 도덕성을 판단하는 기준과 주류사회와 소수사회의 현실 가능한 사회적 합의를 도출해야 하는 과제가 여전히 존재한다. 여기서 주의해야 할 점은 다문화주의는 소수사회의 각 구성원이 어느 정도 안정적인 위치를 확보하고 있을 때 가능하다는 것이다(Wieviorka, 1998).

3) 미국의 사회통합 사례

미국은 다양한 이주배경을 가진 이민자의 사회통합을 위한 새로운 과제에 직면하게 되자, 연방 차원에서 50개 주가 각 주의 현실에 걸맞은 다문화정책을 펼치려고 노력하고 있다(Banks, 2007). 그 첫 번째가 교육계의 변화다. 미국은 교육을 이민 2, 3세대의 미국인화를 꾀하는 가장 빠르고 중요한 것으로 간주했다. 이런 맥락에 따라 미국은 다음과 같은 이주민 사회통합의 사례를 제시한다.

(1) 차별금지정책에 기반을 둔 다문화이해교육

미국은 언어를 사회통합의 중요한 요소로 간주하고, 언어를 적극적으로 활용하여 동화주의를 실시했다(오영인, 2012). 대표적으로 네브래스카 주는 전체 공 공장소에서 사용하는 언어를 영어로만 국한시켰고, 모든 주민을 동화시키려는 계획이 교육현장뿐만 아니라 정치 · 경제 · 사회 및 일상생활에까지 영향을 미쳤다. 더욱이 미국은 법안을 통해 소수언어 이민자의 정치참여를 제한했다. 애리조나 주 노동청은 5명 이상 노동자를 고용하는 사업장에서 80%의 노동자는 반드시 영어가 모국어인 자로 고용해야 한다는 법안을 통과시켜 이민자의 노동현장에 영향력을 행사하기도 했다. 노동현장에서는 영어 외 기타 언어 사용을 금지함으로써 노동이주로 미국에 온 이민자에게 주류사회의 언어인 영어를 배우게 하는 요소로 작용했다. 그러나 제2차 세계대전이 종식된 후 언어교육에 대한 미국인의 인식이 변하기 시작했다. 군사 · 경제 · 외교 등 모든 영역에서 외국어의 필요성을 인식했기 때문이다. 학교뿐만 아니라 가정과 사회단체, 모든 기관에서 차별금지정책에 기반을 둔 인종 · 종교 · 성의 다양성 교육을 강조하는 한편, 이민자를 포함한 전체 사회구성원에 대한 다문화교육을 내세워 유아부터 성인까지 전 미국인을 대상으로 국제이해교육, 세계시민교육, 평생교육을 아우르는 포괄적인 교육을 했다.

하지만 일부 몇몇 주에서는 모든 학생을 미국화(Amercanization)하기 위해 공교육과 사교육의 모든 영역에서 영어 이외의 언어 사용 금지 법안을 통과시키고 몰입교육을 했다. 특히 1960~1970년대까지는 제2언어로서의 영어(ESL : English as a Second Language)를 교과 영역에 포함하지 않았고, 오로지 생활영어를 중심으로 의사소통 능력을 신장시키는 데만 집중해 왔다. 이러한 결과로 미국 사회에 거주하는 이주배경 청소년들 중 교육의 기회균등에서 배제되어 낙오되는 학생이 늘어나는 등 문제점들이 드러났다. 이러한 상황에 놓이자, 국가 차원에서 학생의 학업성취 향상과 교육격차를 해소하기 위해 언어교육에 주력했다. 또한 시민의 이중언어 능력에 대한 인식을 개선하고, 그들의 이중언어 능력을 신장시키기 위해 이른바 「낙오학생방지법(No Child Left Behind Act)」을 도입했다.

「낙오학생방지법」의 목적은 학생의 학업성취도에 대한 각 교사의 책무성을 강화하고 모든 어린이가 공평하고 평등한 기초 학습능력 교육을 받아 학업성취를 향상하는 데 있다. 이를 통해 연방정부가 모든 학생에게 균등한 교육의 기회를 제공하겠다는 것이다. 「낙오학생방지법」의 Tide III에 의해 K-12학년의 이주배경 학생을 위한 학문적 · 사회적 목적의 영어 둘 다 모두 능숙해지게 하는 것을 목표로 한 WIDA(World-Class Instructional Design and Assessment) 교육과정을 개발 · 시행했다. WIDA 시행은 종래의 생활영어 중심의 ESL 교육 개념을 인지적 · 학문적 목적의 ESL 교육으로 전환하는 것을 의미한다(원진숙, 2014).

(2) 이중언어교육프로그램

미국은 이민자가정 자녀의 미국 사회 적응을 돕기 위해 대다수 학교에서 이중언어교육법을 시행하고, 이민자가정 자녀의 사회통합을 위해 이들을 가르치는 교사 또한 해당 국가 언어를 사용하는 교사로 채용하고 있다. 교사가 반드시 갖추어야 할 자격 중 하나는 영어가 모국어가 아닌 이주배경 학생들에게 영어를 가르칠 수 있는 ESL 교원 자격증이다(심미경, 2016). 특히 학교에는 영어가 모국어가 아닌 이주배경 학생 또는 학부모와의 의사소통이 가능한 통역 코디네이터를 두어 상담하고 있다. 이처럼 이민자가정을 위한 단순한 언어지원부터 일상생활에 이르기까지 다차원적인 제도적 장치를 마련하고 있다(Seeberg, 2012).

미국은 이주배경 학생을 문화적 · 언어적으로 다양성을 지닌 학생이라는 의미의 'CLD(Culturally Linguistically Diverse) 학생', 혹은 영어교육이 필요한 학습자라는 의미의 ELL(English Language Learner)이라고 부르고 있다. 또한 앞에서 언급한 대로 공교육에서 이주배경 학생을 위한 ESL 프로그램인 WIDA를 운영하고 있다(원진숙, 2014). 소수자 학생을 위한 ESL 교육과정인 WIDA는 미국의 초 · 중 · 고등학교에 다니는 학생 중 영어가 모국어가 아닌 소수언어 배경의 영어 학습자들을 위한 프로그램이다(김윤주, 2015). WIDA가 추구하는 근본적 이념은 이주배경 학생이 학교생활과 교과수업을 수행하면서 어려움이 없도록 하는 것이다. WIDA 교육과정의 특징은 공교육 내에서 타 교과와 연계할 수 있도록 구성했다는 것이다. 예를 들어, 언어 습관과 관련된 사회적 · 학문적 맥락에 기반을 둔 교과의 특성도 포함하고 있다. WIDA 교육과정은 초 · 중학교에서는 각 학년별 목표를 제시하고, 고등학교에서는 9~10, 11~12학년으로 나누어 제시하고 있어 이주배경 학생의 학습능력을 신장시키는 데 기여하고 있다. 특히 WIDA는 교과의 영역과 연관해서 학교생활 및 수업 상황에서 필요한 언어와 국어, 수학, 사회, 과학 등 주요 과목 범위에서의 학문적 의사소통에 필요한 언어라는 기준으로 5개의 범위로 교육과정 내용을 나누어 제안하고 있다.[1] 각 교과 영역은 다시 말하기, 듣기, 읽기, 쓰기의 언어 기능과 각 언어 기능별 등급으로 세분화하여 상세하게 제시하고 있다. 이처럼 WIDA는 일상생활의 주요 교과 영역에서의 학습을 매우 중요한 '제2언어로서의 영어교육' 내용으로 편입시킨다는 점에서 시사점을 준다(김윤주, 2015).

---

1) 이를 '영어 발달 기준(ELD Standard : English Language Development Standard)'이라 명명하고 있다. 2007년에는 'ELP(English Language Proficiency) Standard'라는 용어로 표기되었던 것이 2012년에 와서 'ELD(English Language Development) Standard'로 바뀐 것이다(김윤주, 2015).

(3) 이민자의 헤드스타트 특별 프로그램

미국 연방 차원의 이주민을 위한 사회통합정책은 이민자 자녀와 가족을 위한 교육 서비스, 이민 노동자를 위한 건강 및 교육과 직업 훈련 서비스, 난민과 망명자를 위한 건강 및 기타 서비스 등이 있다. 이러한 다양한 서비스 중 이주민 헤드스타트 특별 프로그램은 연방 차원의 사회통합정책 중 하나다. 헤드스타트는 아동의 인지적·사회적·정서적 개발 증진을 지원하기 위한 프로그램으로, 특히 저소득층의 0~5세 자녀들의 취학 전 준비를 지원하고 있다(심미경, 2016). 이민자 아동과 가족이 헤드스타트 프로그램에 등록할 경우, 교육을 포함한 사회통합 전반에 걸친 서비스를 받을 수 있다(염철현, 2008).

예를 들어, 수급가족의 평가에 따른 건강·사회·영양적 서비스와 기타 서비스, 인지개발 등이다. 헤드스타트 프로그램은 자녀들의 교육과 변화를 위해 가족들이 직접적으로 개입하는 것을 지원한다. 즉, 부모-아동 간 관계와 가족 간의 필연적 관계를 강조하고, 더 나아가 각 가족과 커뮤니티 간의 연결까지 지원하는 것이 특징이다. 결국 모든 가족구성원이 서로에게 지지자와 리더의 역할을 하도록 독려함으로써 모든 이민자가 미국 사회의 구성원으로서 주도적 위치에 있다는 것을 자각하게 하며 사회통합에 기여하게 한다.

2. 캐나다의 사회통합정책

1) 캐나다의 다문화사회 형성 배경

캐나다는 미국과 국경을 공유하면서 다인종·다문화 국가로서 오랜 역사가 있지만, 다문화사회의 형성요인이 되는 이민자에 대한 정착 및 지원 서비스 정책에는 상당한 차이를 보여주고 있다(강휘원, 2008).

캐나다 이민의 역사는 16세기로 거슬러 올라간다. 캐나다는 16세기 프랑스인이 이주한 것을 계기로 영국과의 수차례 영토전쟁에서 영국에 패하면서 영국령 캐나다 자치연방으로 성립되었고, 프랑스계는 퀘벡(Quebec) 지역에 모여서 살게 되었다. 또한 당시 중서부 평원 개척과 산업화, 동서 간 대륙횡단철도 건설에 따른 노동력 확보를 위해 적극적으로 이민정책을 수립하면서 전 세계 많은 국가로부터 이민자가 유입되기 시작했다(박진경 · 임동진, 2012). 17세기에 영국인이 노바스코사(Nova Scotia) 지역으로 이주하면서 영국계 지배령이 되었다. 이후 프랑스인은 퀘벡을 중심으로 함께 살게 되면서 첫 번째 소수집단으로 캐나다 역사에 등장하였다. 소수집단인 프랑스계 퀘벡인은 주류집단인 영국 문화에 통합되는 것을 거부하고 자신들의 문화를 유지하면서 프랑스어를 사용하기 원했으며 분리독립까지 요구하기에 이르자, 캐나다 정부는 첫 번째 소수집단인 프랑스계를 분리하기 위해 공식적으로 이중언어를 인정했다.

캐나다 정부는 경제 활성화를 위해 문호를 확대하여 노동력 시장에 기여할 수 있는 이민자를 선별적으로 수용해 왔다. 문호를 개방하면서 가족초청이민, 숙련기술을 가진 독립이민, 기업가, 투자자, 자영업자 등 사업이민과 주정부 초청이민 및 난민으로 구분하고, 1967년 독립이민 부문에 점수제도(point system)를 도입했다. 이 제도를 통해 이민 신청자의 기술, 학력, 경력, 언어 등을 평가하여 점수가 높은 신청자를 수용했다. 1967년 같은 해에 폐쇄적이고 인종차별적이었던 이민정책을 개혁하고, 1971년은 다문화사회를 선언함으로써 전 세계로부터 이민을 수용할 기반을 마련했다(문영석, 2005). 1977년에는 「인권법(Canadian Human Rights Act)」을 제정하여 인종, 종교, 출신국가, 민족, 성별, 나이에 근거한 차별금지 선언을 시작으로 1982년에는 「인권과 자유헌장(The Charter of Rights and Freedoms)」을 제정하여 제27장에 캐나다가 지향하는 가치로 '다문화주의'를 선언했다. 이를 토대로 캐나다는 1984년 경제성장의 목표가 미래 이민자가 가져오는 기술과 능력에 달려 있다는 것을 천명했다. 이를 통해 숙련기술자의 이민 쿼터를 늘리고 이민자의 선별적 유입을 강화했다(이로미 · 장서영, 2010). 캐나다는 다문화주의 이념 아래 1985년 「다문화법(The Multicultural Act)」을 제정했다(이유진, 2009). 「다문화법」에서는 사회공동체 내에서 영어와 프랑스어 이외의 언어를 사용하는 소수자의 존재를 인정하고, 모든 국민들은 고유의 문화적 전통과 유산을 유지하고 발전시켜 나갈 자유가 있다는 것을 법제화했다.

결국 캐나다의 다문화주의는 1970년 프랑스어를 사용하는 퀘벡주의 문화적 충돌 및 독립에 대한 주장을 무마하기 위해 프랑스어와 영어를 공식 언어로 사용하도록 지정하고, 다언어주의 정책을 다문화주의로 언급하면서 다문화주의를 채택한 최초의 국가가 되었다(윤인진, 2008).

2) 캐나다 사회통합정책의 특성

캐나다는 다문화주의 정책의 시발점이 되는 국가이며, 법과 제도적 차원은 물론 지방정부에 이르기까지 체계화된 국가 정책 시스템을 갖추고 다문화주의의 정책을 가장 안정적으로 실천하고 있어 국제사회로부터 인정받는 대표적인 다문화국가이다(윤인진, 2008). 이처럼 캐나다가 이민이나 다문화주의 정책에 대한 정당 및 대중의 지지가 매우 높고, 다문화주의에 근거한 이민자 통합모델이 성공적이라는 일반적 공감대가 형성된 것은 노동시장에서의 경제적 통합, 선거과정 및 다른 형태의 정치적 참여, 이웃 간의 비공식적 네트워크에서 공식적인 조직구성원으로서 시민사회의 네트워크와 공간으로 지향하는 사회적 통합에 기인한다(Banting & Kymlicka, 2010).

캐나다 사회통합정책의 목표는 이민자들이 단시일 내에 사회공동체에 적응하고 정착하여 자아실현을 통해 캐나다 사회에 기여하는 것이다. 또한 시민권을 취득하여 캐나다 사회의 문화, 경제, 정치적 영역에 적극적으로 참여할 수 있으며 궁극적으로는 완전한 시민의 일원이 되도록 지원하는 것이다. 이러한 목표를 달성하기 위해 캐나다는 평등과 민주주의, 인권이라는 가치와 함께 법적인 틀을 통해 다양성에 대한 수용과 보호를 역사적 선언을 제시하고 있다(CIC, 2011). 즉, 「권리와 자유헌장」에 다문화 유산의 보존과 강화를 명시하며, 캐나다 사회 전반에 다문화주의가 고려되어야 한다는 것을 헌법에 명시한 것이다. 또한 1988년 7월 21일 「다문화주의법(Multiculturalism Act)」을 공포함으로써 다문화주의의 중요성과 긍정성을 강조했다(박진경 · 임동진, 2012 : 131).

캐나다가 추진해 온 다문화주의적인 사회통합정책의 특징은 네 가지로 분류할 수 있다. 첫째, 캐나다의 사회통합정책은 모든 캐나다인들에게 국가적 정체성으로 자리잡으면서 이민자에게 동등한 사회구성원으로 강력한 소속과 정체성을 갖게 함으로써 통합과 사회적 기여를 높이는 데 이바지하고 있다. 둘째, 캐나다의 다문화주의적인 사회통합정책은 「헌법」과 「다문화주의법」에서 국가의 역할을 명시하면서 사회 전반의 높은 공감대를 형성하고 안정적으로 정책을 운영하는 효과적인 사회통합 전략이다. 셋째, 캐나다의 다문화주의적인 사회통합정책은 협력적 거버넌스에 의해 다문화주의정책을 추진하는 전략이다. 캐나다의 법적 근거 아래에 마련된 각 기관의 역할들은 다양한 수준에서 파트너십을 구축하고, 연방과 주정부 간의 동시권력과 쌍방향 원칙 등 협력적 관계 형성에 이바지하고 있다. 마지막으로 캐나다의 다문화주의적인 사회통합정책은 캐나다인의 다문화주의에 대한 높은 이해와 지지를 통한 안정적이고 효과적인 정책 수행전략이다.

3) 캐나다 연방정부의 이민자 통합 프로그램

캐나다 연방정부는 이민자의 사회통합과 교육 및 취업 등의 영역에서 사회적 네트워크 구축을 통해 자신의 목표를 달성할 수 있도록 다양한 이민자 사회통합프로그램을 추진하여 운영하고 있다. 연방정부의 이민자 사회통합프로그램은 이주배경 학생을 위한 프로그램과 그들의 부모를 위한 프로그램으로 구분할 수 있다. 기본적으로 이민자 정착 및 적응 프로그램(ISAP : Immigrant Settlement and Adaptation Program), 신규 이민자 언어교육(LINC : Language Instruction for Newcomers to Canada), 호스트 프로그램(HOST Program)을 주축으로 구성되어 있다(이유진, 2009).

(1) 이민자 정착 및 적응 프로그램(ISAP)

ISAP는 연방정부 · 주정부가 각 지역 단위 이민자 정착 기관에 재원을 지원하는 서비스를 말한다. 즉, 신규 이민자에게 초기 정착에 필수적인 서비스를 제공하는데, 여기에는 교육, 문화, 보건, 사회, 경제 등의 서비스 연계 및 일상생활과 관련된 상세한 정보를 제공해 주는 서비스, 통번역 서비스, 상담, 취업지원 서비스 등이 포함된다(이인원, 2013). 이 프로그램은 경제적 · 사회적 · 문화적으로 어느 정도 안정을 찾은 이민자가 캐나다 사회에 소속감을 갖게 하고, 다문화주의를 표방한 캐나다의 사회통합을 신속하게 촉진하기 위한 대표적 프로그램이다(이유진, 2009). 캐나다는 ISAP를 통해 신규 이민자 정보센터(NIC : Newcomer Information Centre)에서 재정을 지원하는데, NIC는 신규 이민자가 필요로 하는 정착 및 정보 서비스에 쉽게 접근할 수 있도록 원스톱으로 해결책을 제공하는 창구다. 상담, 서비스 의뢰, 정보 제공 강좌 개설 등의 활동을 하며, 이민자가 기타 편의 시설을 이용할 수 있는 물리적 공간을 제공한다. 「캐나디안 뉴커머 매거진(Canadian Newcomer Magazine)」은 ISAP의 재정을 지원받는 대표적인 주정부 차원의 프로그램으로 연방정부 · 주정부의 이민자 지원 서비스나 시민단체에서 운영하는 여러 이민자 지원 단체, 각 주 교육청의 교육과정, 문화, 생활정보, 여가, 교양, 취업정보 등 다양한 정보가 제공된다.

(2) 호스트 프로그램(HOST Program)

신규 이민자는 캐나다의 가치관, 관습, 권리 및 의무를 배우고 캐나다인은 새로운 이민자의 다양한 배경을 이해하도록 돕는다. 새로운 이민자는 정부 기관이나 비정부 기관에서는 얻기 어려운 현장의 여러 가지 정보 등을 구체적으로 파악할 수 있고, 지역사회와 네트워크를 형성할 좋은 기회가 된다. 자원봉사자도 이민자를 통해 새로운 문화를 접하고 교류할 기회를 가짐으로써 언어도 배우고, 직접 지역사회에 이바지할 기회를 가짐으로써 시티즌십(citizenship)을 고취할 수 있다(이유진, 2009). 호스트 프로그램은 일종의 친구 · 가족 맺기 역할을 수행한다. 이 프로그램은 신규 이민자 가족과 캐나다의 자원봉사자 가족들을 서로 연결해 주는 프로그램으로, 이민자가 캐나다 사회에 정착하는 데 실질적인 도움을 주는 것을 목표로 한다. 특히 이 프로그램은 캐나다인과 이민자를 연결해 이민자가 캐나다 사회에 적응하는 것을 도울 뿐만 아니라, 자원봉사자에게도 다문화를 직접 체험하게 함으로써 서로 간의 유대를 강화해 주는 쌍방향 소통 구조다. 이 프로그램은 이민자와 캐나다인이 직접 프로그램의 수혜자가 되어 상호 소통함으로써 지역 공동체를 풍요롭게 만들고 캐나다 사회가 성장하고 진화하도록 돕는 데 의의가 있다.

(3) 신규 이민자 언어교육

이민자를 위한 캐나다의 언어정책은 이민자의 모국어를 유지하도록 지원하는 제도와 이민자의 현지어 교육을 위한 지원 제도, 그리고 이들을 지도하는 교사를 위한 지원 제도로 구분할 수 있다.

① 이민자의 모국어를 유지하도록 지원하는 제도

이민자의 모국어를 유지하도록 지원하는 제도는 「권리와 자유 헌장(The Canadian Charter of Rights and Freedom)」, 퀘벡주의 퀘벡프랑스어위원회(The Office quebecois de la langue francaise)에서 찾을 수 있다. 캐나다의 「권리와 자유 헌장」에 따르면, 캐나다의 공식 언어(official language)는 영어와 프랑스어이며, 이 두 언어는 동등한 지위와 권한을 가진다고 명시되어 있다. 퀘벡시 인구의 약 90%가 프랑스어를 사용하고, 약 40%는 2개 국어를 사용하므로 프랑스어를 모르는 사람들도 생활하는 데는 불편함이 없다(조예신, 2018).

캐나다교육위원회에서는 이민자의 모국어(계승어)를 언어 자원으로 삼고, 모국어 유지를 위한 교육과 동시에 계몽운동을 하고 있다. 예를 들어, 이민자가 자녀의 모국어 교육을 희망할 경우, 교육위원회에 신청하여 주당 25시간의 모국어 프로그램을 지원받을 수 있도록 제도적으로 보장해 주고 있다(나카지마 카즈코, 2013). 이때 자녀뿐만 아니라 부모에게도 문해 교육 프로그램과 상담 프로그램을 제공하고 있다. 특히 자녀 양육을 위한 방법은 물론, 스스로 자녀를 교육할 수 있는 읽기와 쓰기를 위한 기초 프로그램 제공, 자녀와 상호작용하는 방법, 학교 제도에 관한 모든 정보 제공 등을 지원하고 있다. 그 외에 부모가 할 수 있는 일과 지역사회의 공공시설 이용에 관한 정보를 제공해 주고 있다.

② 이민자의 현지어 교육을 위한 지원 제도

이민자의 현지어 교육을 위한 지원 제도에는 캐나다 동부 지역 온타리오 주의 언어정책이 있다. 온타리오 주에서는 이민자의 현지 적응을 지원하기 위해 ESL, ELD, LEAP라는 세 가지 프로그램을 지원하고 있다(원진숙, 2014). ESL(English as a Second Language)은 모든 학생의 기초영어회화 능력을 강화하기 위한 프로그램이다. ELD(English Literacy Development)는 회화가 가능한 학생 중에서 읽기와 쓰기가 부족한 학생을 위한 프로그램이다. LEAP(Literacy Enrichment Academic Program)는 교과 학습 언어 능력을 강화하기 위한 프로그램이다. 이 밖에도 신규 이민자가정의 부모와 미취학 아동을 위한 다양한 프로그램을 운영하고 있다.

③ 소수언어 학생을 지도하기 위한 교사 자격 제도

캐나다에서는 소수언어 학생을 지도하기 위한 교사 자격 제도(Part I, Part II, Part III)가 체계적으로 마련되어 있다. Part I은 이미 교원자격증을 취득한 교사 중 ESL을 가르치기 위한 자격이다. Part II는 교과목으로서 ESL을 가르치기 위한 자격을 말한다. Part III는 재학생 중 이주아동이 집중되어 있는 학교의 교직원이나 코디네이터가 되려는 사람이 갖추어야 할 자격증이다. 이와 같이 소수언어 학생을 지도하기 위한 세 가지 추가자격을 요구함으로써 전문성 있는 다문화적 교수 역량을 강화하고 있다.

참고문헌

강휘원(2008). 근대 기독교의 종교적 자유와 관용의 상대성 오류. **현상과 인식**, 32(1 · 2).

김영순 외(2019). **다문화 생활세계와 사회통합연구**. 북코리아.

김윤주(2015). 귀국 학생을 위한 한국어문화교육 연구 동향 분석과 향후과제 - 문화 교육을 중심으로-. **한국언어문화학**, 12(3).

김정규(2010). 미국, 캐나다, 호주의 다문화주의 비교연구. **사회이론**, -(37).

문영석(2005). 캐나다 이민정책에 대한 분석과 전망. **국제지역연구**, 14(1).

박진경 · 임동진(2012). 다문화주의와 사회통합 - 캐나다와 호주를 중심으로. **韓國政策學會報**, 21(2).

박해육 · 윤영근(2016). 지방자치단체의 이주민 통합정책. 한국지방행정연구원.

심미경(2016). 미국 다문화 정책이 한국 다문화 사회통합 정책과 다문화교육 개선에 주는 시사점. **학습자중심교과교육연구**, 16(3).

염철현(2008). 미국의 이중언어교육법 변천과정에 대한 고찰. **比較教育研究**, 18(3).

오영인(2012). 미국 이중언어 교육정책과 이민자들 : 1968년 이중언어 교육법과 1970년대 개정안을 중심으로. **미국사연구**, 35(-).

원진숙(2014). 다문화 시대 우리 사회의 언어 소수자 자녀를 위한 언어 교육 정책. **우리말연구**, 39(-).

윤인진(2008). 한국적 다문화주의의 전개와 특성. **韓國社會學**, 42(2).

이로미 · 장서영(2010). 다문화국가 이민자 정착 정책 및 지원 서비스 분석 : 미국과 캐나다 사례를 중심으로. **국제지역연구**, 14(1).

이소라(2012). 중도입국 청소년의 학업 문식성 신장을 위한 한국어 교재 개발연구. 이화여자대학교 대학원 석사학위논문.

이용승(2010). 다문화주의 정책유형 결정요인 분석 : 미국과 캐나다를 중심으로. 고려대학교 대학원 박사학위논문.

이유진(2009). 캐나다의 이민자 통합정책 레짐에 대한 연구-온타리오 주를 중심으로. **다문화사회연구**, 2(1).

이인원(2013). 다문화정책 수립과 시행에서의 지방정부의 바람직한 역할 : 캐나다 다문화정책의 사례를 중심으로. **社會科學研究**, 39(1), 91-122.

전경옥 외(2013). **다문화사회한국의 사회통합**. 이담북스.

조예신(2018). AHP분석을 이용한 다문화가족 이중 언어교육정책 활성화 방안 연구. 동국대학교 대학원 박사학위논문.

최무현 · 김경희 · 박홍순(2011). 다문화사회정책 거버넌스 현황과 미래지향적 발전방향. 한국여성정책연구원.

최병두(2018). **초국적 이주와 환대의 지리학**. 푸른길.

홍성우(2017). 트럼프 행정부의 이민정책. **국제노동브리프**, 15(3).

황정미(2009). 이주민의 사회통합을 위한 지역사회 참여현황과 참여증진. 한국여성정책연구.

Chapter

06

해외 사회통합정책의 사례 파악 및 국내 사회통합정책과의 비교 : 유럽

1. 영국의 사회통합정책
2. 독일의 사회통합정책
3. 프랑스의 사회통합정책

06 Chapter 해외 사회통합정책의 사례 파악 및 국내 사회통합정책과의 비교 : 유럽

1. 영국의 사회통합정책

1) 영국의 다문화사회 형성 배경

영국의 다문화사회는 19세기 아일랜드인, 제2차 세계대전 이후 유대인, 영국 식민지로부터 이동한 대규모의 이주민으로 인해 형성되었다. 이주민들은 부족한 노동력 문제 해결과 경기부양, 국가 재건에 따라 과거 식민지에서 독립한 영연방 국가들로부터 영구이주를 허용했다. 당시의 노동력은 영국 내 백인들이 기피하는 미숙련 · 저임금 노동에 집중되었으며, 이러한 현상은 1990년대까지 지속되었다. 영국은 신영연방체제를 유지하면서 연방 내 구 식민지 국민과의 관계를 새롭게 확립하고, 이들의 이주를 제한 없이 허용하는 자유방임정책을 실시했다. 외부 인구유입은 자국 내의 부족한 노동력 문제를 해소하였지만, 이로 인해 내국인과의 갈등과 각종 사회문제가 발생하면서 영국 정부는 이민자에 대한 규제를 강화하게 되었다(금혜성 · 임지혜, 2010). 영국은 이민자에 대한 규제를 강화하기 위해 1972년 「연방이민법(Commonwealth Immigrants Act)」을 개정하였고 이 법에는 영국으로 이주하기 위해 영국 여권을 소지한 영연방 주민에게 영국 정부로부터 노동허가를 받도록 적시하고 있다. 이에 따라 영국에서 출생했다고 입증할 수 있는 부모나 가족의 초청에 의해서만 영국에 정착할 수 있도록 제한했다(인태정, 2006).

영국은 2004년 동유럽 국가들이 유럽연합에 가입하면서 영국 내 자국민의 실업률 상승과 사회보장제도의 붕괴를 우려하여 비유럽연합 회원국 이민자의 이민을 봉쇄했다. 2008년에는 '이민 상한제'에 따라 기술자와 숙련노동자에게 점수에 기반을 둔(pointed-based) 시스템을 도입하여 취업비자를 부여함으로써 부족한 인력을 보충하는 동시에 인구 유입도 통제했다(최동주, 2009). 영국의 이민정책은 국가 경영에 필요한 인력을 활용하기 위한 목적에 따라 진행되고 있다. 그렇기에 이민자에 대해 최소한의 보호정책을 제공하나, 이민자 개인에 대한 인격의 존중 및 인도적 배려나 안정을 담보하는 권리보장 등은 매우 소극적인 입장을 취한다.

2) 영국 사회통합정책의 특성

영국은 1948년에 「국적법」을 제정하고 식민지들의 독립을 통한 국제사회의 지위 유지와 영연방 강화라는 정치적 입장을 고려하여 영연방 국민의 영국 이민을 허용했다(김성수 · 박치완, 2008). 이후 영국 정부는 급격하게 증가한 이민자를 통제하기 위해 1962년 「영연방 이민법」을 제정하여 영연방 출신의 이민자 수를 제한했다. 1971년 새롭게 제정된 「이민법」에는 영국 내 친족이나 혈연관계의 연고가 없는 영연방 국민에게 영국 내의 이민을 제한했다. 1981년 영국 「국적법」이 개정되면서 '영국시민권', '보호령시민권', '영국재외시민권'이라는 세 가지 시민권 개념이 등장했다. 이 법률은 호주, 남아프리카공화국, 뉴질랜드, 캐나다 출신 등의 영연방 국민에게는 이민을 허용하고, 기타 영연방에 속하지 않는 이민자는 적절하게 통제하기 위한 내용을 담고 있다.

영국은 전통적으로 자국민과 이민자에게 선의적인 방관(benign neglect) 혹은 자유방임주의(laissez-faire) 태도를 보였다(김복래, 2009). 이처럼 전통적으로 방관적 태도를 보였던 영국 정부는 인종 폭동 등 이주민의 사회문화적 갈등을 예방하기 위해 다문화주의를 적용했다. 이민 통제에 대한 신념과 동시에 문화적 다양성에 대한 관용과 평화로운 공존을 추구하는 것이 영국이다. 다양성에 대한 관용으로는 영국 정치가 가진 오랜 전통인 타협(compromise)과 상식(common sense)을 기반으로 한 문화적 · 인종적 · 종교적 다양성을 말할 수 있다. 영국의 사회통합 모델도 「이민법」에 관한 정치적 타협의 산물이다. 이것은 긍정적인 반(反)차별주의 정책을 통해 사회통합을 쉽게 하는 방식이다. 영국은 1965년 「인종관계법」이 통과된 이후 다문화주의적 사회통합 접근방식을 강조했고, 1966년 로이 젠킨스(Roy Jenkins) 내무부 장관은 사회통합을 단선적인 동화 과정이 아니라 상호 관용 속에서 문화적 다양성을 수반한 균등의 기회임을 주장했다(Benton, 1985).

영국의 이주정책은 이주민과의 갈등에 따라 변화되어 왔다. 1981년과 2001년에 이민자가 집중된 지역에서 발생한 폭동 이후 2002년에는 시민권 테스트와 시민권 의식의 법안을 통과시켰다. 2005년 런던 지하철 테러 사건 이후에는 「인종관계법」을 더욱 강화하였다. 그 해부터는 영국에 귀화하기를 희망하는 모든 이민자에게 영어자격증과 영국생활(Life in the UK)시험을 통과하도록 요구했다. 당시 테러범들은 무슬림이었는데, 영국에서 출생하고 영국에서 교육받은 영국인에 의한 사건이었으므로 영국 사회에 커다란 충격을 주었으며, 기존의 다문화주의에 대한 회의 여론까지 일어났다(박재영, 2008). 이처럼 영국 정부는 비유럽계 유색인종 증가와 테러사건 등 실제적 차원에서 제기되고 있는 문제들에 대한 새로운 도전에 직면해 있다. 이러한 도전의 방향성은 영국 정부가 그동안 실시해 온 다문화주의정책의 급격한 변화를 추구하기보다는 기존의 사회통합 정책과 함께 이주민의 영국적 가치에 대한 준수, 능동적으로 영국 사회에 통합되려는 이주민의 노력과 의무 이행을 강조하는 사회통합으로 선회하고 있다.

전 총리인 토니 블레어(Tony Blair)는 2006년에 사회통합정책을 위한 구체적인 지침들을 제시했다. 그는 다문화 영국(Multicultural Britain)과 문화적 다양성을 인정하면서도 사회통합을 위해 이주민이 영국이 중요하게 생각하는 민주주의, 법치주의, 개인의 자유와 권리의 국가적 가치들과 영국의 역사적 유산에 대한 존경 등을 포함한 영국적 가치들(British Values)을 공유할 것을 강조했다(김용찬, 2008). 영국은 지속 가능한 다문화사회를 존속시키기 위해 차별을 제거하고 평등을 강조하고 있지만, 영국의 다문화주의는 「테러법」 제정 같은 정부의 대응수위 강화, 신자유주의 경제체제의 부작용 등 심각한 위협을 받고 있다.

3) 영국의 사회통합 사례

(1) 이주민 사회통합을 위한 담당 부처

영국의 사회통합정책은 이민을 담당하는 내무부를 비롯하여 여러 정부 부처에서 수행되고 있다. 부처 간의 갈등과 정책조정은 의원내각회의에서 이루어지며, 내각 전체가 정책 조정에 참여하고 있다. 이민자의 사회통합정책 중 교육, 주택, 사회복지 서비스 등은 이민자가 정주하는 지역의 지방정부가 전담하고 있다. 이민자 사회통합정책을 지방정부가 책임지고 있으므로 중앙정부의 지방자치부(Department of Communities and Local Government)가 중요한 역할을 할 뿐만 아니라, 중앙정부와 지방정부의 긴밀한 공조와 조정이 이루어지고 있다(한경구 외, 2012).

(2) 사회통합정책 사례

영국의 사회통합정책은 이민자에게만 특화하여 지원하는 '비영어 사용자를 위한 영어교육' 사업과 이민자에게 영국 국민과 동등한 혜택을 누리도록 다양한 지원사업을 시행하고 있다. 첫 번째는 언어교육 및 다양한 사회 정착 지원 프로그램이다. 영국의 이민자는 영어구사력을 향상시키고 시민권 또는 영주권을 취득하기 위한 선행조건으로 ESOL(English for Speakers of Other Languages) 프로그램과 시험에 응시해야 하는데, 정부는 이들의 영어교육에 필요한 비용을 제한적으로 지원하고 있다(설동훈, 2011). 영국 이민자의 귀화시험은 영국 국경청에서 주관하는데, 영국 국경청은 언어교육(ESOL), 사회이해교육(Life in the UK), 그리고 신규 이민자의 지역공동체 교류 프로젝트, 노동시장 진입에 대한 멘토링, 인턴십을 제공하는 프로그램 등을 운영한다. 이민자에게 영국 국민과 동등한 권리를 보장해 주는 방식의 사회통합정책은 복지, 인권 보호, 사회서비스 등 다양한 분야에서 이루어지고 있다.

두 번째는 다문화인권보장을 통한 지원이다. 영국은 이민자 가족 정책의 일환으로 평등인권위원회(Equality and Human Rights Commission)와 지역 수준의 인종평등의회(Race Equality Councils)를 운영하면서 인종차별금지정책을 추진하고 있다. 내무부에도 정부평등실(Government Equality Office)을 설치하여 이민자의 사회통합을 지원하며, 이민자의 평등과 다양성을 지향하고 있다.

세 번째는 다문화교육을 통한 지원이다. 영국은 이민자 사회통합정책의 하나로 다문화 배경을 가진 중도입국 청소년을 위한 교육지원정책을 실시하고 있다. 영국의 교육취약계층은 경제적 · 인종적 · 민족적 소수자로, 다문화 배경을 가진 중도입국 청소년의 약 50% 이상이 기초수급자들로 교육복지의 주요 수혜자들이다(Department for Education, 2009). 영국은 다문화가정 자녀의 사회구조적 불평등을 극복하기 위해 교육적인 측면에서 선택적으로 개입(targeted intervention)하고 있다. 교육기회의 균등성이라는 기조 아래 성취동기가 낮은 다문화 배경 출신 학생들의 자아 존중감 고취, 학업과 직업훈련을 연계하여 사회적 비전을 설계하는 멘토링 프로그램, 교육성취에 대한 성취도를 높이기 위한 방과 후 교실 운영 등을 통해 다문화 배경 중도입국 청소년을 지원하고 있다. 대표적인 예로 초등학교 쇼클로 커뮤니티(Shawclough Community)를 들 수 있다. 이 학교는 맨체스터 근교에 위치한 학교로 학생들의 전입과 전출이 잦은 학교임에도 학생들의 교육기회를 확대하고, 정규 수업 이외에 소수인종 이주 학생들을 위한 보충수업을 실시했다. 학교 내의 인종차별을 철폐하고 협동과 상호존중을 함양할 수 있는 다양한 교과 외 프로그램들을 실시했다. 문화다양성의 관점에서 학생들이 긍정적인 반응을 보이고, 학생의 수요를 반영한 교재를 개발했으며, 다문화가정의 학부모도 소외되지 않도록 관심을 가졌다. 이러한 학교의 방향성은 '참여와 어울림의 학교 문화'라고 말할 수 있는데, 이를 통해 학업능력이 신장되었다.

2. 독일의 사회통합정책

1) 독일의 다문화사회 형성 배경

독일은 제2차 세계대전 종전 이후 국가 기반시설의 복구와 경제 재건을 위해 산업현장에서 필요한 노동력의 수요가 급증하면서 외국인 노동자의 유입정책을 제도화했다. 1950년대에는 라인강의 기적으로 불리는 놀라운 경제성장과 함께 공업 부문에서 이주노동자(guest worker) 제도를 도입하면서 적극적인 외국인 노동이주정책을 펼쳤다. 독일은 유럽의 여러 국가와 고용협약을 맺으며 부족한 노동력 문제를 해결하고자 했다. 1955년에는 이탈리아, 1960년에는 그리스와 스페인, 1961년에는 터키, 1964년에는 포르투갈, 1968년에는 유고슬라비아와 노동자 모집 협약을 체결해 외국인 노동력을 충원했다. 1960년대에는 이주노동자에 대한 장기체류를 허용하면서 외국인 노동자가 급증하게 되어 그 당시 장기체류한 이주노동자는 노동자 개인의 요구와 독일 경제계에 숙련 기술을 제공하는 원천으로서 순기능적 역할을 담당했다. 1961년 베를린 장벽이 설치된 후 외국인 노동자의 유입은 증가했고, 1973년 외국인 노동자 유입 억제 조치가 이루어질 때까지 독일 전체 인구 중 10%는 외국인일 정도로 독일 정부는 외국인 노동자를 적극적으로 받아들였다.

그러나 1970년대에 들어서자 세계적인 석유 위기와 독일 내의 경제성장 둔화로 인한 경제 침체로 자국민의 실업률이 상승하자, 독일 정부는 1973년 11월 23일 공식적으로 외국인 노동자 유입 억제 조치를 결정하게 되었다(이용승, 2007). 이 결정은 독일로 재입국이 불허될 것을 우려한 이주노동자가 정주 허용 범위가 넓었던 가족재결합을 통해 정주를 선택하도록 하는 결과를 초래했다. 1970년대 초부터 독일연방 정부의 외국인 노동자 유입 억제 정책이 결정된 이후 독일에서는 외국인의 체류형태가 단기체류에서 장기체류로 변화했다. 그럼에도 독일은 속인주의 또는 혈통주의 전통을 고수하고 있었다. 1990년 미·소 냉전의 시대가 끝나자 소련 및 동유럽으로부터 외국인 노동자가 다시 유입되기 시작했다. 이 시기에는 외국인 노동자의 가족구성원, 유럽공동체 국가 시민, 구 유고지역의 전쟁으로 인한 피난민 등 새로운 형태의 외국인이 유입되면서 독일 정부는 사회통합에 따른 사회적 · 재정적 부담을 지게 되었다(박채복, 2007).

독일은 2000년 1월 1일에 「국적법」을 개정하였다. 이러한 배경에는 독일 사회 내의 저출산 및 노동인구 감소, 노령화 등으로 인한 노동력 확보 측면에서 이주의 불가피성에 대한 인식이 확산되었기 때문이다(박채복, 2007). 「국적법」이 개정된 후에도 이주정책을 반대하는 측과 지지하는 사회단체 간의 대립과 정치적 논란이 지속되었다. 논란은 2005년 「이민법」이 새로 개정될 때까지 이어졌다. 새로운 이민법을 통해 이주와 관련된 법적 조치가 마련되었는데, 이전까지 독일연방 정부는 독일에서 태어난 이민자 자녀들은 외국인 신분으로 거주하게 하는 반면, 외국에서 태어난 독일 혈통의 자녀들에게는 독일 시민권을 주는 등 혈통주의를 강조하는 시스템이었다. 그러나 2005년 이후 독일에서 태어난 이민자의 자녀에게도 일정한 조건만 충족된다면 속지주의를 적용하여 시민권을 부여했다. 단, 출생과 동시에 시민권이 부여되는 경우는 부모 중 한 명이라도(1인 이상) 8년 이상 독일에 거주했을 경우이다. 결국 새롭게 개정된 이민법은 외국인의 국적취득 완화로 이어졌다.

2) 독일 사회통합정책의 특성

독일 정부가 추진하고 있는 외국인 이민자에 대한 사회통합정책은 다문화주의가 지향하는 사회통합이라기보다는 「국적법」과 「이민법」을 통해 외국인 이민자를 독일 주류사회로 편입시키는 데 목적을 두고 있다(이철용, 2007). 독일은 제2차 세계대전 이후 이민국가의 대열에 합류함으로써 다문화사회에 진입했음에도 연방정부 차원의 통일되고 포괄적인 사회통합정책은 실시하지 못했다(이종희, 2012). 이로 인해 독일 거주 이주민은 노동형태, 임금, 지위에서 저소득층이나 비정규직에 집중되어 있는 등 독일 내의 주류집단과는 현저한 차이를 보였다.

독일의 이주정책은 2005년의 신이민법 전후로 나뉠 수 있다. 그전까지의 독일은 노동시장의 개방을 통해 외국인 노동자 유입정책을 펼쳐왔음에도 전반적으로 독일 사회의 단일적 문화성을 유지하려는 정책이 지지하였다. 이는 사회통합정책이라기보다는 외국인 정책이었으며, 이주민을 위한 사회통합정책은 2005년에야 비로소 연방정부 차원에서 추진되기 시작했다. 2005년 이후 독일의 이주민 사회통합정책은 교육 및 사회복지 서비스를 통해 외국인 이주민이 독일 사회에 통합되어 정주할 수 있도록 지원하고 있으며, 그들의 생활능력과 주거환경을 개선시키는 것에도 역점을 두고 있다(행정자치부, 2007).

사회통합정책을 위해 독일 정부가 재정지출을 꾸준하게 증가시키고 있는 부문은 언어교육과 인권교육이다. 독일은 사회통합정책에서 언어교육을 중요하게 여기고 있으며 학교교육의 특색도 외국인 이주자 자녀에 대한 모국어 수업이라 할 수 있다. 모국어 수업은 한 학교에서 같은 모국어를 사용하는 학생 신청자가 일정 수(10~20명)를 넘지 않으면 특정 학교에 여러 학교의 학생들이 모여서 원어민 교사의 수업에 참여한다(정기섭, 2009). 학교교육과정은 인권교육도 이루어지고 있는데, 초등학교 사회, 역사 관련 과목에서 인권교육과 다문화 커리큘럼의 개발과 교안도 중요한 역할을 하고 있다. 특히 상호문화교육은 모든 학생의 인간성의 윤리적 기초, 민주주의와 관용의 태도, 연대와 민족적 상호이해, 자유와 책임, 행동양식을 발달시켰다.

또한 독일은 이주노동자 지원정책을 실시했다. 먼저는 그들의 사회적 권리인 거주에 대한 권리와 교육에 대한 권리를 보장하기 위해서 여러 정책을 실시했는데, 지방정부는 주택과 교육 문제에 관심을 기울였다. 이주노동자들을 위한 직업 양성 교육도 실시하여 일반적인 교육지원 외에도 이주민이 독일 사회에 더욱 쉽게 적응하고 직업을 가질 수 있도록 교육했다. 이러한 노력에도 불구하고 사회통합정책에는 한계가 존재하는데, 이주민 자녀의 학교폭력, 히잡 착용 등과 같은 문화적 갈등은 여전히 존재한다. 주류집단과 소수 이민자와의 상호이해의 바탕 위에 합의를 통해 함께 사회를 통합해 나가야 하는 과제를 안고 있다.

결국 독일의 이민자 사회통합정책은 다양한 통합 프로그램과 법적 조치를 통해 이민자를 독일 사회로 통합하고자 한다. 물론 궁극적으로는 독일 사회 동화를 목표로 하지만, 외국인 노동자뿐만 아니라 그 가족에 대한 다차원적인 접근을 시도하여 주류집단의 내국인과 이주민 간의 간격을 줄이면서 하나의 공동체를 형성하고자 노력하고 있다(박채복, 2007).

3) 독일의 사회통합 사례

독일의 수도 베를린은 170개국 이상의 이민자가 다양한 문화와 수많은 언어를 사용하며 역동적으로 생활하고 있으며, 민족 또는 인종을 구분하여 편을 가르기보다는 각 개인의 문화와 언어에 의지하며 미래의 상생공동체를 꿈꾸며 살아가고 있다. 그 대표적인 예가 발도르프 학교다. 이 학교는 독일, 터키, 아랍 등 어떤 언어 · 환경 · 배경이든 관계없이 모든 문화와 언어 그룹을 수용하고 있다. 발도르프 학교는 의식적으로 학교에서 독일어를 강제하지 않는다. 언어가 서로 다른 그룹을 배제한다는 것은 동시에 분리된다는 것을 의미한다. 따라서 베를린 발도르프 학교에서는 서로 다른 다양한 언어가 존재한다는 것을 학생들에게 의식적으로 경험할 수 있게 한다. 학교생활에서는 서로 다른 전통과 음악 및 종교 행사를 개최하여 학생들의 모국어를 언제든지 환영하고 있다. 모든 종교 공동체의 정당성을 인식하고, 가능한 한 학교 수업에서 이들의 문화 관련 관습을 고려하여 각각의 공동체 구성원을 아무런 선입견 없이 용인하고 있다. 여기서는 어떤 학생도 독일어를 강제로 배우지 않는다. 오히려 학생들은 편견 없이 독일 언어권 속에서 스스로 성장하기를 원한다. 설령 독일어를 구사하지 못하는 학생이라 할지라도 모국어나 수학을 배울 수 있다고 생각한다. 기본적으로 발도르프 학교는 다른 문화권의 학생들에게 모국어 교육을 시킴으로써 학생들의 모국어 수준을 유치원 수준에 머무르게 하지 않는다. 학교는 학생의 모국어를 더 발전시킬 수 있는 공간을 제공한다. 이것은 자신의 문화를 잃지 않고 모국어 유지를 원하는 많은 학부모의 요구와도 일치한다. 무엇보다 교육적 필요성에 따라 자녀가 모국어를 독일어와 같이 철저히 훈련할 수 있다면, 학교의 입장에서도 아무도 반대하지 않는다. 학교는 이주배경의 학생들이 모국어 교육을 받음으로써 독일어 학습에도 효과가 있음을 경험을 통해 알고 있다.

또한 '만남의 언어' 수업도 대표적인 사회통합의 사례다. 이 수업은 모든 대표적인 언어그룹에게 낯선 언어 세계에 몰입하게 하고, 다른 학생들과 마찬가지로 자신의 모국어처럼 학생들이 다른 언어에서 얼마나 편안하게 느끼는지를 의식적으로 인지하도록 한다. 더욱이 독일어를 구사하는 외국 학생들은 독일에서 만나는 같은 국적 친구들과 서로를 더 잘 이해할 수 있다. '만남의 언어'라는 과목은 학교의 3대 언어그룹을 대표하고, 3학년까지를 대상으로 한다. 3학년 이후 '만남의 언어'는 좁은 의미에서 언어 수업으로 계속된다. 이 과목은 더 이상 구속력이 없지만, 모든 학생에게 개방되어 있는 과목이다. 따라서 독일어를 구사하는 학생들이 '만남의 언어'에 호기심을 느낄 수 있고, 터키 출신의 친구 언어를 배울 수도 있다.

3. 프랑스의 사회통합정책

1) 프랑스의 다문화사회 형성 배경

프랑스의 이민 역사는 대혁명 이후 자유를 찾아 정치적 망명 형태로 유입되는 '정치 이민'과 산업혁명 이후 유럽의 인접국가나 식민지 국가들로부터 유입되는 '경제 이민'으로 구분된다. 즉, 프랑스의 이민은 인권국가로서 정치 망명자의 포용, 자국 내 부족한 노동력 충당, 인도주의 차원의 난민 수용 등에 기인하고 있다. 프랑스의 초기 이민자는 유럽계 이민자가 대부분이었으므로 문화적·종교적으로 프랑스인과 동질성을 지님으로써 이질적인 문화나 종교에서 오는 사회문제는 발생하지 않았다. 그러나 제2차 세계대전 이후에는 알제리, 튀니지, 모로코를 포함한 북아프리카 출신이 마그레브(Maghreb) 무슬림이 프랑스에 유입되면서 인종적·종교적·문화적 이질성으로 인해 사회적 갈등이 심각한 사회문제로 대두했다. 이로 인해 프랑스 대혁명 이래 강조해 온 하나의 공화국 원리에 입각한 정교분리원칙(Laicite)이 심각한 도전을 받게 되었다(장미혜 외, 2008).

제2차 세계대전 이후 국가의 재건에 필요한 노동력 수요와 저출산으로 인한 인구문제를 해결하기 위해 이민국을 창설하고 적극적인 노동자 유입정책을 실시했던 프랑스의 다문화 현황은 1999년 이후로는 이주민 수가 늘어나지 않고 안정기에 접어들었다. 최근의 프랑스 내 외국인 규모는 외국인 인구 국적을 기준으로 한 OECD 외국인 인구통계를 통해 확인하면 미국, 독일, 영국, 이탈리아 다음으로 증가하고 있으며, 프랑스에서 국적을 기준으로 한 외국인 인구는 2014년 419만 9천 명에서 2018년 461만 6천 명 규모로 증가하였다(안상욱, 2021; 이태훈, 2021).

2) 프랑스 사회통합정책의 특성

프랑스 대혁명 이후 공화주의 이념의 본질적인 성격은 프랑스 국경 내에 거주하고 있는 다양한 인종이나 민족을 하나 또는 불가분의 민주공화국에 속한 시민으로 탈바꿈시키는 것이다. 따라서 이주민을 위한 프랑스의 사회통합정책은 공화주의 모델(republican model)을 기반으로 하는 동화정책이다. 이러한 동화정책은 프랑스 국적을 취득함으로써 프랑스에 완전히 귀화하는 것을 일차적인 전제조건으로 하고 있으며, 귀화한 이주민에게만 프랑스 시민과 동등한 사회적 권리를 부여함으로써 이주민에게 프랑스 국민이 되도록 강제하는 정책을 말한다.

프랑스에 이민문제가 사회적인 문제로 대두한 것은 1980년대 초반부터였다. 이 시기는 1950~1960년대 홀로 프랑스에 이주한 북아프리카 출신 무슬림 노동자의 2세가 20대가 될 무렵이었다. 1989년 9월 18일 무슬림 여학생의 히잡 착용 사건은 프랑스 공공영역에서 공화주의에 반하는 무슬림 이민자의 종교적인 사건이었다. 파리 북부에 위치한 크레이(Creil)라는 소도시의 한 중등학교에서 무슬림 여학생 3명이 수업시간에 히잡을 착용하여 학교에서 추방되었다. 이 중등학교는 876명의 학생 중 약 500명이 프랑스의 구식민지와 프랑스의 보호령이던 알제리, 모로코, 튀니지 출신의 무슬림 이민자 2, 3세들이었다. 이후 교실 밖에서는 히잡을 착용할 수 있다는 조건하에 등교를 허락함으로써 종결되었지만, 이 사건은 개인의 종교적 신념과 국가의 개입에 대한 담론을 제시하는 하나의 사례가 되었다(김남국, 2004). 1980년대부터 2000년대에 이르기까지 북아프리카 출신 무슬림 이민자 2세대 청년들은 무슬림 조직을 결성하여 무슬림 이민자에 대한 차별 철폐와 실업문제를 거론하면서 이를 정치적 그룹으로 발전시켰다. 2005년 10월 27일에 일어난 소요사태는 프랑스 도시 외곽지역에서 프랑스 전역으로 확대되어 유례없는 폭동으로 비화되었다. 소요사태의 시작은 세 명의 청소년이 경찰의 검문을 피해 변압기가 설치된 지역에 피신해 있다가 감전 사고를 당해 목숨을 잃으면서이다. 이에 분노한 사망자 가족과 동네 청년들이 경찰과 대치하는 상황이 벌어졌다. 당시 내무장관 사르코지(Sarkozy)가 "폭력에 대해 조금의 관용도 없을 것이다"라는 톨레랑스 제로(Tolerance Zero)를 선언한 가운데 경찰은 이슬람사원에서 추모인파를 향해 최루탄을 쏘면서 질서회복을 요구했다. 그러나 프랑스 정부의 조치는 무슬림 이민자를 더욱 자극했으며 사태는 심각한 국면으로 치닫게 되었다. 2007년 11월 25일 프랑스 무슬림 이민자에 의한 소요사태는 빌리에르벨(Villiers-le-Bel)에서 2년 전보다 더 격렬하게 발생했다. 당시 대통령 사르코지의 강경 방침에 따라 경찰과 특수병력이 투입되었다. 일각에서는 사르코지 대통령이 내무장관 시절 보여준 톨레랑스 제로 정책을 다시 실시하고 있다는 우려의 시각이 있었다. 프랑스 무슬림 이민자의 소요사태가 폭력적인 양상으로 전개된 요인에는 정부의 극단적인 대응방식을 꼽을 수 있다. 프랑스 정부는 1990년대 말 이후 치안담론을 통해 무슬림 이민자 집단을 위험한 집단으로 간주하고, 이들을 범죄집단으로 취급하면서 통제하는 전략을 사용했다. 프랑스의 소요사태는 구조적인 차원에서 공화주의의 보편적 미덕인 톨레랑스 대신 인종주의를 은폐하려는 부정적 측면이 부각되고, 무슬림 이민자 지역의 게토화가 심화되고 있었기 때문이다(박재영, 2008).

하지만 사회적 갈등만 있었던 것은 아니다. 사회갈등을 해결하기 위한 정책적 대안들도 존재했다. 1980년 미테랑(Mitterrand) 대통령은 용어사용의 변화를 추구했다. '통합'이라는 용어를 사용함으로써 '동화' 대신 '차이에 대한 권리'를 인정했다. 그 후 프랑스는 이민자 문화인 소수문화에 대해 동화주의적인 차별 방지의 법제화에서 다문화주의적인 권리 보호를 골자로 하는 법제화를 추진했다(김현주, 2016). 2005년 프랑스 소요사태는 소수집단에 대한 톨레랑스 제로 열풍을 만들었으나 프랑스 정부는 「기회균등법(loi pour l'egalite des chances)」, 통합과 차별 · 퇴치 지원기금(Fonds d Action et Soutien pour l'lntegration et la Lutte contre les Discriminations) 등을 통해 차별 퇴치를 위한 법과 제도를 강화하는 계기가 되었다(김현주, 2016). 프랑스는 주류집단의 타문화에 대한 수용성 제고를 위해 교육기관의 다문화교육 강화, 방송의 문화 다양성 확보, '국립이민문화관(Citenationale de l'histoire de l'immigration) 개관' 등과 같이 이민자와의 공존을 위한 실질적인 정책을 실시했다. 소수문화 인정을 위해 파리 도심에 아랍 문화관을 건립하고, 전국에 이슬람사원을 세우도록 지원했다. 또한 공교육기관에서 이민자 2세들을 위해 아랍어 교육을 실시하도록 지원했다. 이러한 프랑스의 변화는 동화주의에 기초하여 문화의 단일성을 지향해 온 프랑스의 사회통합정책이 제한적으로 다문화주의를 채택하고 있음을 의미한다. 즉, 시민권 획득을 통해 프랑스적 가치를 공유하고자 하는 전통적 동화정책과 국가 차원에서 이슬람을 인정하고 문화적 다양성을 보장하고자 하는 다문화정책을 병행하여 이민자를 위한 사회통합정책의 총체적 대안을 찾아가고 있음을 알 수 있다.

이러한 프랑스 정부의 지원과 노력에도 프랑스 내 다문화 사회갈등은 심화되고 있다. 2015년 11월 프랑스 파리 시내에 이슬람 수니파 무장단체(IS)가 자살 폭탄테러 및 대규모 총격 사건을 일으켰다. 또한 2016년 7월 14일 프랑스 대혁명 기념일(바스티유의 날)에는 프랑스 니스(Nice)에서 이슬람 극단주의자에 의해 테러가 자행되었다. 니스 테러는 2015년 11월 파리 테러 이후 최악의 테러로 기록되었다. 일련의 사건들로 인해 유럽 국가들과 프랑스는 자국 내 이민자를 위한 사회통합정책에 대해 혼란스러워하면서 한편으로 새로운 방향을 모색하고 있다(김병묵, 2017).

3) 프랑스의 사회통합 사례

프랑스는 사회통합정책을 위해 '차별철폐청(HALDE : Haute Autorite de Lutte contre les Discriminations et pour l'Egalite, 알드)'이라는 차별방지기구를 설립했다. 이 기구의 설립 배경은 프랑스의 국내적인 요청과 국제적인 요인에 기인했다. 프랑스 국내에서는 차별 방지 임무가 다양한 기관에 분산되어 있어 차별 문제를 포괄적으로 다룰 수 없다는 문제하에 차별방지기구가 설립되었다. 차별철폐청이 설립된 정당성은 독립행정청을 통한 준사법적 권한을 행사할 필요성이 제기되었다는 점에서 찾을 수 있다. 차별철폐청은 '권리방어청(De fen seur des clroits)'에 흡수 통합되었으며, 그 기능이 예전보다 훨씬 강화되었다. 프랑스의 차별 문제는 차별을 철폐하는 소극적 목적을 넘어서서 '권리방어'라는 적극적 목적으로 발전하고 있다.

사회통합을 위해 무명이력서 제도도 도입되었다. 무명이력서는 고용상의 차별이 없도록 지원 이력서에 이름과 피부색 등 신상과 관련된 사항을 적지 않는 제도다. 2006년부터 추진하기 시작한 이 제도는 취업 희망자들에게 취업 기회를 균등하게 확보하기 위해 도입되었으며, 피부색, 외국식 이름, 나이, 부정적인 이미지의 거주지 등과 관련된 고용 및 취업상의 차별 행위를 해소하는 데 기여하고 있다. 2008년 사르코지 대통령은 무명이력서 제도를 모든 고용주가 진지하게 고려해 주기를 희망하고, 이에 따라 기업 100여 곳을 대상으로 실효성 검증을 수행할 계획을 밝혔다. 그 결과 채용 담당자들이 자신과 동성인 지원자나 동년배 지원자를 더 뽑게 되는 특혜를 줄이는 효과가 있는 것으로 나타났다. 무명이력서 제도는 이민자 집단과 같이 불리한 지원자들이 자신의 능력만으로 평가받을 수 있고, 인터뷰를 실시하는 사람도 편견 없이 지원자를 대할 수 있게 해주었다.

마지막으로 프랑스는 미성년 이민자를 위한 교육과 복지제도를 실시하고 있다. 새로 입국한 만 6~16세 미성년 이민자는 의무적으로 정규교육과정에 등록해야 한다. 외국국적 학생의 정규교육과정 등록과 학업이수과정에 대해서도 프랑스 국적의 미성년자와 동등하게 의무교육을 이수할 수 있다는 것이 법으로 보장되어 있다. 만 16세 이후로는 의무교육과정은 아니지만, 만 18세 미만의 이민자 미성년이 학교에 등록하고자 한다면 취학을 법적으로 보장한다. 프랑스는 미성년 이민자의 복지를 위해 부모의 국적이 달라도 그들이 자녀를 프랑스에서 양육하면 가족수당의 혜택을 부여하고 있다. 이러한 가족수당제도는 어려운 미성년 이민자의 복지에 중요한 제도가 되었다. 그러나 외국인의 신분으로 가족수당을 받으려면 신청자인 보호자가 프랑스에 합법적으로 거주하고, 서류를 통해 자신의 합법적 체류 사실을 증명해야 한다. 부모가 불법체류자인 미성년자의 경우에도 프랑스 정부로부터 보호를 받을 수 있다(김경미, 2013). 예를 들어, 부모가 불법체류자의 신분으로 추방되더라도 자녀는 프랑스에 머물기를 희망한다면, 프랑스 내에 거주하는 사람을 보호자로 지정하여 미성년 자녀는 프랑스에서 지낼 수 있도록 허락하고 있다.

참고문헌

금혜성 · 임지혜(2010). 독일 · 영국 · 한국의 다문화 사회로의 이행과정 국제비교 : 외국인의 정치참여를 위한 제도와 정책적 배경을 중심으로. **다문화사회연구**, 3(2).

김경미(2013). 미성년 이민자 관련 정책 및 법제 분석. IOMO이민정책연구원 연구보고서.

김남국(2004). 영국과 프랑스에서 정치와 종교. **國際政治論叢**, 44(4).

김병묵(2017. 7. 26). [르포] "마크롱? 지금까지는 더 낫다(meilleur)". 시사오늘 · 시사온. https://www.sisaon.co.kr/news/articleView.html?idxno=60451

김복래(2009). 프랑스, 영국, 미국의 다문화주의에 대한 비교고찰 : 삼국의 이민통합정책을 중심으로. **유럽연구**, 27(1).

김성수 · 박치완(2008). 영국의 다문화성향과 다문화주의. **EU연구**, -(23).

김영순 외(2019). **다문화 생활세계와 사회통합연구**. 북코리아.

김용찬(2008). 외국인노동력 국제이주정책의 수렴경향과 원인에 관한 연구 : 영국과 독일 사례 연구. **유럽연구**, 26(2).

김현주(2016). 한국과 프랑스의 사회통합정책 비교연구. **프랑스문화연구**, 33(-).

박재영(2008). 유럽 다문화사회의 문화충돌 : 영국 · 프랑스 · 독일을 중심으로. **다문화콘텐츠연구**, 4(-).

박채복(2007). 독일의 이주자정책 : 사회적 통합과 배제의 딜레마. **한독사회과학논총**, 17(1).

박해육 · 윤영근(2016). 지방자치단체의 이주민 통합정책. 한국지방행정연구원.

설동훈(2011). 국내 이주노동자와 결혼이민자 가족의 자녀 양육과 교육. 국제한국언어문화학회 학술대회, 2011(3).

안상욱(2021). 프랑스 내 이민현황과 이주민에 대한 인식. **민족연구**, 77, 27-48.

이용승(2007). 특집 : 현대의 다문화가족-독일의 다문화 가족 정책. **민족연구**, 0(31).

이종희(2012). 다문화사회와 사회통합 : 독일사례를 중심으로. **한독사회과학논총**, 22(2).

이철용(2007). 독일의 '문화전쟁'과 이민자 문제. **한독사회과학논총**, 17(1).

이태훈(2021). 프랑스의 유출 이민과 유입 이민 현황. 2021년 5월호, pp. 82-89.

장미혜 · 김혜영 · 정승화 · 김효정(2008). 다민족 · 다문화사회로의 이행을 위한 정책 패러다임 구축(Ⅱ) : 다문화 역량 증진을 위한 정책 · 사회적 실천 현황과 발전 방향. 한국여성정책연구원 연구보고서, 2008(2).

전경옥 외(2013). **다문화사회한국의 사회통합**. 이담북스.

정기섭(2009). 독일의 사회통합을 위한 이주 외국인 지원 대책 사례 및 시사점 분석-"통합코스(Integrationskurs)"와 "청소년이주지원센터(JMD)"를 중심으로. **교육의 이론과 실천**, 14(3).

최동주(2009). 글로컬리즘과 언어정책. **人文研究**, -(57).

최무현 · 김경희 · 박홍순(2011). 다문화사회정책 거버넌스 현황과 미래지향적 발전방향. 한국여성정책연구원.

최병두(2018). **초국적 이주와 환대의 지리학**. 푸른길.

한경구 · 설동훈 · 이철우 · 이충훈 · 이혜경 · 정기선 · 한건수(2012). 해외 각국의 이민정책 추진체계연구. 한국이민학회.

행정자치부(2007). 지방자치단체 외국인주민 현황.

황정미(2009). 이주민의 사회통합을 위한 지역사회 참여현황과 참여증진. 한국여성정책연구.

Chapter

07

해외 사회통합정책의 사례 파악 및 국내 사회통합정책과의 비교 : 아시아

Chapter 07 해외 사회통합정책의 사례 파악 및 국내 사회통합정책과의 비교 : 아시아

1. 중국의 사회통합정책

1) 중국의 다문화사회 형성 배경

중국은 세계 여러 국가의 경우처럼 이주민의 급증으로 인한 다문화사회의 진입과는 달리, 다문화 · 다민족의 국가로 그 기원을 가진다. 중국은 56개의 소수민족으로 구성된 다민족 국가로서, 소수민족의 인구만 해도 1억 명이 넘는다. 이들 소수민족은 주로 중국 변방인 서부지역에 위치하고 있으며, 소수민족은 총 국토 면적 약 64%의 영토에 거주하고 있다(제 명, 2015). 중국의 소수민족은 넓은 지역에 분포되어 있고, 광대한 점유면적을 가지며, 주류민족인 한족과 함께 뒤섞여 살고 있다. 2000년 전국 인구 조사에서 소수민족 인구는 10,643만 명이었다. 이는 전국 인구의 총 8.41%이며, 2010년에 실시한 마지막 인구 조사에서는 11,379만 명으로 나타나 전국 총 인구수의 8.49%를 차지했다(왕시영, 2016). 소수민족의 대부분은 산맥, 산림, 고원, 평원지대에서 생활하는데, 이러한 지역은 지하자원, 특히 광산 매장량이 풍부하고, 목축업이 발달하였으며 농작물의 종류가 다양한 곳이다. 또한 이러한 지역들은 변경지대에 위치하여 주변국과의 관계에서도 중요한 지리적 위치를 차지하고 있다. 소수민족은 60여 개에 달하는 종류의 언어를 사용하고 있는데, 거주하는 장소에 따라 어떤 민족은 두 가지 혹은 그 이상의 언어를 함께 사용한다. 소수민족은 종교도 다양하다. 다양한 종교적 배경은 생활 습관 및 사회 · 경제 제도와도 밀접한 관계를 맺고 있다. 이러한 상황 속에서 중국은 소수민족(ethnic minority)이라는 용어를 법률, 제도 내 공식적으로 사용하며 정부는 이를 다문화의 개념과 통용하여 사용한다. 그러나 최근에는 많은 해외 외국인이 유입되어 사회구성원을 형성하며 또 다른 형태의 다문화사회를 형성하고 있다.

2) 중국의 새로운 다문화사회 현상

중국으로의 이주는 1985년 법에 의해 규제되어 거의 30여 년 동안 이주자의 유입은 드물었다. 그러나 2012년 새로운 법안이 통과되면서 입국과 출입국 관리의 신속한 개혁으로 이어졌다. 중국은 이민 수출의 나라로 널리 알려졌으나, 법 제정 이후 이주자의 수가 35배 증가했다. 중국 공안부 출입국 관리국에 따르면 2007년 2,611만 명의 외국인이 중국에 입국했으며 10% 이상인 285만 명이 취업한 것으로 조사되었다(신화통신, 2010). 2009년 외환위기로 인해 중국 내 외국인 수는 일부 감소하였으며 2010년 국가 인구조사 결과에 따르면 약 594,000명의 이민자가 중국에 거주하는 것으로 보고되었다. 이 중 56%가 남성으로 나타났으며, 나머지 44%가 여성 외국인으로 보고되었다(중국 통계청, 2011).

중국 통계청 조사 결과에 따르면, 거주 이민자의 수는 한국이 1위, 다음으로 미국, 이어서 일본, 미얀마, 베트남의 순으로 나타났다. 2013년까지 84만 8,500명의 외국국적 인사가 중국 경내에 거주하고 있지만 그중 중국 '영주권'을 취득한 외국인은 5천 명으로 집계되고 있다(북경뉴스, 2016). 영주권 취득을 위한 자격요건으로는 외국인 중 박사연구생 및 그 이상 학력을 소지했거나 중국의 기업에서 연속 4년 근무하고 매년 중국 경내에 실제 거주한 시간이 6개월 이상인 외국국적 중국인(과거에는 4년 내 반드시 3년 이상 거주해야 했음)들은 모두 영주권을 신청할 수 있다. 베이징에서 근무하는 외국인들은 연속 두 번 취직 거주증을 신청하고 법을 위반한 행위가 없다면 제3차 신청 시에는 유효기한이 5년 미만인 취직할 수 있는 영주권을 신청할 수 있다. 중국이 영구거류권의 문호를 넓힌 것은 2015년부터 중국 스포츠계의 외국 선수들과 중국 대학 · 연구원의 외국 인재들, 투자 · 창업 추진의 외국 자본 및 인재들이 몰려드는 데 부응하기 위한 대책이었다. 1980년대에 일하는 외국인이 10,000명에 불과했던 중국은 2004년에 영주권 제도를 시작하여 2016년 90만 명이 넘는 외국인이 일했고 1,576명의 외국인에게 영주권을 주었다. 이는 전년도보다 163%나 증가한 것이다.

중국은 이민자를 송출하는 나라에서 이민자 유입을 환영하는 사회로 변화를 겪는 중이다. 새로운 '외국인 영주권 카드(FPRID)'는 점차 기존의 외국인 영주권 카드(FPRC)를 대체하고 있다. FPRID는 중국 내 외국인의 삶을 편하게 하는 것을 목표로 하고 있으며, 외국인 근로자를 위한 새로운 국가 노동 허가 분류 시스템과 같이 혁신적이고 기업가적 재능을 중국에 끌어들이기 위한 일련의 대규모 개혁의 일환이다. FPRID는 외국인 거주자들에게 자신의 신분증에 대한 기능성을 높이고 중국에서 '소속감'을 갖도록 고안되었다(China Briefing, 2018). 그러나 문턱이 무척 높고 심사 기간도 길며, 연간 승인 규모까지 제한하는 등 '가장 얻기 힘든 영주권'으로, 제도의 초보적 단계이지만 전 세계와 인재 공용 및 자원공유, 이익 공생추구를 밝히기에 이르렀다(한겨레, 2017).

3) 중국 사회통합정책

중국의 소수민족 정책은 1949년 중화인민공화국이 성립된 이후에도 지속되었다. 즉, 1949년 9월 「신중국헌법」에 해당하는 '중국인민정치협상 공동강령'에 민족 간 평등, 소수민족 자치지역 실시, 소수민족 문화유지의 보장 등을 규정했다. 이 강령은 현재 중국 소수민족 정책의 기본 골격이 되었다. 이후 1952년 '중화인민공화국 민족구역자치실시강요'를 발표하고 소수민족 자치제도를 법률적으로 도입하여 실행하였는데, 이는 소수민족에 대한 정치적 타협책으로 시행되었다. 1984년에는 「중화인민공화국 소수민족구역자치법」을 공포하여 소수민족 정책을 더욱 폭넓게 구체화하여 현재는 다음과 같은 9가지로 요약된다(남종호, 2004).

첫째, 민족평등단결 정책이다. 민족평등은 서로 다른 민족이 동등한 지위와 권리를 향유하는 것이고, 민족단결은 서로 다른 민족이 상호 간 협조·연합한다는 의미로, 민족평등과 단결을 실현시키고 공동번영과 발전을 도모하여 소수민족의 민족평등과 발전을 실현시키는 것이다. 둘째, 민족구역자치 정책이다. 민족구역자치는 통일된 다민족국가 내 일정한 거주 지역에 있는 소수민족의 자치권을 보장하고 민족의 번영과 발전을 촉진시켜 국가의 통일과 각 민족의 단결을 공고히 한다는 것이다. 셋째, 소수민족 간부배양 정책이다. 1950년 11월 24일 중앙인민정부는 '소수민족 간부배양 시행방안'을 선포했다. 중국은 소수민족 간부를 양성하고 활용함으로써 소수민족 발전을 촉진시키고 민족 간 협력과 민족문제를 해결하고자 한다. 넷째, 민족경제건설 정책이다. 「소수민족구성자치법」에서 소수민족 구성의 자치기관은 지방재정을 관리할 수 있는 자치권을 가지고, 국가계획하에 주체적으로 지방경제 건설사업을 관리하고 조직할 수 있다는 규정에 따라 그 지방이 재정수입을 귀속시켜 사용할 수 있게 한다(김성화, 2004). 다섯째, 민족인구 정책이다. 소수민족은 변경부근 지역에 소수의 인원이 넓게 분산되어 살고 있는 특징을 가지므로 중국 내의 소수민족 발전을 도모하기 위해서는 소수민족의 인구를 증가시켜야 한다는 것이다. 여섯째, 민족문화교육발전 정책이다. 1949년 이래로 각 소수민족은 민족문화교육을 통해 교육체제와 문화 수준을 향상시키고 문맹인 수도 감소시킨 바와 같이 지속적으로 민족문화교육발전 정책을 실시함으로써 민족문화의 유지와 발전에 기여할 수 있다는 것이다. 일곱째, 민족언어문자 정책이다. 신중국 성립 후 헌법에 모든 민족은 각자 고유의 언어와 문자를 사용하고 발전시킬 수 있는 자유를 가진다고 규정하고 소수민족 언어를 적극적으로 보호하고 활용하도록 했다. 여덟째, 민족풍속습관 정책이다. 중국 소수민족 정책의 일관된 방향 중 하나로 소수민족의 풍속과 습관을 존중하고, 그들의 풍속과 습관을 유지하도록 장려한다는 것이다. 아홉째, 종교 · 신앙의 자유에 관한 정책이다. 중국의 헌법에 "중국공민은 종교 · 신앙의 자유가 있다. 종교 · 신앙 자유의 법률적 의미는 국가로서는 종교 · 신앙은 공민 개인의 사적인 일로서 공민은 종교 · 신앙을 가질 자유가 있으며, 또한 종교 · 신앙을 가지지 않을 자유도 있다. 어떠한 사람이나 조직도 간섭을 할 수 없다"라고 규정하고 있다.

그럼에도 중국은 이주민 유입의 역사가 짧아 이주민에 대한 사회보장정책 및 사회서비스 관련 정책이 부족한 상황이다. 중국 내 합법적 근로자로 근무하는 외국인의 경우 중국의 사회보험 정책의 대상자가 되기는 하나 중국의 사회보험 관련 정책이 지방자치단체에 따라 다르게 적용되기 때문에 거주 지역에 따라 사회보험 적용이 상이하게 나타난다. 예로 북경, 톈진, 난징의 경우 외국인 근로자의 사회보험 가입은 의무적이나 상해에 거주하는 외국인의 경우 의무가입이 아니며 외국인 고용 기업 역시 이들의 사회보험 비용 부담이 의무가 아니다(China Briefing, 2018). 사회보험을 제외한 외국인 혹은 이주민을 위한 사회서비스 제도는 전무한 상황이며, 이와 더불어 불법체류, 이주민 인권, 교육권 등에 대한 제도 역시 지방자치단체에 따라 매우 상이한 것으로 보고되고 있다. 특히 한국과 달리 중국 내 국제결혼에 대한 제도 및 지원방안은 매우 미흡한 것으로 보고되고 있으며 중국과 인접한 외국 출신 여성들과 중국인 남성들 간의 결혼 역시 많은 경우 미신고되어 법적인 테두리 안에서 보장받지 못하는 것으로 보고되고 있다. 이를 위해 중국 내 일부 지역에서는 이들의 인권 보장 및 사회권 행사를 위한 제도 도입을 위해 노력하는 것으로 보고되고 있다. 그 예로, 미얀마와 근접한 운남성 국경 지역의 지방 정부는 미얀마 출신 외국인 신부와 중국인 남성 간의 결혼을 법적으로 인정하기 위해 영주권과 유사한 'Blue card'를 발급하는 제도 마련을 위해 노력하고 있는 것으로 보고되고 있다(Marc R. Rosenblum, 2010). Blue card 소지자는 해당 지역 공공 보건 및 복지서비스 이용이 가능하며 지역 내 거주자로 등록된다는 이점을 가지고 있으나, 아직까지 이들에 대한 Blue card 발급권은 확정되지 않은 상황이다.

2. 일본의 사회통합정책

1) 일본의 다문화사회 형성 배경

1868년 메이지 유신을 기점으로 세계자본주의 경제로 편입한 일본은 국가의 필요에 따라 서구 자본주의 국가로부터 노동자를 수용했다. 1868년부터 1910년까지 유입된 이주자는 유럽과 북미로부터 이주한 외국인과 중국인으로 구성되어 있었다. 유럽과 북미로부터 이주한 외국인은 메이지 정부가 서양문명을 받아들여 일본의 자본주의 근대화를 촉진시키기 위한 '고용외국인'으로서, 대부분 정부기관, 민간기업, 학교, 숙련직종 등 고임금의 소수 엘리트 상류계층을 형성했다. 반면 중국인은 대부분 3D업종의 저임금·장시간 노동을 담당했으나, 1899년 중국인 유입 금지 조치를 공포하여 중국인 노동자의 유입 중단 정책을 시행했다. 일본은 이 시기부터 외국인 노동시장에서 전문직 노동자는 수용하고 비전문직 노동자의 유입은 금지하는 이중적인 차별과 배제가 정책의 방향이었다. 1910년부터 일본은 제국주의적 성향을 드러내면서 조선을 침략했으며, 조선총독부에 의한 토지조사사업 결과 조선의 몰락한 농민들이 일본의 노동자로 전락하게 되었다. 1931년 만주사변부터 1941년 태평양전쟁까지 일본은 막대한 병력과 군수산업 노동력 부족을 보완하기 위한 노동력 동원법을 시행했다. 1939년 일본은 「조선 노동자 내지 이주에 관한 법」과 「조선인 노무자 모집 및 도항취급 요강」을 통해 조선인 노동자들을 동원하였고, 1940년 「노동자알선요강」을 공포하여 조선인 노동자를 탄광이나 광산으로 강제 연행했다. 일본은 이 시기부터 유럽계와 북미계 '고용외국인'을 우월하게 대접하고, 육체노동을 담당하는 조선인과 중국인 노동자를 차별했다. 1945년 패전 직후 강제 연행되었던 조선인 노동자 70%가 한국으로 귀국했지만, 1950년 한국전쟁의 발발로 인한 정치적·경제적 혼란 등으로 약 60만 명이 일본에 남게 되었다. 1951년 샌프란시스코 강화조약의 발효에 의해 주권을 회복한 일본은 같은 해 「출입국관리령」을 통해 조선인 노동자의 지위를 '외국인'으로 명시하고 일본 내 취업을 제한했다.

패전 후 일본은 1950년대 중반부터 1973년에 이르는 고도성장기 동안 서구 국가들과 달리 외국인 노동력을 유입하지 않고 농촌지역을 비롯한 저임금 노동력을 활용하여 경제 부국으로 성장할 수 있었다. 1980년대 일본은 엔화 강세와 노동력 부족으로 외국인 노동자를 유입하기 시작했다. 재일한국인이 대부분 과거 일제강점기에 강제 연행되었다면, 1980년대의 재일 외국인 노동자는 중동의 산유국들이 노동력 수입을 중지함으로써 일본으로의 유입을 촉진시킨 경제적 유인에 따른 자발적인 이주라 할 수 있다. 일본의 외국인 이주자 유입 시기는 제2차 세계대전 종전 이전부터 일본에 살고 있는 조선인과 그 자손들, 중국화교 등으로 이루어진 일본 제국주의 식민지 시대의 이민자(OldComer)와 일본계 브라질인 및 일본계 페루인이 유입된 1980년대 중반 이후의 이민자(NewComer)로 구분된다. 이 두 시기에 많은 외국인 이주자가 유입되면서 오사카와 나고야 등 간사이 지역을 중심으로 다문화사회가 형성되었다(양기호, 2009).

2) 일본 사회통합정책의 특성

일본의 중앙정부는 외국인의 수가 증가하면서 각 지역에서 외국인 수용정책에 관한 중앙부처 설치를 요구받고 있지만, 외국인 수용에 대해 여전히 소극적인 자세로 대응하고 있다. 일본은 공식적인 이민은 허용하지 않고 있으며, 이주 유형에 따라 차별적 포섭과 배제라는 방식에 초점이 맞추어져 있었다(송석원, 2010). 최근 일본 중앙정부 차원의 이주민 사회통합정책은 국적이나 민족이 다른 사람들이 지역사회의 구성원으로서 더불어 살아가는 다문화공생 지역의 필요성을 절감하게 되면서 추진되었다. 일본 총무성은 '다문화공생정책'이 의제로 채택된 2005년 6월 '다문화공생 추진에 관한 연구회'를 설립했다. 이 연구회에서 지역에서의 다문화공생 추진에 대한 검토를 진행하여 2006년 3월 '다문화공생 추진에 관한 연구회 보고서, 즉 지역의 다문화공생 추진 플랜'을 수립했다(남경희, 2014).

다문화공생정책은 외국인 주민에게 지역주민으로서 위치를 부여하고자 하는 관점을 취한다. 즉, 외국인을 지역사회의 구성원으로 단순히 지원 대상으로 보는 것이 아니라, 지역사회의 주체로 보는 관점이다. 다문화공생이란 "국적이나 민족이 서로 다른 사람들 간에 상호문화적 차이를 인정하고 대등한 관계를 구축하면서 지역사회의 구성원으로서 함께 살아가는 것"으로 정의한다. 일본에서 다문화공생에 대한 인식은 1990년 「출입국관리 및 난민인정법」, 즉 「입관법」이 개정되면서 성립되었다. 1995년의 한신 대지진 당시에 시민단체가 재해 약자로서의 외국인 지원을 통해 다문화공생 움직임이 일어나면서 본격화되었다. 일본의 다문화공생정책은 외국인 주민을 대상으로 한다. 외국인 주민은 3분류로 나뉘는데, 첫째는 외국인 배우자와의 결혼으로 태어난 혼혈인으로 중국 귀국자와 일본계 브라질인 집단이다. 둘째는 외국인이었지만 일본국적을 취득하여 일본인이 된 귀화인이다. 셋째는 일본 국민이었다가 세계대전 패망 후 외국국적을 갖게 된 재일한국인 · 조선인 영주민이다(한승준, 2009).

일본의 총무성 산하 일본자치국제화협회(CLAIR)는 1980년대부터 지방정부의 '내향적 국제화'를 포함한 다문화정책을 적극적으로 지원하고 있다. 지방정부의 내향적 국제화란 외국인 이주자와 정주민 간, 그리고 외국인 이주자 간에 상이한 의견을 조정하여 합의된 정책을 제안함으로써 '대립'에서 '참여'로, '시민'에서 '주민'으로, '동화'에서 '공존'으로 나아갈 수 있다는 것을 의미한다. 총무성의 지방정부 다문화공생의 추진 시책안과 내용은 다음과 같다(양기호, 2009). 첫째, 외국인 주민의 적응을 돕기 위한 커뮤니케이션 지원이다. 각 지방자치단체는 외국인 주민에게 다양한 언어와 미디어를 이용하여 행정서비스나 생활정보를 제공하며, 외국인 조직 및 NPO 등과 연계를 도모한다. 둘째, 지역에서 생활하는 외국인 주민을 위한 다섯 가지 필요내용 제공이다. 거주지원, 교육지원, 취학준비 과정, 입학 이후 학교에서의 생활, 상급학교 진로 및 취업지원이다. 셋째, 다문화공생사회를 만들기 위한 거점으로 학교 · 도서관 · 공민관 등이 지역과 함께 학부모과 교직원, 그리고 지역주민을 대상으로 한 활동을 실시한다. 이러한 활동으로 외국인 주민의 모국문화를 소개하는 이벤트를 개최하여 지역주민이 상호 교류하는 기회, 특히 외국인 주민의 자조조직 및 네트워크 지원, 외국인

주민의 의견을 행정시책에 반영하여 지역의 실정에 맞도록 구축한다. 넷째, 다문화공생 추진체제 정비 분야로, 각 주체의 역할분담과 연계협동과 지방자치단체의 체계정비로 구성한다. 이를 위해 지방정부는 다문화공생 추진을 담당하는 부서를 설치하여 다문화공생 지침과 계획 책정 등을 추진한다. 또한 국제교류협회, 시민단체 간 네트워크 체제를 만들고, 지방정부와 민간단체가 연계하여 외국인 주민 문제를 해결할 책임을 지적하고 있다.

일본의 사회통합정책으로서 다문화공생정책은 중앙정부가 지방정부의 역할을 강조하는 것으로, 외국인 이주민을 분류하여 지원하기보다는 다양한 분야에서 외국인을 지역주민으로서 동일한 권리를 부여하여 행정서비스를 제공한다는 점이 특징이다. 일본 중앙정부는 지역의 다양성을 반영하여 지방정부가 주체적으로 다문화공생정책을 이끌어 나가도록 제도적 틀을 제시하고 있다. 이러한 관점에서 일본의 다문화 공생정책은 지방정부 차원에서 아래로부터의 의견전달과 중앙정부 차원에서 위로부터의 정책방향을 제시하고 있다(최병두, 2010).

3) 일본의 사회통합 사례

일본은 서구 국가들과 달리 세계대전 이후 엄격한 출입국관리와 체류자격 제한으로 외국인의 이주가 쉽지 않아 대량의 국제이주를 경험하지 않았다. 그러나 1980년대 이후 아시아 권내 이주가 증가하기 시작하여 1990년대에 접어들면서 그 증가폭이 확대되고 있다. 이러한 이주자를 대상으로 출입국관리정책, 이주노동자정책, 통합정책의 하부 영역으로 구성하여 이주자정책을 시행하고 있다(이지영, 2012). 일본에서 타문화에 적응하고자 하는 외국인을 지원하는 지역사회활동은 지역에 따라 편차가 있다. 그 가운데 외국인 지원을 행정적 차원에서 적극적으로 수행하고자 하는 곳은 가나가와현 가와사키시다. 가와사키시는 외국인도 시민이며, 외국인 시책이 인권우선 시책의 하나라는 생각이 전제되어 있다.

첫째, 가와사키시는 외국인을 위한 서비스 시스템을 변경, 외국인이 자국어로

서비스를 받을 수 있도록 했다. 물론 일본에서도 외국인 수의 증가에 따라 미미하지만 외국인의 생활 상담을 해주는 공공기관이 증가하는 추세이다. 또한 NGO, 외국인 지원그룹 등에서 의료나 법률, 체류자격 등의 문제에 대해 다언어로 지원하는 곳이 늘어나고 있다. 반면 가와사키시는 더 적극적인 자세로 외국인을 상담해야 하는 상담창구나 기관에서는 이중언어 구사가 가능한 직원을 채용했다.

둘째는 일본어 교육 프로그램의 확충이다. 일본인과 결혼한 외국인 여성은 가족과의 의사소통이나 자녀양육, 지역사회와의 관계에서 일본어 능력의 부족을 절실히 느끼게 된다. 외국인 가족의 경우에는 모국어만 사용하는 부모와 일본학교에 다니는 자녀 간에 일본어 습득 능력의 차이가 생기고, 그것이 가족 간의 소통문제로 대두된다. 일본어를 충분히 구사하지 않는다는 이유로 부당한 대우를 받고 있는 정주외국인이나 장기체제노동자 수는 상당히 많지만, 정신적 · 사회적으로 자립할 힘을 기르기 위해서는 일본어 능력이 매우 중요한 요소이다. 가와사키시는 무료 또는 외국인이 부담 없이 지급할 수 있을 정도의 비용으로 그들의 생활시간이나 노동시간을 고려한 일본어 프로그램을 확대했다.

셋째로 사회보험 및 사회복지서비스 제공이다. 일본에서 운영되는 사회보험제도는 의료 · 연금 · 산재 · 고용 · 개호보험의 다섯 가지가 있다. 일본에 체류하는 모든 외국인은 사회보험에 가입해야 하는데, 그중 개호보험은 2000년 4월에 도입된 제도로 우리나라의 노인장기요양보험에 해당한다. 이 제도는 신체적 · 정신적 장애로 인해 장기간 일상생활에 필요한 기능을 수행할 수 없는 노인 등에게 사회보험의 원리에 따라 보건 · 복지 · 의료서비스를 제공함으로써 대상자의 존엄을 유지하고 능력에 맞는 자립된 생활을 영위하도록 국민의 삶의 질을 향상시키는 것을 목적으로 하고 있다. 외국인의 경우 외국인 등록을 한 적법한 체류자로서 체류기간이 1년 이상이면 적용되며, 불법체류자의 가입은 인정되지 않는다. 1년 미만의 체류허가 기간이라 할지라도 외국인 등록자로서 입국 시에 입국목적이나 입국 후 생활실태 등을 감안하여 1년 이상 체류할 것으로 인정된 자는 가입이 허용된다(엄기욱, 2009). 한편 사회복지서비스 측면에서는 지방자치단체에 따라 외국인은 일본인에 비해 상대적으로 불리한 조건도 있다. 일본은 지방자치단체별로 외국인에 대한 사회복지서비스 제공 정도에 편차가 크기 때문이다. 그러나 가와사키시의 경우 외국인 영주자에 대한 적극적인 정책을 실시하고 있다(엄기욱, 2009). 이와 같은 배경은 이 지역에서 제2차 세계대전이 끝난 후부터 재일한국 · 조선인의 거주가 많아지면서 자신들의 역량강화 활동을 적극적으로 수행한 결과다.

넷째는 서비스기관 · 조직에 의한 외국인 지원이다. 일본에서는 외국인을 위한 지원시스템을 구축하는 데 조직 수준에서 연계할 필요성이 대두되고 있다. 예를 들어, 개인적으로 외국인을 지원하는 활동가가 지원자그룹이나 일본어교실 등의 지원과 연계하여 외국인을 접촉하더라도 만약 그 활동가가 어떤 기구에 전속되어버리면, 그 아동상담소의 외국인 지원 자체가 중단될 수 있다. 이와 같은 현상을 방지하기 위해 개인이 다른 곳으로 가더라도 지원을 지속할 수 있는 안전장치의 마련을 모색하고 있다. 행정부문에서도 전담 부서를 중심으로 하지만, 다른 부서와의 협력과 정보교류를 통해 타 부서의 이해와 의식을 고양하는 시스템을 조직화하고 있다.

마지막으로 시민과 외국인 대상의 타문화 이해 강좌 개최다. 일본에서는 지역의 공민관 · 공민관 등 다문화공생에 관한 여러 가지 업무가 공공기관에서 기획되고 있는데, 이는 시민의식의 고양이 가장 주된 목적이다. 만약 외국 여성이 일본인 남성과 결혼할 경우 일본적인 가치관이나 자녀 양육관을 가질 것을 기대하는데, 이러한 이유로 일본인 가족과 마찰이나 갈등이 발생할 것을 예방하여 외국인 아내나 며느리를 맞이한 가족의 이해를 추구하는 강좌나 교류회가 늘어나고 있다. 또한 외국인에게 일본의 문화와 가치관을 이해시키기 위한 기회도 제공한다. 이때 무엇보다 중요한 것은 상호 간의 이해가 전제되어야 한다는 점이다. 따라서 일방적으로 일본으로의 동화에 초점을 두는 것이 아니라 외국인 당사자도 함께 참가하여 기획할 수 있도록 한다. 또한 강좌는 문화적 측면뿐만 아니라 행정 · 의료 · 법률 서비스 등 일본사회 시스템을 이해하고 외국인의 지역사회생활을 도와줄 수 있는 정보제공원으로서 매우 중요한 역할을 한다.

3. 베트남의 사회통합정책

1) 베트남의 다문화사회 형성 배경

베트남은 건국 시기부터 다언어·다민족으로 구성된 다문화국가다. 현재 베트남은 모두 54개 민족으로 구성되어 있는데, 낀족(Kinh ethnic group)은 주류민족으로 베트남 인구의 86%를 차지하며, 나머지 14%는 소수민족이다. 인구수가 많은 타이족(Thai), 따이족(Tay), 눙족(Nung), 몽족(Mong), 야오족(Yao), 므엉족(Muong : 북부 산악지역) 등은 규모가 큰 소수민족이다. 베트남의 54개 민족 중에서 화족은 주로 중국 남부 지역에서 베트남으로 유입된 유일한 '비원주(非原住)' 민족이다. 화족은 기원전 3세기부터 베트남으로 유입되었으며, 지리적 특성으로 인해 다른 민족과 달리 중국과의 내전으로 인해 유입된 민족이다(융티탄프엉 외, 2019).

외국인들은 16, 17세기에 서양에서 동남아를 다녀간 선교사, 탐험가들이 기록한 자료들을 바탕으로 동남아 지역의 잠재력에 관심을 가지기 시작하면서 유입되었다. 이렇게 찾아온 서양인의 수가 지속적으로 증가했으며, 이들은 베트남에서 종교적인 활동은 물론, 무역과 관련된 활동을 했다. 공식적인 기록에 의하면 최초의 서양인 선교사가 베트남에 온 것은 1533년으로 기록되어 있다. 그 이후 오랫동안 서양 선교사들은 베트남 남부와 북부에서 활동했다(Nguyen Thi My Hanh, 2012). 상업을 주목적으로 들어온 사람들은 주로 네덜란드, 영국, 프랑스 상인들이 많았으며, 베트남에서 상업 활동을 하며 활발한 무역을 했다.

20세기 들어와서 프랑스·미국과 전쟁을 치르면서 베트남 사회에 변화가 있었다. 1945년 '8월 혁명'이 성공하면서 응웬 왕조의 마지막 왕인 바오다이(Bao Dai) 왕이 강제로 퇴위되고, 프랑스군이 철수한 후 '베트남민주공화국'이 들어섰다. 그러나 1946년 베트남은 프랑스와 2차 전쟁을 했고, 이후 1954년부터 1975년까지는 미국과 전쟁을 치렀다. 1975년 남-북이 통일되고 식민주의와 제국주의에서 완전히 해방된 베트남은 베트남공산당의 인도하에 '베트남사회주의공화국'을 세웠다. 오랜 전쟁 이후 경제적 위기에서 벗어나지 못한 베트남 정부는 1986년 '도이머이' 정책을 시행했다. 도이머이(Doi moi)는 '바꾸다'라는 뜻을 지닌 '도이(Doi)'와 '새롭다'라는 뜻을 가진 '머이(moi)'의 합성어다. 이는 완벽한 시장경제의 원리를 따르는 것이 아닌 공산주의 안에서 자본주의를 접목하는 방식이다. 이 정책은 기업의 성장을 장려하고 외국자본의 유입을 허락함으로써 베트남의 경제가 성장하는 데 큰 역할을 했다. 사회주의국가 체제로 운영되던 베트남은 도이머이 정책 시행 이후 나라를 개방하여 세계의 여러 국가와 무역 및 교류를 시작했다. 이 시기에 민족, 문화, 종교적 이질성을 지닌 외국인이 결혼, 노동, 사업, 유학 등 다양한 목적으로 베트남에 유입되면서 다문화사회가 형성되었다.

2) 베트남 사회통합정책의 특성

(1) 법제화를 통한 소수민족정책과 사회통합정책

베트남의 사회통합정책은 주로 소수민족에 관한 정책이다. 베트남에서 소수민족에 관한 문제는 계급, 산악지역, 경계선, 국가 치안, 영토주권, 농업, 농민, 농촌 등 다양한 문제와 밀접한 관계가 있으므로 베트남 정부는 소수민족에 관한 정책을 중요시했다. 특히 베트남 정부는 민족과 관련된 문제에 많은 관심을 가지고, '하나의 베트남 민족'이라는 슬로건 아래 다양한 언어와 문화적 배경을 가진 민족들과의 공존을 모색하며 소수민족 정책을 실시했다(융티탄프엉 외, 2019). 1946년 베트남 최초 헌법의 제2장에서는 "베트남은 주권을 가지는 독립된 국가이며, 분열할 수 없는 통일된 영토로 국민은 조국을 보호하고 지킬 권리와 의무를 가진다"라는 내용을 제시한 후 사회적 통합을 위해 모든 민족의 평등을 보장하고, 차별과 분리를 배제하는 내용이 포함되어 있다. 이러한 내용은 1959년과 1992년의 헌법에 명시되어 있다. 특히 2013년 개정된 베트남 「헌법」 제2장 제5조에서는 다음과 같이 규정하고 있다.

> 베트남사회주의공화국은 베트남 영토에서 살고 있는 민족들의 통일된 국가다. 모든 민족은 평등하고 단결하며 서로 존중과 협조를 함으로써 함께 발전하며, 차별 및 분열의 행위는 금지된다. 국가의 언어는 베트남어이며, 각 민족은 자신의 말과 문자를 사용하고 민족의 문화를 유지 · 발휘할 권리를 가진다. 국가는 소수민족의 잠재력을 발휘할 수 있도록 전체적인 조건을 마련해 준다.

제42조에서는 "국민은 자신의 민족을 확립하며 모어 및 의사소통을 위한 언어를 선택할 권리를 가진다"라고 규정하고 있고, 제3장에서는 "국가는 산촌지역과 경제사회적 조건이 어려운 지역을 우선적으로 발전시킨다"라고 규정하고 있다. 다민족 국가인 베트남은 사회통합을 위해 헌법에서 모든 민족의 평등을 보장하고 차별과 분리를 배제하고 있다. 베트남 정부는 헌법에 따라 각 민족이 가지고 있는 고유한 언어와 문자의 사용, 아름다운 전통과 풍습에 대한 권리를 보장하고 있으며, 소수민족의 문화다양성 요소로 언어와 문자 사용, 전통, 풍습, 관습을 제시하고 있다(레기영짱, 2016).

(2) 소수민족과 사회통합을 위한 정책적 기본 원칙

베트남 정부는 소수민족에 관한 정책을 시행할 때 다음과 같은 기본 원칙을 기반으로 하고 있다. 첫째, 차별과 편견을 없애며 '각 민족 간의 평등성'을 기본 원칙으로 삼는다. 둘째, 단결이 나라의 가장 커다란 힘이라고 생각하며 다양한 민족으로 구성된 나라를 유지 및 발전시키는 데는 반드시 '각 민족 간의 단결'이 이루어져야 한다고 주장한다. 셋째, 각 민족 간의 단결과 같이 베트남 정부는 '서로를 위한 협조로 함께 발전하기'라는 정신으로 나라를 이끌어 가고자 한다 (Lam Ba Nam, 2010). 이 같은 기본 원칙은 베트남 정책에 중요한 요소로 작용하고 있다. 또한 소수민족에 관한 베트남의 정책은 경제 · 사회복지 · 교육 · 정치 · 문화 권리, 그리고 자유로운 종교 권리 등 여섯 가지 측면에서 다루고 있다 (Nguyen Thi Song Ha, 2016).

(3) 소수민족의 교육지원을 통한 사회통합

베트남 정부는 소수민족의 인권 및 권리를 바탕으로 소수민족의 교육정책을 실시하고 있다. 첫째는 소수민족 학생들의 학비를 지원하거나 경감해 주고 있다. 가난한 소수민족 학생들에게 기숙사비 등 학비 전액을 면제하여 많은 학생이 교육받을 수 있도록 지원한다. 둘째는 소수민족 학생의 교육기회를 제공하기 위해 가난한 지역이나 벽지지역의 소수민족을 위한 교육시스템을 향상하는 정책을 마련했다. 소수민족 언어를 제2언어로 가르치는 등 소수민족 언어로 된 교과서를 제공하며, 다양한 소수민족 학생들의 교육을 담당할 현지인 교사를 양성한다. 셋째는 일반학교에서 소수민족 언어를 가르칠 수 있도록 소수민족 학생을 위한 교육조건을 향상시키기 위해 노력했다. 넷째는 소수민족의 학습결손을 최소화하기 위해 유아 때부터 언어 등 학습을 지원하고 초등학교와 중등학교에서는 하절기 프로그램을 운영하여 지원하는 정책을 실시했다. 이처럼 베트남 정부는 소수민족의 학습결손은 물론 우수한 인재를 양성하기 위해 다양한 정책을 시행하고 있다.

3) 베트남의 사회통합 사례

베트남의 공용어는 주류민족인 낀족어(Tieng Viet)이며, 이는 베트남 교육시스템에서 주로 사용되는 언어이자 공용어다. 실제로 베트남에서는 대부분 소수민족 학생들이 베트남어로 교육과정을 수행하고 있으며, 이는 베트남 소수민족 교육의 하나의 단점이라 할 수 있다. 즉, 수많은 소수민족 학생이 학교에서 언어에 대한 어려움을 겪고 있는 것이다. 그러다 보니 많은 소수민족 학생들은 학령기 초기 단계에서 한정적인 베트남어 실력을 가지고 있거나 베트남어를 전혀 모르는 수준이다. 이에 베트남 정부는 소수민족 학생들의 교육수준을 향상시키기 위해 제도적인 지원이나 경제적인 지원 이외에 언어적 측면에서 다양한 지원 프로그램을 운영하고 있다(응티탄프엉 외, 2019).

베트남 교육부는 2006년부터 베트남 UNICEF와 협조하여 소수민족 학생들의 모어를 기반으로 이중언어교육을 실시하고 있다. 교육방법은 소수민족 학생들의 모국어를 주된 교육언어로 사용하고 베트남어를 제2언어로 교육하는 것이다. 구체적으로 유치원 및 초등학교 1, 2학년 학생들에게는 이들의 모국어로 수업을 진행하고 베트남어를 제2언어로 교육시키는 것이다. 이렇게 초등학교 3학년부터는 전환 단계로 학생들의 모국어와 베트남어를 병행하여 교육을 진행한다. 이렇게 교육함으로써 초등학교의 마지막 학년인 5학년 학생들은 모어와 베트남어를 모두 능통하게 구사할 수 있으며, 이로써 이들이 국가의 표준교육과정을 따라갈 수 있도록 하는 것이 베트남 교육부의 목표다. 베트남 정부는 모어를 기반으로 소수민족의 이중언어교육을 실시하고 있으며, 다양한 소수민족어 교육이 이루어질 수 있도록 노력하고 있다.

소수민족 학생들의 베트남어 실력 향상을 위해 베트남 정부는 '2016~2020년도 소수민족 유치원 및 초등학생을 위한 베트남어 향상 사업'을 추진했다. 이 사업의 목표는 소수민족 아동들에게 연령에 적절한 베트남어 실력을 갖추어 유치원과 초등학교 과정을 완성하며, 더 높은 교육과정의 지식도 수월하게 얻을 수 있도록 전제를 만드는 것이다. 이를 통해 소수민족 학생들의 삶의 질을 향상시키며 나라의 발전에 기여한다. 이러한 목표를 달성하기 위해 베트남 정부는 이 사업에 대한 홍보를 강화하여 지방자치단체, 교육 관리자, 교직원, 지역사회 주민, 학부모의 관심을 이끌어 내고 공동 협조가 이루어지도록 했다. 또한 사업을 위해 학습자료 마련 및 교사 양성, 그리고 이 사업을 정규교육과정에 추가했다. 그뿐만 아니라, 베트남 정부는 성공적인 사업추진을 위해 사업을 사회화하고 국제협력을 강화할 것을 주장했다. 이 사업은 베트남 전국의 각 지역 지방자치단체에서 구체적인 지침서를 통해 적극적으로 실시되었다.

참고문헌

김성화(2004). 中國 南部地域 開發을 위한 投資關聯 法制의 硏究. 경기대학교 대학원 박사학위논문.

김영순 외(2019). **다문화 생활세계와 사회통합연구**. 북코리아.

남경희(2014). 일본의 다문화공생 추진과 거점으로서 지역 및 학교. **한국초등교육, 25**(4).

남종호(2004). 동아시아 : 중국공산당의 집정(執政)분석. **국제지역정보, 137**(-).

레기영짱(2016). 상호문화주의 관점에서 본 베트남의 문화다양성교육에 대한 연구. 인하대학교 대학원 석사학위논문.

박해육 · 윤영근(2016). 지방자치단체의 이주민 통합정책. 한국지방행정연구원.

송석원(2010). 특집 : 각국의 외국인 참정권 : 일본에서의 이주민 통합과 참정권. **민족연구, 0**(42).

서운석(2010). 한국중국베트남의 다문화 사회 인식 비교 분석 : 인종 다양성에 대한 인식을 중심으로. **다문화사회연구, 3**(1), 31-64.

양기호(2009). 일본의 다문화 거버넌스와 한국에의 함의. **다문화사회연구, 2**(1).

엄기욱(2009). 일본 거주 외국인 영주자의 사회복지 수급권에 관한 연구. **保健社會硏究, 29**(1).

왕시영(2016). 중국 민족구역자치제도에 관한 연구. 전남대학교 대학원 석사학위논문.

융티탄프엉 · 황해영(2019). 베트남 소수민족 교육 현황과 사례분석 : 짤라이(Gia Lai)성 소수민족 교육을 중심으로. **학습자중심교과교육연구, 19**(17).

응우옌 반 히에우(2012). 베트남의 소수 민족 언어 정책에 관한 주요 이론적 쟁점들. **새국어생활, 22**(1), 173-193.

이지영(2012). 일본의 이주자정책이 여성이주에 미치는 영향 : 출입국관리정책, 이주노동자정책, 통합정책을 중심으로. **國際政治論叢, 52**(2).

전경옥 외(2013). **다문화사회한국의 사회통합**. 이담북스.

제 명(2015). 중국 소수민족정책 실태와 발전방향에 관한 연구. 전북대학교 일반대학원 석사학위논문.

최무현 · 김경희 · 박홍순(2011). 다문화사회정책 거버넌스 현황과 미래지향적 발전방향. 한국여성정책연구원.

최병두(2010). 일본 "다문화공생" 정책과 지역사회의 지원 활동 : (2) 지역사회 다문화공생 거버넌스-오사카와 히로시마의 사례를 중심으로. **국토지리학회지, 44**(2).

______(2018). **초국적 이주와 환대의 지리학**. 푸른길.

한승준(2009). 지자체 다문화정책 추진체계 구축방안에 관한 연구. **한국사회와 행정연구, 20**(2).

황정미(2009). 이주민의 사회통합을 위한 지역사회 참여현황과 참여증진. 한국여성정책연구.

Chapter

08

다문화사회와 거버넌스의 상관관계

1. 거버넌스의 정의와 개념
2. 다문화사회의 거버넌스 유형
3. 지역사회 거버넌스의 필요성

Chapter 08 다문화사회와 거버넌스의 상관관계

1. 거버넌스의 정의와 개념

1) 거버넌스의 정의

거버넌스(governance)는 정부, 기업, 비정부기구 등 공동의 관심사를 위해 다양한 주체가 네트워크를 구축하여 문제를 해결하는 국정운영 방식이다. 유엔개발 계획은 "거버넌스란 한 국가의 여러 업무를 관리하기 위하여 정치, 경제 및 행정적 권한을 행사하는 것을 뜻한다. 거버넌스는 또한 시민들과 여러 집단이 자신들의 이해관계를 밝히고 그들의 권리를 행사하며, 자신들의 의무를 다하고, 그들 간의 견해 차이를 조정할 수 있는 복잡한 기구와 과정 등의 제도로서 구성된다"라고 정의했다.

세계화의 가속화로 중앙정부의 역할은 감소하고, 지방정부의 권한이 강화되었다. 이러한 토대 위에 거버넌스는 국정운영에 소외되고 있었던 시민사회를 참여시킴으로써, 기업 · 시민 · 지역사회 조직의 역할을 증대시켰다. 중앙정부에서 정부, 기업, 시민단체의 거버넌스 3자축이 형성되고 있다(Gates, 1996 : 3). 세계화 과정에서 사회 내 다양한 세력들의 국정 참여는 행정에서 하나의 새로운 특징이 되었으며 여기서 비정부조직(nongovernmental organizations)의 역할이 가장 두드러진 특징이 되었다(Knight, 1989). 정부와 기업 모두 각자의 목표를 달성하기 위해 상호의존적이 되며 조직의 효과와 효율을 위해 네트워크 방식의 협력체계를 요구하고 있다. 민간과 공공의 이분법적으로 나누던 경계 구분이 모호해지고 대신 상호적 의존성이 필요해지고 있다. 이미 영국, 미국, 일본 등 선진국들은 새로운 문화행정 관리체계의 구축을 위해 정부, 기업, 시민의 관계 정립을 새롭게 추진하고 있다.

2) 거버넌스 개념의 구체적인 적용을 통한 다양한 해석

(1) 거버넌스 개념의 구체적인 적용-국가와의 관계를 중심으로 구분

피에르와 피터스(J. Pierre & B. G. Peters)가 연구한 결과에 따르면 광의적 의미로의 거버넌스는 정부가 정책을 수립-집행할 수 있는 능력, 즉 사회를 컨트롤하는 능력이라고 보고, 보다 전통적인 정부의 조정능력과 관계되는 의미로 사용된다(이소영, 2019). 그들은 기존의 거버넌스와 신거버넌스를 구분하면서, 과거의 거버넌스는 중앙정부의 하향식 조종, 신거버넌스는 사회와 중앙정부가 어떻게 상호작용하는가에 관한 것이라고 규정하였다. 중앙정부와 사회의 상호작용에 있어서는 네트워크에 자율적인 조종기능이 있는지가 중요하다고 보았다. 자발적으로 조직화된 네트워크는 정책의 집행을 방해하여 정부의 조종능력에 부정적 영향을 미칠 수도, 혹은 정책을 집행하는 데 협력하여 효율성을 끌어올릴 수도 있다고 보았기 때문이다.

또한 국가의 중심적 역할을 상정하는 또 다른 시각에서 볼 때 미시적인 의미로 규정된 거버넌스는 정부가 민간부문의 행위자를 참여시켜서 정부 효율성을 제고하고 공공 지출 삭감을 추진하는 신공공관리이론 또는 신자유주의 이념에 영향을 받은 정책노선의 성격이 강하다. 즉, 거버넌스는 정부가 주도하고 스스로가 의도적으로 공공부문을 축소하는 정책을 추진하면서 민간부문이나 제3섹터 부문의 자원을 동원한 결과로 나타난 현상이라는 것이다.

세계은행은 이러한 개도국의 경제적인 발전을 위해서는 정부의 조종능력 강화와 시민사회의 참여 촉진이 동시에 필요하며, 우수하고 효율적인 정부를 상정하는 바람직한 거버넌스(good governance)가 필요하다고 보았다.

(2) 탈국가적 시각에서 공공과 사적 영역의 중간에 존재하는 행위자를 강조하는 거버넌스의 개념

거버넌스는 협의의 의미에서 국가나 시장과 구별되는 시민사회 내에 존재하는 자율적, 자발적인 조정양식이라고 정의한다. 광의의 의미에서는 국가로부터의 상당한 자율성을 가진 게임의 규칙, 상호의존을 기반한 조직 간의 네트워크, 자체조직화, 자원의 교환을 의미한다고 정의한다. 나아가 '정부에서 거버넌스로(from government to governance)'의 이행, 또는 '국가의 공동화(hollowing out of the state)'를 주장한다.

(3) 거버넌스 개념을 네트워크와 연관시켜서 보는 일반적인 경향

거버넌스는 정치－정책 과정에서 정부, 시장, 시민 부문의 자율적 행위자들이 상호의존적으로 공통의 목표를 달성하기 위해 협력하는 네트워크로 규정된다. 오늘날 다수 국가에서 민간 경영원리 공공부문 적용, 분권화 등 개혁이 광범위하게 추진되면서 중앙정부 기능은 하위정부로 분산되고, 초국가적 조직에도 이양되고 있으며, 시민사회단체의 공공서비스 제공에 대한 관여가 증가 일로에 있다. 거버넌스는 이러한 상황에서 자율성을 기반으로 조직된 집단 간의 네트워크를 어떻게 조정할 것인가가 핵심 문제라고 보았다. 그러나 협의의 거버넌스는 네트워크로 한정된 개념으로 이해되지만, 넓은 의미로는 시장, 위계, 네트워크 등 공공정책 과정과 연결된 모든 종류의 유도(guidance) 장치 또는 통치 구조를 포함하는 것으로 본다.

(4) 추상적인 과정–절차의 의미가 강조되는 거버넌스의 개념

스토우커(Stoker)는 신자유주의 정책의 지지자들에 의해 거버넌스가 이용되는 것을 경고하면서, 거버넌스 이론은 국가영역 축소나 민영화 같은 특정 정책보다 공공의 선을 추구하는 규칙이 고안되고 실행되는 과정에 관한 것이어야 한다고 주장하였다. 하이든(Hyden)은 권력을 행사하는 규칙을 결정하고, 그러한 규칙과 연관된 갈등을 해소하는 방법이 거버넌스라고 정의하였다. 마지막으로 피니(Finney)는 거버넌스를 광범위하게 제도주의적 관점으로 정의하면서 규칙의 제정과 적용, 그리고 집행을 의미한다고 보았다.

3) 다문화정책 거버넌스

다문화정책 거버넌스와 관련하여서는 뉴만(Newman, 2001)의 거버넌스 유형 분류를 통해 접근해 볼 수 있다. 그는 '혁신과 변화와 지속성과 질서'와 '집권화와 분권화의 정도'의 기준에 따라 거버넌스를 네 가지 유형으로 분류한다.

첫째, 계층제(hierarchical) 유형이다. 이 유형은 전통적 거버넌스 유형으로 관료제적 계층제를 통해 정책의 집행 및 결정과정을 통제한다. 그렇기에 규정과 법률이 엄격하고, 수직적 통합과 집권화가 강조되며, 질서와 지속성이 강조된다. 둘째, 합리적 목표(rational goal) 유형이다. 이 거버넌스 유형은 혁신과 변화를 추구한다. 단기적 산출의 극대화를 추구하며, 처벌과 인센티브를 통한 보상이 이루어진다. 셋째, 개방체제(open system) 유형이다. 이 유형은 차별화와 분권화의 네트워크 형태 속에서 변화와 혁신을 추구한다. 네트워크 거버넌스 형태의 속성을 지니고, 반복작용과 상호작용이 발생하여 권력은 분산된다. 넷째, 자치 거버넌스(self-governance) 유형이다. 이 유형은 차별화와 분권화의 네트워크 형태 속에서 질서와 지속성이 강조된다. 또한 장기적인 관점에서 지속적 관계구축을 지향하며, 시민사회 역할을 강조하는 것에 비중을 둔다.

다문화정책은 정책의 정책추진에 있어서 질서와 지속성이 점차적으로 강조되는 추세이며, 추진 주체는 지역의 인구 특성을 반영하는 차별적 · 분권적 성격을 지닌다.

2. 다문화사회의 거버넌스 유형

1) 다문화사회의 거버넌스

(1) 사회변화와 거버넌스의 필요성

오늘날 공공정책의 수립-집행에 있어서 정부 영역의 축소, 정부-사회의 관계 변화와 비영리-시민단체의 역할 증대는 공공정책의 다수 분야에서 관찰되는 현상이다. 그중에서도 이민자 지원 서비스, 이민자 사회통합정책, 다문화정책 분야에는 이러한 추세가 자연스럽게 나타났다. 거버넌스의 확산이라는 흐름과 다문화사회 현상이라는 또 다른 사회-경제 구조적인 변화가 만나게 되면서 이 정책 분야의 거버넌스 체제의 형성이 부각되었다.

제2차 세계대전 이후 서구 선진국들, 또 1980년대 이후 일본, 한국 등 산업화된 국가들은 경제정책적 고려에 의해 대규모로 이주노동자를 유치하였다. 이들은 지역사회에 정착하여 점차 정주화하고, 가족 합류 등을 통해 사실상 또는 합법적인 이민자가 되었다. 그 결과 각국에서는 이민자의 사회통합이 중요한 과제로 대두되었고, 이민자에 대한 공공서비스 수요가 급증하였다. 이에 대해 대부분 국가가 공통적으로 이민자 사회통합에 정책적으로 개입하였으나, 국가에 따라 격차가 크고 대부분 중앙정부의 역할이 불충분하며 이민자 사회통합 서비스 제공은 지방자치제에 상당한 부담으로 작용하였다. 전반적으로 행정당국은 재정난 등으로 예산과 인력 부족에 직면하고 있으며, 서비스의 수요와 공급 격차를 메우기 위해 비영리단체가 자율적으로 또는 행정당국이 비영리단체와 협력을 통해 이민자의 사회통합을 위한 서비스 제공에 활로를 모색하게 되었다. 이민자 사회통합정책의 집행과 서비스 제공은 시민사회의 활동이 가장 활발한 영역이 되었으며, 이것은 다수 국가에서 나타나는 보편적인 추세로, 국가, 시장, 제3섹터를 포함하는 다층적 거버넌스의 전형적 분야가 되었다(김의영, 2005).

(2) 다문화사회에 대처한 다양한 형태의 다문화 거버넌스

캐나다와 같은 전통적 이민국가뿐 아니라, 비교적 근래에 이주노동자나 이민자가 급증한 국가에서는 이민자 사회통합에 있어서 비영리-제3섹터의 단체들이 중요한 역할을 수행하고 있다. 이러한 상황은 이탈리아, 한국, 스페인, 일본 등의 사례를 비교 연구한 연구에서도 지적되고 있다.

① 일본의 다문화 거버넌스

1980년대 후반부터 급증한 외국인 노동자에 대한 일본 중앙정부의 외국인 정책은 정주억제와 단순노동자 불허라는 정책을 기조로 한다. 외국인은 노동력의 공급원이지만 동시에 잠재적인 불법체류자로 통제와 관리의 대상이 된다. 외국인 주민이 늘어날수록 이들에 대한 중앙정부의 강화된 통제와 외국인을 주민으로서 직접 대응하고 서비스를 제공해야 하는 지방자치단체의 입장이 현저히 대비되었다. 2000년대 초까지 중앙정부가 외국인 이주자의 사회적 요구에 무관심하였고, 포괄적인 이민정책을 수립-집행하기보다는 관련 부처가 각자의 관할 영역에서 대응하는 분절적인 양상을 보였으며, 거주 외국인에 대한 행정서비스나 사회통합에 대해서는 그 책임을 회피하였다(이유진, 2010). 한편 지방자치법에 의하면 지방자치단체는 주민의 안전, 건강 및 복지를 보호할 의무가 있다. 따라서 지방자치단체는 중앙정부 정책의 사각지대에 있는 사회적 약자인 외국인 노동자에게 지역주민으로서 서비스를 제공해야 한다. 일부 지방자치제는 이미 과거부터 재일한국인 문제로 외국인 주민에 대한 대응에 상당한 경험을 가지고 있었기 때문에 뉴커머 외국인들에 대해서도 상대적으로 진전된 시책이 가능하였다.

반면에 비영리-시민단체는 일본의 외국인 노동자에 대한 지원이나 이민자에 대한 사회통합 서비스 제공의 중요한 역할을 담당하였다. 특히 중앙정부는 물론, 지방자치단체가 제공하는 서비스에서도 배제된 외국인 이주자들을 지원하는 역할은 시민단체에 부과되었다. 예를 들어, 비자 초과

체류자, 불법체류자 등과 같이 법적 지위가 주어지지 않은 이주 외국인에 대해서는 시민단체의 활동이 더욱 긴요하였다. 단체들은 이주노동자에 언어교육, 각종 상담 등 필요한 서비스를 제공하고, 고용주의 횡포나 차별로부터 이들을 보호하고, 고용주가 이주노동자에 적용되는 법규를 준수하는지 감시한다든가, 외국인의 권익신장을 위해 당국에 로비하는 등 그 속성상 행정당국이 대응하기 어렵거나 할 수 없는 사항에 대해 다양한 활동을 벌였다.

각 부문의 네트워크 형성과 정책도 변화하고 있다. 외국인을 주민으로서 직접 접하고 있는 지방자치단체나 지역의 비영리-시민단체, 관변단체 등 다양한 주체들은 이민자들의 지역사회통합을 위해 대책을 강구하고 서비스를 제공하면서 네트워크를 형성하였다. 1990년대를 거치면서 이들 네트워크 내에서는 단순히 외국인을 순환 노동자로서 취급하는 외국인정책의 프레임에서 벗어나서 그들을 공동체의 동등한 일원으로 받아들여 공존하여야 한다는 다문화공생의 담론이 형성되었다. 시민, 비영리단체, 지방자치단체 등 다문화공생사회 만들기 담당자들의 거버넌스 체제에 의한 대응이 중요하다고 인식하게 되었다. 이민자의 통합과 관련해서 문제발견 능력과 문제처리 기술이 부족한 경향이 있는 지방자치단체, 조직력이나 자원조달 능력이 결여된 비영리단체, 실제로 지역사회에 있어서의 문제에 직면하고 있는 시민, 외국인 주민들이 포함된 거버넌스 체제 구축이 주요과제로 지적되었다. 한편 외국인 이주자의 증가로 인해 발생되는 문제들을 지방자치단체의 노력만으로 대처하기는 한계가 있었다. 따라서 지방자치단체와 시민단체, 연구자들이 외국인 이주자 문제에 대해 중앙정부 차원의 대응을 요구하게 되었다. 이러한 움직임이 상향적으로 반영되어, 일본의 지방자치를 관할하는 총무성은 2005~2006년 전국 지방자치단체에 '다문화공생 추진계획'을 책정하여 각 지방자치단체에 통지하였다. 이것은 이전에 이민자의 사회통합에 대해 포괄적인 정책적 대응을 하지 않던 중앙정부가 그 필요성을 인정하고 외국인 노동력에 대한 통제 위주에서 다문화공생이라는 프레임을 제한적으로나마 중앙정부의 시책으로 채택한 데 의의가 있다(양기호, 2009). 이로써 일본에서는 중앙정부, 지방자치단체, 비영리-제3섹터 단체, 내외국 주민을 포괄하는 다문화사회의 거버넌스 체제가 형성되었다고 볼 수 있다.

② 캐나다의 다문화 거버넌스

일본과는 대조적인 국가의 사례로서 캐나다는 전통적인 이민국가이면서 중앙정부 주도의 이민자 정착 및 사회통합정책이 광범위하게 시행되어 온 나라이다. 연방정부 이민성은 이민정책 및 이민자 통합정책 전반에 대한 방향을 설정하고 연간 수억 달러의 막대한 예산을 이민자 정착-사회통합 프로그램에 투입한다. 주정부는 각 주의 특성을 고려한 정착지원 서비스를 설정하고 연방의 예산을 활용하여 사회통합정책을 집행한다. 각 지역의 현장에서 이민자들에게 사회통합 프로그램과 서비스를 직접 제공하는 것은 거의 전적으로 공동체에 기반을 둔 비정부·비영리 시민단체의 네트워크이다. 이민자들과 접촉하는 이들 단체가 이민자들의 요구와 서비스 수요, 문제점 등을 파악하여 전문성을 갖추고, 서비스와 프로그램을 이민자 개개인에게 제공하고 있다. 연방, 주, 지방정부는 이들에게 예산을 지원하고, 정책방향에 따라 지원하고 감시·통제하는 역할을 하고 있다. 이러한 거버넌스 체제는 효율성·효과성이 높고, 정부의 비대화를 방지하며, 이민자 친화적이고, 서비스를 이용자의 요구에 민감하게 대응할 수 있는 이점이 있다고 평가된다.

캐나다 이민성이 최근 지역기반 이민자 정착 파트너십(LIPs : Local Immigration Partnerships)이라는 명칭으로 추진하고 있는 정착 프로그램의 핵심은 공동체와의 연계(community connection)이다. 그 근저에는 공동체 수준에서의 계획과 지역 특성이 반영된 대응이 중요하다는 인식이 있다. 연방, 주, 지방정부의 협력을 바탕으로 하는, 다양한 이해당사자들(multiple stakeholders) 사이의 지역 기반을 둔 협력, 여러 수준(multi-level)에서 이루어지는 협력적 거버넌스가 강조되고 있다(전경옥 외, 2010). 또 캐나다는 정부와 시민단체, 비영리단체의 협력적 체제하에 비영리 부문의 역량 제고를 위해 지속적으로 노력해 오고 있다. 한편 근래에는 신자유주의의 영향으로 시장의 요소가 추가되면서 민간기업이 국가정책의 실행기관으로 부상하거나, 시민단체 간, 또는 시민단체와 기업이 경쟁하거나 협력하는 관계도 형성되고 있어 국가-시민단체-기업 3자 간 거버넌스로 재구조화되는 경향도 관찰되고 있다.

③ 국가별 다문화 거버넌스의 차별성

사회, 경제, 정책적 구조와 요인으로 인해 이민자 정착-사회통합 분야는 다수국가에서 거버넌스 체제 형성의 전형적 사례이다. 각국별로 이 분야의 거버넌스의 형성 과정을 보면 상이한 패턴이 관찰된다. 일본은 중앙정부나 행정당국이 다문화사회의 사회통합이라는 정책의제에 대체로 무관심한 가운데, 지역의 비정부 행위자들이 자율적으로 조직화하고 활동하면서 그들의 움직임이 행정당국의 대응을 이끌어 낸 상향적인 형태를 띠었다. 한국은 행정당국과 비영리-비정부 행위자들 사이의 긴밀한 상호연계가 적극 추진됨으로써 중앙정부의 확실한 정책결정과 주도적인 거버넌스 체제의 구축이라는 하향적인 특징이 두드러졌다. 캐나다의 경우는 다문화주의를 표방하는 연방정부의 체계적인 이민자 사회통합정책 및 프로그램과 지역공동체의 여러 비정부 주체들의 활발한 활동이 유기적으로 연계된 패턴이다.

2) 다문화사회에 대처하는 거버넌스의 유형

(1) 거버넌스 유형의 분류

거버넌스 체제에 있어서 국가와 사회, 정부와 제3섹터-비영리 부문 간의 관계는 주도적인 행위자가 누구인가, 상호 관계의 의존성이나 독자성이 어떤 양상을 보이는가, 서로 어떤 역할을 담당하는가 등에 따라 다양하게 형성된다. 그

형태에 대해서는 다양한 유형화가 가능할 것이다. 일례로 기드론(Gidron) 등은 공공서비스 제공에 있어서 정부와 제3섹터와의 관계에 관해 정부 주도, 제3섹터 주도, 이중(dual), 협력(collaborative)의 4개 모델을 제시하였다. 첫째, 정부 주도 모델은 정부가 재정조달과 서비스 제공에서 주도적인 역할을 하는 것이다. 둘째, 제3섹터 주도 모델은 시민단체가 재정조달과 서비스 제공에서 중심적인 역할을 한다. 셋째, 이중모델은 정부와 비영리 부문이 모두 재정조달과 서비스 제공에 관여하지만, 각각 별개의 영역에서 활동하며, 정부와 제3섹터가 재정과 서비스 제공에 자율성을 가지고 존재한다. 이중모델은 다시 2개의 보충모델과, 보완모델이라는 하위모델로 제시된다. 보충모델(supplementary submodel)은 비영리단체가 정부와 동일한 서비스를 정부가 미치지 못하는 고객에게 제공하는 것이고, 보완모델(complementary submodel)은 비영리단체가 정부에서 제공하지 못하는 서비스를 제공하는 것이다. 마지막으로 협력모델은 정부와 제3섹터가 별개로 활동하지 않고 협력하는 유형으로, 전형적으로 정부가 재정을 지원하고 비영리단체가 서비스를 제공하는 경우가 이에 해당한다. 협력모델도 협력자-공급자모델과 협력자-파트너십모델, 2개의 하위모델이 있다. 협력자-공급자 모델(collaborator-vender submodel)은 비영리단체가 단순히 정부 프로그램 집행에 있어서 대리인의 역할을 하는 경우이며, 비영리단체에게는 재량권이나 협상력은 거의 없다. 협력자-파트너십 모델(collaborative-partnership submodel)은 제3섹터 단체가 프로그램 운영이나, 정책 집행-입안에 상당한 재량권을 가지는 경우이다.

(2) 거버넌스 유형의 사례 : 일본

거버넌스 체제의 형태를 몇 가지의 모델로서 유형화하는 것도 가능하지만, 미시적으로 살펴보면 간결한 모델로서 포착하기 어려운 보다 다양한 형태의 정부-제3섹터 관계설정의 사례를 관찰할 수 있다. 일본의 다문화공생 거버넌스 영역을 보면 행정당국과 비영리단체와의 관계, 비영리단체의 역할과 속성, 서비스 제공 주체 등에 따라 다양한 관계의 유형이 나타난다. 그 사례는 다음과 같다.

첫째, 시민단체가 외국인주민에 대한 공공 서비스를 당국을 대신해서 독자적으로 제공하는 경우다. 대표적으로 비영리법인 다문화공생센터 동경21이 있는데, 이 단체는 행정당국이 외국인 아동의 교육 수요에 대응하지 못하여, 자원봉사자를 통해 일본어 학습, 진학 지원, 각종 상담, 교과학습 등을 제공하였다. 자원봉사자들 중에는 중학교 교사들도 있는데, 이들은 고교 진학으로 어려움을 겪고 있는 외국인 학생을 위해 고교 소개, 내신, 추천제도 설명, 면접, 다언어 자료 배포 서비스를 실시하였다.

둘째, 독자적으로 활동하나 행정당국이나 국제교류협회와 같은 중간적인 단체로부터 지원을 받으면서 활동하는 단체의 경우다. 대표적으로 동경일본어자원봉사 네트워크(TNVN)는 동경 전역에서 일본어 학습 지원, 자원봉사자 양성 등의 활동을 하고 있는 단체다. 이 단체는 공공부문이 충분하게 제공하지 못하는 서비스를 독자적으로 제공하고, 행정당국과 거리를 유지하는 동시에 일정 부분 당국의 지원을 받으면서, 당국의 시책에 의견을 투입하고 있다.

셋째, 행정당국이 특정한 공공사업을 비영리단체에 위탁하는 경우다. 이런 경우는 수의계약이나 공모사업을 통한 위탁으로 전형적인 관주도하에 이루어지는 사례다. 재정과 관련해서 비영리단체는 당국 외 지원금 또는 위탁사업 등에 의존하게 된다. 중앙정부 또는 지방자치단체의 많은 사업은 이 유형에 속한다.

넷째, 행정당국이 특정한 정책 의도나 목적을 가지고 대부분의 재원을 투입해서 비영리단체를 설립하고, 이후 비영리단체가 자체적으로 프로그램을 개발하고 자원봉사자들을 활용하여 자율적인 운영을 하는 경우다. 대표적으로 1989년 무사시노시가 설립한 무사시노시 국제교류협회는 자원봉사자 일본어 학습 시스템을 운영하였다. 국제교류협회는 예산의 8할 이상을 시로부터 받았으나, 시는 사업에 개입하지 않았다. 공적인 서비스를 정부가 직접 제공하지 않고 '외부화'된 국제교류협회라는 형태로 진행했고, 시민 자원봉사자의 자주성을 최대한 존중받았기에 협회 내부에서도 성공적이었다고 평가된다.

다섯째, 사업을 준비하는 단계부터 민간과 공공 부문 쌍방이 거버넌스를 의식하고, 시민단체가 정책의 기획-입안에 참여하여 시작한 '관-민일체' 형태의 사업형태다. 대표적으로 2002년 설립된 다언어사회자원 카나가와(MIC카나가와)를 들 수 있다. 이 단체는 지방자치단체, 현치과의사회, 현의사회, 현병원협회, 현약제사회와의 6자 협정을 통한 협동(거버넌스) 사업의 실행 주체이다. 당국의 참여는 의료기관으로 파견되는 통역봉사자들을 위한 교통비 지원이나 배상책임보험 등을 부담하였다. MIC카나가와는 2003년부터 현의 '카나가와 자원봉사기금 21'의 지원금을 받아, 7개 국어로 16개 병원에서 사업을 실시하였다. 이 단체는 행정당국이 전국 최초로 의료통역 파견에 참여한 사례이다.

여섯째, 시민단체가 공공부문에 앞서 사업을 추진하여, 후에는 사업의 주체가 공공부문으로 이전된 경우다. 대표적으로 비영리법인인 '프론티어 토요하시'를 들 수 있다. 이 법인은 아이치현 토요하시시의 외국인 주민을 위한 의료지원 사업화를 행정당국 보다 앞서 실시하였으며, 그 후 사업의 주체를 행정당국으로 이전하는 데 성공했다.

일곱째, 시민단체가 시민사회의 정책 기획 역량을 제고하고, 행정당국에 정책을 제안하는 역할을 하는 경우다. 대표적으로 '이주노동자와 연대하는 전국네트워크(이주련)'를 들 수 있다. 이 단체는 로비를 활동을 통해 포괄적인 외국인정책을 제언한다. 또한 '일본어포럼 전국네트'도 있다. 이 단체는 일본어 교육지원단체와 전문가로 구성되어 '일본어학습 진흥법' 제정을 제안하였다.

다문화사회 거버넌스 유형은 유동적이다. 동일한 주체라도 수행 방식이 사업에 따라 다를 수 있고, 시간이 경과됨에 따라 행위자들끼리의 관계가 변화하기도 한다. 따라서 거버넌스 네트워크는 특정 유형으로 고정될 수 없다.

3. 지역사회 거버넌스의 필요성

1) 다문화사회 변화와 거버넌스의 필요성

(1) 다문화사회로의 한국의 변화

한국의 다문화인구는 2020년 10월 기준 총 173만 명으로, 총인구에서 차지하는 비율도 약 3.3%로 늘어났다. 1990년대 초부터 외국인 근로자가 국내에 유입되기 시작하고 2000년대 이후 다문화현상이 두드러졌는데, 이는 내국인 남성과 결혼하는 이주여성의 증가에 기인한다. 한국계 중국인을 비롯한 재외동포가 신규 노동력으로 유입되면서 체류외국인이 더욱 증가하여, 최근 20년간 국내 등록된 체류외국인은 무려 20배 이상 증가했을 정도이다. 외국인 근로자, 유학생, 국제결혼이민자 등의 국내 거주인구가 늘어나면서 한국 정부는 많은 관심을 가졌고 이들의 국내정착을 적극적인 자세로 지원해 왔다. 2004년 고용허가제 도입, 2006년 외국인정책위원회 설치, 2007년 행정안전부의 지방자치단체 표준조례안 시행, 2008년 다문화가족지원법 제정 등 다문화정책은 본격화되었다. 중앙정부의 다문화 예산도 지속적으로 늘어나 2009년 1,033억 원, 2012년 2,104억 원으로 해마다 급증하고 있다. 전국적으로도 207개에 달하는 전국다문화가족지원센터 네트워크, 350개가 넘는 시민단체와 종교기관단체가 다문화가정, 외국인 근로자, 유학생을 위한 프로그램과 상담을 하고 있다. 이 모든 것은 압축적으로 성장한 한국의 다문화정책을 보여준다.

(2) 잠재적 갈등에 대한 대처가 필요

한국 정부는 외국인 근로자를 경제성장에 필요한 노동력으로서 도입하였지만, 국내경기의 침체는 자국민의 고용시장이 침해된다는 인식으로 이어지고 있다. 단기간에 중앙정부 주도로 다문화정책이 추진되다 보니, 사회 내 이들을 수용하는 논의와 과정이 부족하여, 자국민의 불만이 높아지기도 한다. 반대로 외국인들에게도 불만이 발견되었는데 그것은 자국 중심의 동화정책에 대한 반발이다. 일부 선진국에서는 이미 겪고 있는 문제로 지역주민들의 의견만을 반영하여 외국인을 배제함으로써 주거지역의 경계나 정신적인 단절이 생겨나기도 했다. 이러한 유럽의 실패가 한국 사회에 던지는 시사점은 중앙정부만이 추진해 온 제도 도입이나 재정지원 중심의 다문화정책에는 한계가 있다는 것이다. 또한 종교갈등도 무시할 수 없는 요인 중 하나다. 한국 사회는 아직 심각한 종교 갈등이 존재하지 않는다. 그러나 2050년에 이르면 체류외국인이 인구의 8%에 달하고, 최근 들어 반(反)다문화 현상이 눈에 띄게 늘어난다는 점에서 안심할 수는 없다.

2) 지역사회와 다문화 거버넌스의 필요성

(1) 지역사회 거버넌스의 필요성

지속가능한 다문화정책의 성공은 지역공동체가 외국인을 받아들이는 데 긍정적인 변화를 시도할 경우에 달려있다. 한국은 유럽의 실패를 반면교사 삼아, 중앙정부 주도의 단기적 성과가 아닌 지방정부와 지역사회가 거버넌스를 구축하면서 외국인과의 공생을 추진해 나갈 필요가 있다. 다문화정책이 갖는 자치거버넌스적 성격은 '네트워크 거버넌스'와 연결된다. 네트워크 거버넌스는 정부, 시장과 뚜렷하게 차별화되는 새로운 사회문제 해결 방식 또는 새로운 사회적 조정 양식(mode of social-coordination)이다(이명석, 2002).

(2) 한국의 다문화정책과 거버넌스 분석

다문화정책의 적용대상은 내국인과 외국인을 포함하는 포괄적 범국민성을 가진다. 이는 실천적 차원에서 다문화정책을 적용해야 하는 정부의 입장에서도 부처의 업무가 광범위하게 연관되어 있다는 것을 의미한다. 또한 지방정부 차원에서 다문화정책은 집행되고 있으며, 민간기관들 역시도 불법체류자 관련 사업과 밀접하게 연계되어 있다. 따라서 다문화정책을 수립하고 추진함에 있어 중앙정부와 지방정부, 민간기관들과의 거버넌스 체계 구축이 중요하다.

때로는 우리나라의 다문화주의의 특성을 '관주도형 다문화주의'로 보는 견해도 있으나(김희정, 2007), 우리나라의 다문화정책 역시 완전한 관주도형이 아닌 국가-시민사회가 상호공조하는 거버넌스 체제로 볼 수 있다(윤인진, 2008 : 87). 왜냐하면 결혼이주여성이나 이주노동자들에 대한 지원은 민간단체가 정부보다 앞서 시작하였기 때문이다. 이러한 다문화정책 거버넌스는 외국인과 관련된 갈등을 해소하고 사회가 통합되는 데 요구되는 제도적, 정치적 환경을 창출하여 열린 다문화사회와 미래 한국 사회의 문화 · 경제 · 외교 인력을 양성하는 데 목적을 둔다.

(3) 한국 사회 다문화 거버넌스를 위한 중앙정부의 역할

다문화 거버넌스를 위해 중앙정부는 다양한 인종이 통합된 사회가 되기 위하여 종합적이고 장기적인 계획과 정책을 수립, 집행하는 역할을 해야 한다. 국가적 의제로서의 다문화정책은 각 부처의 활동에 녹아들 수 있을 만큼 광범위하고 보편적이면서도 직접적으로 관련된 부처 차원에서는 크고 작은 제도 변화가 가능할 수 있는 구체성을 가져야 한다(홍기원, 2007).

중앙정부는 다문화정책에 있어 구체적인 역할이 요구된다. 첫째, 외국인을 수용하는 기본방침을 결정해야 한다. 둘째, 다문화사회로의 이행에 따른 중장기적 대책과 법 · 제도적 기반을 마련해야 한다. 셋째, 중앙정부는 다문화정책에 관련된 지속적인 다문화정책의 평가 및 모니터링, 행정업무 및 관련부처의 시책을 종합 · 조정하는 역할을 해야 한다.

(4) 한국 사회 다문화 거버넌스를 위한 지방정부의 역할

중앙정부와 지방정부는 다문화정책의 주요한 행위자이다. 지방자치단체는 외국인이 거주하는 지역사회에서 행정서비스를 제공하는 주체이기에 매우 중요하다. 지방자치단체는 지역의 원주민과 이주민 사이의 이해관계를 반영하는 다문화정책을 추진하는 역할을 한다. 즉, 지방자치단체는 지역공동체에 밀착된 이주민에 대한 서비스를 제공함으로써, 이주민들의 인권보장은 물론 이들이 지역사회의 주체적 구성원으로 자리매김할 수 있도록 지원한다는 점에서 중앙정부와는 다른 역할을 한다(장미혜, 2008).

외국인이 많이 거주하는 지방자치단체는 일반적으로 네 가지 역할을 가진다. 첫째, 지방자치단체 다문화정책 관련 추진체제 정비의 역할이다. 둘째, 지역에 거주하는 거주민의 실정에 적합한 맞춤형 다문화사업들을 추진하는 역할이다. 셋째, 이주민들이 지역사회에서 구성원으로 주체적으로 자리매김할 수 있도록 지원하는 역할이다. 넷째, 행정기관과 지역주민 간의 협력관계를 구축하는 역할이다.

(5) 한국 사회 다문화 거버넌스를 위한 시민단체의 역할

우리나라는 제한된 출입국 정책을 통해 불법이민이 줄어들지 않는 현실에서 다문화정책 수행에 있어 국가의 역할이 제한적이다. 하지만 시민단체는 보다 포괄적이고 다양한 방식의 접근과 해법의 제시가 가능하다. 이런 점을 고려하여 시민사회는 주변화되고 불이익에 부딪히게 되는 이주민 집단에 대한 지원과 시민들의 자발적 참여를 독려하는 역할을 해야 한다.

3) 다문화사회 변화와 거버넌스의 단계

다문화사회 변화에 따라 거버넌스는 세 가지 단계를 지닌다. 첫째는 진입단계이다. 외국인이 늘어나 사회적으로 이들에 대한 관심을 가지는 단계로, 내국인 사이에는 단일민족국가에 대한 혼란이 발생된다. 진입단계에서 필요한 정책적 대응은 다문화사회로의 이행에 따른 부작용을 최소화하고 사회통합의 기반을 마련하는 데 주안점을 가져야 한다. 그러나 이 시기는 다문화정책에 대한 사회적 합의가 형성되지 않은 시기이기에, 무리하게 거버넌스를 구축하기보다는 경쟁을 통해 서로 간의 역량을 증진시키는 무(無) 거버넌스 전략이 필요하다.

둘째는 전환단계다. 이 시기는 이주민들의 체류기간이 연장됨에 따라 가족이 형성되고 이민 2세가 증가하는 시기다. 이들의 증가는 사회통합정책의 방향과 수준, 이민정책에 대한 활발한 사회적 논의로 이어진다. 정책적으로는 다문화정책이 언어교육에서 다양한 분야로 확대되고, 고용지원이 늘어난다. 이 시기는 다문화정책 개발은 어느 정도 완료된 시점이고, 정책의 팽창으로 부작용도 나타난다. 따라서 이 시기는 사회통합정책과 이민정책에 관한 부처 간 협의·조정, 지방정부의 다문화정책 개발 및 역할정립, 총괄 기구의 설립, 중앙정부의 지방정부 및 민간부문과의 서비스 연계체계 구축 등에 관한 부분적 거버넌스 체계 확립 전략이 필요하다.

마지막으로 셋째는 정착단계다. 이 시기는 이주민 2세들이 사회로 진출하고, 이주민 공동체들이 세력화되는 시기이다. 내국인과 이주민 사이의 예산집행에 대한 갈등이 야기되며, 정부는 사회적·직업적 역량 강화, 소수문화의 보존지원, 주거정책 등으로 다문화정책을 확대한다. 이 시기는 중앙정부 차원의 다문화정책 거버넌스가 어느 정도 완료된 시점이다. 또한 민간 차원과 지방정부 차원에서의 다문화 관련 정책 개발도 이루어진다. 따라서 포괄적인 거버넌스 체계 확립 전략, 즉 초국가, 지역, 국가, 지방, 민간부문 간의 역할 정립과 조정이 요청된다.

참고문헌

김영순 외(2019). **다문화 생활세계와 사회통합연구**. 북코리아.

김의영(2005). 시민사회와 글로벌 거버넌스. **國際政治論叢, 45**(2).

박해욱 · 윤영근(2016). 지방자치단체의 이주민 통합정책. 한국지방행정연구원.

양기호(2009). 일본의 다문화 거버넌스와 한국에의 함의. **다문화사회연구, 2**(1).

이명석(2002). 거버넌스의 개념화 : '사회적 조정'으로서의 거버넌스 Governance as Social Coordination. **韓國行政學報, 36**(4).

이소영(2019). 지역사회보장협의체의 로컬 거버넌스 성과에 대한 영향 요인. **생명연구, 53**, 75-105.

이유진(2010). 일본의 외국인 재류관리 제도와 지원책에 대한 연구-2000년대 후반의 시책과 제도개정을 중심으로-. **日本研究論叢, 31**(-).

장미혜(2008). 다문화사회의 미래와 정책적 대응방안. **젠더리뷰, 10**(-).

전경옥 외(2013). **다문화사회한국의 사회통합**. 이담북스.

전경옥 · 김현숙(2010). 미국 다문화주의를 통해 본 다문화주의 정치 철학의 딜레마와 한국에의 함의. **다문화사회연구, 3**(1).

최무현 · 김경희 · 박홍순(2011). 다문화사회정책 거버넌스 현황과 미래지향적 발전방향. 한국여성정책연구원.

최병두(2018). **초국적 이주와 환대의 지리학**. 푸른길.

홍기원(2007). 다문화사회의 정책과제와 방향 : 문화정책의 역할과 과제. **한국행정학회 학술발표논문집**, 2007(-)

황정미(2009). 이주민의 사회통합을 위한 지역사회 참여현황과 참여증진. 한국여성정책연구.

Chapter

09

사회통합과 지역거버넌스의 연관성

1. 지역거버넌스의 모델
2. 지역거버넌스를 위한 주체별 역할
3. 지역거버넌스 구축 사례

Chapter 09 사회통합과 지역거버넌스의 연관성

1. 지역거버넌스의 모델

1) 한국 다문화정책의 변화

1980년대 초까지만 해도 한국은 적극적으로 노동력을 수출하는 국가였다. 1965년에 설립된 '한국해외개발공사'는 이를 대표적으로 보여주는 국가기관이었다. 1988년 서울올림픽 개최를 계기로 한국은 아시아의 주요한 이주노동력 유입 국가의 위상을 갖게 된다(오경석, 2007). 1991년에 접어들어서는 '해외투자업체연수제도'를 도입하였고, 1993년에는 '산업기술연수생제'로 확대하여 외국인 노동자들을 적극적으로 받아들였다. 산업기술연수생제도는 3D업종의 인력난 해소에는 기여하였지만, 외국인을 '연수생'이라는 편법적인 신분으로 양산함으로써 작업장 이탈과 불법체류로 이어지게 만들었다. 이에 1995년 이후로는 외국인 지원단체들과 고용노동부는 '고용(노동)허가제'로의 변화를 모색했다.

고용허가제 도입의 가시화는 정부로 하여금 이주민정책 전반에 대한 검토를 시작하게 만들었다. 2004년에 와서는 외국인력이 아닌 이주민정책으로 방향을 옮겼고, 특히 '다문화 정책'이라는 이름으로 각종 정책을 실시하였다. 이러한 노력 끝에 2005년 산업연수생제도를 폐지하였고, 2007년 1월부터는 고용허가제로 일원화하게 된다(고혜원, 2004; 이혜경, 2008). 2007년에는 재한외국인처우기본법이 제정으로 이주노동자들의 인권문제를 보완하였고, 2008년에는 다문화가족지원법을 제정함으로써 결혼이민자들과 이들의 자녀들의 정착을 지원하기 시작했다. 2010년부터는 다문화가족지원계획을 토대로 모든 지방자치단체에 다문화가족지원센터를 설립하였고, 고용노동부에서는 외국인근로자지원센터를 만들어 지원하고 있으며, 법무부에서는 외국인들을 위해 사회통합프로그램을 시행하고 있다.

2) 다문화 거버넌스의 필요성

서구의 경우 이주 1세대들에게는 정치적 시민권이, 2세대들에게는 사회경제적 시민권이, 3세대들에게는 문화적 시민권의 문제가 핵심적인 의제가 되는 식의 단계적인 다문화 관련 공론화와 정책화 과정이 진행되었다(Kelly, 2002). 한국의 경우 이민 유출국에서 이민 유입국으로의 압축적인 위상의 변화 과정에서, 서구에서 단계적으로 경험되고 공론화되었던 문제들이 동시다발적으로 나타나고, 혼란스러운 상황이 전개되고 있다(오경석, 2007). 이주민의 증가는 그들의 신분보장 및 인권, 가정폭력, 경제적 문제, 다문화가정 2세 사회적응의 어려움 및 아동의 교육문제 등 다양한 방면의 문제로 나타났다.

다문화사회의 다양한 문제를 해결하기 위해서는 국가나 민간 어느 한쪽으로는 해결할 수 없고 함께 노력해야 한다. 특히 지방자치단체와 지역에서 활동하는 다문화 NGO의 협력을 통해 이주민 거주지역에서 실제적인 해결점이 제시되어야 한다. 그런 관점에서 한국의 다문화정책은 국가나 민간 주도의 다문화정책으로 구분 지을 필요가 없다. 오히려 국가와 시민사회 간의 협업 및 상호 공조, 그리고 정책네트워크 등 거버넌스 측면을 강화해야 한다.

서구에서도 일상적 다문화주의가 대두되면서 다문화주의 정책도 정부 주도에서 거버넌스 형태로 바뀌기 시작했다. 초기에는 중앙정부가 정책적으로 개입하였으나, 예산과 인력 부족으로 인해 민간단체들의 도움을 받기 시작했다. 이민자 사회통합정책의 집행과 서비스 제공은 민간단체의 활동이 가장 활발한 영역이 되었으며, 이것은 국가, 시장, 시민사회를 포함하는 다층적 거버넌스로 발전하게 되었다(김의영, 2005). 행위자의 공평성과 참여가 일상생활에서의 다문화주의와 결부되면서 일상적 다문화주의를 기반으로 한 거버넌스가 다문화정책의 핵심 운영 방법으로 자리잡게 된 것이다. 한국에서는 지방자치제의 부활과 함께 협력적 지역거버넌스의 확립이 중요해졌는데, 이는 지방정부가 복지서비스 공급체계에 그쳤던 전통적인 역할에서 벗어나 지역주민의 생활과 관련된 재화와 서비스 공급을 위하여 NGO, 지역주민 공동체, 기업, 지역 내 소수집단과의 파트너십을 구성하는 역할이 강조되고 있기 때문이다(강휘원, 2007). 지역주민 공동체에 소수집단인 이주근로자, 국제결혼 이주자 등이 유입되면서 기존 주민들과의 사회적 통합이 강조됨에 따라 다문화정책의 원활한 결정과 집행과정을 위해 거버넌스모델을 채택하게 되었다.

3) 지역거버넌스형 다문화정책의 추진

지역거버넌스형 다문화정책은 지역주민과 외국인이 공동으로 생활하는 지역공간에서 다문화사회를 정착시키기 위하여 중앙정부가 법률과 제도, 재정 면에서 지원하고, 지방자치단체, 시민단체, 기업체, 지역 공동체가 다문화 거버넌스를 형성하면서 프로그램과 시책을 실행, 추진함으로써 지속 가능한 장기적 다문화사회를 추구하는 정책 일반으로 정의할 수 있다. 또한 지역거버넌스형 다문화정책은 실제로 이주민이 거주하는 현장과 공간 중시, 시민단체와 지역사회의 주도하에 추진되는 다문화정책, 정책주체 간 지역 내 거버넌스 강조라는 세 가지 개념을 공통적으로 포함한다.

한국의 다문화정책은 균형 잡힌 정책체계가 전국의 각 지역에 필요하다. 중앙정부와 지방자치단체, 지방자치단체와 시민단체, 지역주민과 체류외국인, 외국인 근로자와 국제결혼이민자, 자원봉사단체와 공공기관 간 균형 잡힌 역할분담, 다문화자녀에 대하여 각 지역 · 유형 · 대상별 수요자 입장을 고려한 균질적인 다문화 프로그램과 시책이 필요한 시점에 와 있다. 그리고 정책주체 간의 연계네트워크와 협력체계의 구축 마련으로 앞으로도 지속적으로 탐색되는 정책체계를 찾아가야 할 것이다.

다문화정책에 관련된 여러 주체는 각 주체 간 거버넌스 강화를 위해서 자체적으로 연대를 통한 자기혁신, 역량 강화, 안정적 재정 확보 등이 요구된다. 중앙정부도 다문화사회 확산을 위해 지역현장에서 지원을 충분히 제공해야 한다. 이러한 다문화 네트워크 구축을 통하여 더욱 현실적 상황에 적합한 균형 잡힌 다문화정책을 세워나갈 필요가 있다. 따라서 장기적으로 볼 때에 지역주민과 외국인 간 상호공존형 다문화정책의 대안을 모색해야 하며, 지역거버넌스형 다문화정책으로 전환해야 한다.

2. 지역거버넌스를 위한 주체별 역할

1) 다문화사회정책 거버넌스의 정의와 행위자

다문화사회정책 거버넌스는 "중앙정부, 지방정부, 기업, 대학, 시민단체, 지역주민, 이주민 등이 민관협력의 정책 네트워크를 구성하여 지역이 가지고 있는 다문화사회의 과제와 문제를 해결하는 방식"으로 정의된다(최무현 외, 2011). 이러한 정의를 토대로 앞으로의 다문화정책의 발전 방향은 자율성, 개방성, 상호신뢰와 협력 등 관련 행위자들과 연계한 '거버넌스'가 필요하다.

거버넌스를 분석함에 있어서 우선적으로는 행위자를 식별(identify)할 필요가 있다. 다문화사회정책 행위자에는 중앙정부, 지방자치단체, 시민단체 등이 있다. 중앙정부는 국가적인 차원으로 이주자 관련 정책을 기획하고 결정하는 역할을 한다. 지방자치단체는 지역적인 차원에서 이주민들이 실제적으로 정착하는 것을 지원한다. 시민단체는 다양한 단체들로 구성되며, 기타 행위자로는 이주노동자가 취업하고 있는 기업이나 외국인 유학생이 재학하고 있는 대학교 등의 관련 단체, 그리고 중앙정부의 지원을 받거나 독자적으로 후원활동을 하는 여러 기관들을 포함한다(최병도 · 김영경, 2011). 거버넌스의 대상들은 결혼이민자, 이주노동자, 외국인 전문인력 등 다양한 집단들이 존재한다.

2) 한국 중앙정부의 다문화정책과 역할

정부는 2009년 12월 17일에 다문화가족의 사회통합을 실현하는 것을 목적으로 '다문화가족정책위원회'를 구성하였다. 이 위원회는 다문화가족을 지원하며 정부의 주요 정책 및 기본계획을 심의 · 조정하고 다문화가족의 사회통합을 실현하는 것을 목적으로 한다. 위원회의 위원장은 국무총리로, 기획재정부, 외교부, 교육부, 행정안전부, 법무부, 문화체육관광부, 농림축산식품부, 보건복지부, 고용노동부, 여성가족부 장관 및 국무조정실장이 당연직 위원이다. 위촉직 위원으로는 학계 5명, 시민단체 2명, 언론계 1명이 있다. 위원회를 통해 부처 간 유사 · 중복사업조정과 다문화가족정책 추진 방안을 마련하고 있다. '다문화가족정책위원회'는 '외국인정책위원회'와 연합하여 다문화 · 외국인정책 간 연계를 강화하여 결혼이민자 정보를 공유하여 정책 효율성을 도모하는 데 중점을 두었다.

한국의 다문화정책은 외국인정책과 다문화정책이 제도적 측면에서 부처별 소관으로 구별되어 있다. 즉, 이민 내지 출입국관리 정책과 다문화정책 집행은 각각 법무부와 여성가족부로 이원화되어 있다. 다문화정책은 특정 부처에서 정책을 수립하여 관리하기는 어렵다. 따라서 총괄적으로 정책관리가 이루어질 수 있도록 통합된 규범과 제도적 기반을 마련할 필요가 있다. 현재의 다문화정책은 중앙정부가 주도하는 만큼 새로운 변화를 위해서는 중앙정부의 노력이 필요하다. 중앙정부의 고유역할, 즉 출입국관리 등과 같은 업무영역을 제외하고 외국인 지원과 사회통합은 지방자치단체에 적극적으로 이양해 가야 한다. 반면 예산과 제도에 있어서는 그 기능을 강화할 필요가 있다.

동시에 지방자치단체의 변화도 필요하다. 지방자치단체의 다문화정책의 체계는 잘 정립되어 있지 않고 담당 공무원의 전문성도 결여되어 있다. 이는 다문화정책의 역사가 짧은 데 비해 조직은 점점 늘어나면서 나타나는 현상이다. 지방자치단체의 역할이 더욱 중요한 만큼 중앙정부는 정책모델을 제시하고 교육을 통해 담당자들의 역량을 강화해야 한다.

3) 한국 지방자치단체의 역할과 과제

(1) 다문화가족지원센터

다문화가족을 지원하기 위해 기초 지방자치단체에 다문화가족지원센터를 설치·운영하고 있다. 전국 271개 시·군·구에서 운영되고 있는 다문화가족지원센터는 지역의 다문화가족을 대상으로 한 가족통합교육, 한국어 교육, 자조모임 육성 등의 서비스를 제공하고, 다문화가족의 조기적응과 경제적 자립을 지원하는 것을 기본 운영방향으로 한다. 실제 추진하고 있는 내용을 살펴보면, 기본적으로 다문화가족지원센터는 가족, 인권, 사회통합, 성평등, 상담 등 5개 영역에서 다양한 프로그램을 제공하고 있다. 또한 센터의 주요 사업은 방문교육사업, 자녀 언어발달 지원사업, 결혼이민자 통번역서비스 사업, 이중언어 가족환경 조성사업 등이다. 생애주기별 맞춤형 서비스의 제공도 다문화가족지원센터가 중심이 되어 추진하는 사업이다.

(2) 각 지방자치단체별 특화 프로그램 운영 및 지원

기초 지방자치단체는 중앙정부의 사업 외에도 자체적으로 특화된 다문화가족지원사업을 개발해 운영하고 있다. 대표적인 사업으로 다문화자녀 정서지원 사업, 결혼이민자 모국방문사업이 있다. 지방자치단체 정책들은 다문화가족을 위한 정책이 가장 활발히 추진되고 있으며, 심지어 가구 방문에 의한 사업도 포함되어 있어 다문화가족에 대한 정책의 관심도를 엿볼 수 있다. 이러한 노력은 근본적으로 증가하고 있는 다문화가족이 지역사회에 조기 정착하고, 이들 가정의 건강한 발달과 성장을 통해 한국 사회의 미래를 위한 인재가 되기를 기대하기 때문이다.

(3) 지방자치단체 역할의 향후 과제

지방자치단체는 전국적인 표준 업무와 부서가 설치되어 있지 않고, 지방자치단체 고유사무와 담당부서가 지정되어 있지 않다. 다문화예산의 대부분은 다문화가정, 즉 국제결혼이민자와 다문화자녀를 대상으로 집행되는 등 가정복지나 청소년복지의 업무 일부로서만 다루어지고 있다. 따라서 현재의 부서 외에 전국 지방자치단체 어디서나 담당부서와 업무가 균질하게 배치될 수 있도록 법령이 개정되어야 한다. 다행히도 지난 2011년 12월 국회에서 다문화가족지원법이 개정되어 지원업무 기구와 공무원을 지방자치단체에 배치할 수 있게 되었다. 앞으로도 지방자치단체의 보다 적극적인 대응이 기대된다. 또한 지방자치단체는 시민단체와의 협력을 증진해야 한다. 앞으로의 다문화정책은 중앙정부가 지방정부들을 중심으로 자리잡게 될 것이다. 세계적인 추세도 외국인 사회통합에 지방자치단체가 중심에 서 있다. 중앙정부는 엄격한 출입국관리에 집중하고, 지방자치단체는 탄력적인 정책으로 체류외국인을 포용한다. 이는 도시가 사회경제적으로 발전함에 있어 외국인이 차지하는 비중이 높아지고 있기 때문이다.

그런 차원에서 지방자치단체는 다문화정책의 역량을 향상시키는 것이 중요함에도 중앙정부의 정책지침을 수동적으로 따라가는 차원에만 머물고 있어, 지역의 과제에 대응력이 떨어지고 지역 내의 시민단체와 기업 등의 인프라 동원도 부족한 상황이다. 특별히 다문화가정 지원 프로그램은 아직 전문성이 확보되지 못하고 있다. 앞으로 지방자치단체가 다문화가정의 수요실태를 먼저 파악하여 필요한 콘텐츠를 제공해야 한다. 또한 지역주민의 자원봉사를 통하여 학습과정에 지역주민과 다문화가정의 공동 참가를 유도해야 한다. 지역사회에 뿌리내릴 수 있도록 다문화 상생에 초점을 맞추어 가야 할 것이다.

지방자치단체는 지역주민과의 활발한 소통구조 확립이 필요하다. 민관이 참여하는 '사회적 대화기구'를 설립해야 한다. 그런 의미에서 안산, 천안, 수원에서 추진하는 민관협의체의 운영은 중요한 시도이다. 이러한 대화기구를 통해 공공기관과 시민단체, 그리고 원주민과 외국인 대표가 동등하게 참여하여 다문화정책에 대해서 주도적으로 결정할 수 있도록 해야 한다. 비록 현실적으로 사회적 대화 기구가 법적 기구까지 발전하기는 어렵겠지만, 향후 얼마든지 실제적인 권한을 가진 거버넌스 기구로 만들 수도 있다. 이는 지방자치단체의 꾸준한 노력과 지역사회와의 협력으로 이루어질 수 있는 일이다.

4) 한국 시민단체의 역할

시민단체는 공공기관과 비교해 볼 때 외국인 지원에 있어 장·단점을 동시에 지니고 있다. 우선 공공기관이 공정성, 형평성, 그리고 법률적으로 구속되어 있다면, 시민단체는 비교적 자유롭다. 자유로움을 토대로 지역의 다문화정책 방향에 대한 비판적 제언, 외국인 단체나 미등록 외국인 근로자에 대한 지원 등이 가능하다. 이를 통해 시민단체는 외국인들과 밀접한 네트워크를 보유하고 있으며 이들을 지원하는 노하우도 지니고 있다. 하지만 약점도 동시에 존재하는데, 무엇보다 재원의 부족이 가장 큰 문제이다. 시민단체는 아이디어가 있다 하더라도 재원 소요가 많이 필요한 사업은 추진하기가 어렵다. 또한 경찰서, 출입국관리사무소, 동사무소 등과 같은 공공기관과 비교할 때 행정력이 부족하다. 시민단체의 이러한 장·단점은 곧 행정기관과의 협력관계를 형성해야만 하는 근거가 된다.

시민단체들이 지역 내 거버넌스를 구축하기 위해서는 서로 간의 협력체제 구축도 필요하다. 서로가 중복되는 사업을 지양하고, 지원의 공백 부분에 단체만의 강점을 활용하는 데 집중해야 한다. 시민단체는 전문성 확보가 중요한데, 장기적인 관점에서 전문성을 확보하지 못하면 지방자치단체와 효과적인 파트너십을 구축하기 어려울 것이다. 보다 대승적인 관점에서 지역 내 다른 민간단체와의 협력을 도모해야 한다.

3. 지역거버넌스 구축 사례

1) 일본형 다문화 지역거버넌스

(1) 일본의 올드커머 이주민

한국이 1990년대 이후 유입된 외국인 근로자로 인하여 다문화가 사회적인 이슈가 되었던 것과 다르게, 일본은 강점기부터 한국인, 중국인이 일본에 존재해 있었다. 이들은 올드커머(old comer)로 불리면서 전전부터 지역주민으로서 생활해 왔다. 당시는 중앙정부가 다문화정책이 부재하였기에, 일본 지방자치단체와 시민단체는 외국인들이 동일한 권리를 누릴 수 있도록 추진해 왔다. 지역주민으로서 교육, 복지, 보험, 의료 등 다양한 분야에서의 권리향상 운동이 그것이다.

(2) 중앙정부와 지방정부의 차별성

일본의 중앙정부는 그동안 부정적인 태도를 유지해 왔다. 1960년대 고도 성장기에 외국인 근로자 찬반논란이 있었지만 반대에 부딪혔고, 현재까지 적극적인 다문화정책을 검토하고 있지 않다. 그러나 중앙정부의 무관심 속에서도 일본의 지방자치단체와 시민단체의 다문화시책은 매우 돋보이고 있다. 특히 일본 지방자치단체는 외국인들이 행정적인 서비스를 편리하게 사용할 수 있도록 노력하고 있다. 중앙정부는 외국인을 위한 제도와 법률을 수동적으로 운용하는 것에 비해, 일본 지방자치단체는 외국인이 지역주민으로서 일상생활에 보다 적응이 수월할 수 있도록 다양한 시책을 실시하고 있는 것이 특징이다.

(3) 지방정부의 다문화정책 거버넌스

일본 정부의 다문화정책에 여러 문제점이 드러나는 반면, 일본 지방자치단체와 시민단체는 공동거버넌스를 통해 다문화공생을 선도하는 주체가 되고 있다. 다문화공생은 "국적이나 민족이 다른 사람들이 서로 문화적인 차이를 인정하면서 대등한 관계를 구축하여 지역사회 구성원으로서 함께 살아가는 것"으로 정의되고 있다. 일본의 지방자치단체는 교육, 행정, 거주, 취업, 사회보장 등 다문화시책을 다양한 부분을 통해 종합조정하거나, 협의할 수 있는 정기적으로 조직을 구축하고자 노력하고 있으며, 시민단체와의 연계를 형성해 오고 있다.

일본 지방자치단체는 민관협력 형태로 국제교류협회를 대부분 설치하고 있다. 국제교류협회에서 파견한 지방공무원은 시민단체와 함께 다양한 다문화 프로그램을 운영하고 있다. 국제교류협회는 다문화 거버넌스를 구축하는 핵심적 역할을 맡고 있다. 적극적인 다문화시책을 위한 시민단체와의 네트워크 구축, 기초단체 간 정보교환, 다양한 재정지원, 외국인회의 개최를 중심으로 활동하고 있다. 일본은 지방의회 조례가 많지 않지만 거버넌스 구축을 위하여 지방자치단체의 조례에서 다문화시책별로 각각의 역할을 규정하고 종합적인 정책체계 수립을 의무화하고 있다. 각 주체는 지방자치단체, 기업체, 지역주민으로 나누어져 있으며, 지방자치단체는 다문화공생사회 추진을 위한 종합적인 책임과 시책을 맡는다. 기업체는 공공기관의 시책에 협력하여 다문화공생사회를 추진한다. 지역주민은 지역, 학교, 직장, 가정 등 각각의 자리에서 다문화공생사회 추진에 기여한다.

일본은 모범사례를 가지고 있는데 외국인집주도시회의다. 외국인집주도시회의는 다문화시책을 추진하고 중앙정부에 대책을 촉구하기 위한 네트워크다. 이 네트워크는 외국인 비율이 높은 지방자치단체들의 연합체로 각 국제교류협회가 모여서 2001년 하마마쓰시에서 설립되었다. 2012년에 29개 회원도시가 있었으며, 이들 도시의 외국인 가운데 일본계 브라질인이나 중국인, 한국인, 필리핀인이 높은 비중을 차지하고 있다. 외국인집주도시회의는 2001년에 외국인 대책 수립을 요구하는 하마마쓰 선언을 총무성, 법무성, 외무성, 문부과학성, 문화청, 후생노동성, 사회보험청에 제안하였고, 2005년에는 다문화정책 제정을 위한 요망서를 관계성청에 제출하였다. 2007년에는 지역커뮤니티, 외국인아동교육, 외국인취업으로 나누어 연구회를 시작하였으며, 2008년에도 '미노카모 도시선언'을 통해 외국인대책의 입안과 외국인 주민의 일본어 습득 기회 보장, 전담 성청의 설치를 중앙정부에 전달했다.

2) 캐나다 다문화 협력적 거버넌스

(1) 연방정부

캐나다 정부는 캐나다 사회의 근본적 특징으로 인종, 종족, 피부색, 국적, 종교 등의 다양성을 인식하고, 다문화 유산을 보존·강화하기 위해 설계된 다문화주의의 정책과, 캐나다의 정치, 사회, 문화, 경제 생활을 위한 평등한 기회를 위해 노력하고 있다. 캐나다 정부는 신규 이민자의 성공적 지원과 통합을 위해 '성인 언어교육 프로그램(Language Instruction for Newcomers to Canada)', '호스트 프로그램(Host Program)', '이민자 정착과 적응 프로그램(Immigrant Settlement and Adaptation Program)' 등을 주정부 및 비정부기관들과 협력하여 운영하고 있다. 2009년에 이르러서 인적자원부는 '외국 자격에 대한 평가 및 인정을 위한 범캐나다 프레임 워크(A Pan-Canadian Framework for the Assessment and Recognition of Foreign Qualifications)'를 통해 외국인 자격 인증제도를 확장해 가고 있다. 이 제도는 자국 내에서 획득한 교육이나 전문기술을 지닌 이민자들이 캐나다에서 인정받아 신속하게 정착할 수 있도록 돕기 위함이다.

또한 '캐나다 종족문화위원회(CEC : Canadian Ethnocultural Council)'는 1973년에 설립된 단체로 캐나다 전역의 종족문화 그룹을 대표하는 국가자문기구이다. 설립 후 다문화주의 법, 캐나다의 헌법, 고용평등법 등을 통해 다문화주의를 이룩하는 데 큰 역할을 수행하였으며, 다문화사회 기반 사업 및 연구 개발을 담당하고 있다. 이민 관련 행정재판소를 위해 '캐나다 이민과 난민위원회(Immigration and Refugee Board of Canada)'가 설립되었고, 정부가 이민법을 실행하는 과정에서 발생하는 문제를 효율적으로 판결하고 있다.

(2) 주정부 및 지방자치단체

캐나다 헌법 95조는 이민에 관한 관할권을 연방 정부와 지방정부 사이에 공유하도록 명시하고 있다. 1976년 이민법을 개정할 때, 연방정부는 지방과의 협력을 통한 이민정책을 강조했다. 2001년 '이민과 난민 보호법'을 제정하여 통합의 중요한 요소로서 쌍방향 원칙과 함께 연방, 주정부, 지방자치단체, 비정부기관의 파트너십을 이용한 서비스 지원을 명시했다.

주정부는 이민자의 요구에 맞는 사업을 개발하고 지방자치단체의 실행력을 높이기 위한 전략을 모색한다. 일반적으로는 연방정부와 주정부 간의 여러 협정을 통한 사업협력이 이루어지고 있다. 예를 들면, 브리티시컬럼비아와 매니토바

주에서는 뉴커머에 대한 통합 및 정착 서비스 제공에 대한 책임계약을 체결하고 이민자 정착서비스를 제공한다. 한편 토론토, 밴쿠버와 같은 도시는 이민자의 집중으로 지역사회통합에 있어 실질적인 영향력을 행사한다. 지방자치단체는 이민자의 구체적 요구에 대응하여 문화나 보건, 여가, 주택, 정치적 참여 등에 관련된 각 도시만의 사업을 개발하고 추진한다.

연방정부는 지방자치단체와의 직접적인 파트너십 구축을 위해 협력하고 있다. 다문화주의법 실행 연간보고서에는 지역단위에 연방정부가 지원하여 실행된 사업들이 보고되어 있다. 예를 들면, '앨버타 다양성 협회(Central Alberta Diversity Association)'의 인종 차별 제거 관련 사업에 18만 3천 달러를 지원하였고, 토론토 소수인종 청소년 그룹을 포함하여 이들의 리더십 향상과 지역사회참여 사업에 13만 6천 달러를 지원하였다(CIC, 2009).

(3) 비정부 분야

캐나다 정부가 다른 나라와 구분되는 구조적 기능 중 하나는 연방, 주정부, 지방자치단체 등을 통해 마련된 사업의 전달이 비정부 분야를 통해 이민자 및 내국인들에게 제공되어 왔다는 점이다(Mulholland & Biles, 2004). 이에 따라 캐나다의 다문화주의 가치 및 사회통합 가속화를 위한 비정부기관의 역할을 부각하고 있다. 그 결과 민간의 다양한 역할이 정부와의 결속을 근간하여 발전되어 왔다. 이는 이민자 통합을 위한 주요한 요소 중 하나다.

비정부기구에 포함되는 기관은 첫째로 정부로부터 재정을 지원받고 이민자에게 공식 언어 교육, 일자리, 주택, 법률 지원 등 이민자 정착 및 적응에 필요한 제반 사업을 운영하고 있는 서비스 제공 기관(Service Provider Organizations)이다. 이 기관은 사회적 공감대 형성에 기여하고 있는 다문화기관(Multicultural Organizations)이다. 둘째는 다문화 이슈에 기반을 두어 활동하는 사회운동 단체(Issue-Based Organizations)이다. 셋째는 캐나다가 직면하고 있는 다양한 문제에 대응하는 유니버셜 기관(Universal Organizations)이다. 넷째는 이민자 고용 등 경제적 통합 영역에서의 협력적 역할을 수행하는 개인이나 기업(Private Sector)이다. 이처럼 다양한 기능의 비정부기관과 연방 및 주정부의 원활한 파트너십 구축을 통해 다문화주의 사회통합 정책의 안정적 추진은 물론 사업의 효과성을 제고하고 나아가 지역사회 및 이민자통합에 실질적으로 기여하고 있다(CIC, 2009).

참고문헌

고혜원(2004). 외국인 고용허가제 도입 과정. **韓國政策學會報**, 13(5).

김영순 외(2019). **다문화 생활세계와 사회통합연구**. 북코리아.

박해육 · 윤영근(2016). 지방자치단체의 이주민 통합정책. 한국지방행정연구원.

이혜경(2008). 한국 이민정책의 수렴현상. **韓國社會學**, 42(2).

전경옥 외(2013). **다문화사회한국의 사회통합**. 이담북스.

최무현 · 김경희 · 박홍순(2011). 다문화사회정책 거버넌스 현황과 미래지향적 발전방향. 한국여성정책연구원.

최병두(2018). **초국적 이주와 환대의 지리학**. 푸른길.

황정미(2009). 이주민의 사회통합을 위한 지역사회 참여현황과 참여증진. 한국여성정책연구.

Chapter

10

외국 인력의 사회통합과 지역사회 거버넌스

1. 외국 인력의 고용 실태
2. 외국 인력의 지원정책과 사회통합 개념
3. 외국 인력의 지역사회통합 사례

10 Chapter 외국 인력의 사회통합과 지역사회 거버넌스

1. 외국 인력의 고용 실태

1) 국내의 외국 인력 도입 상황

우리나라는 급격하게 출생아 수가 감소하면서 젊은층이 감소하고 노년층의 인구비중이 더욱 높아질 것으로 예측된다. 통계청 장래인구 자료를 분석하면 장기적으로는 인구변화로 인해 경제활동인구가 줄어서 머지않아 청년노동인구가 급격하게 감소하면서 산업별로 노동수급 불균형이 발생할 것으로 예상된다(이철희 외, 2020). 특히 근래에 상대적으로 빠르게 감소하고 있으며 임금수준과 일자리의 질이 양호한 산업에서 청년노동인력이 더 급격하게 감소할 것으로 예상되어 산업경쟁력과 경제성장에 적지 않은 부정적 영향을 미칠 것으로 우려된다(이철희, 2019b). 일반적으로 인구의 고령화가 지속되면 절대적인 노동력 규모가 감소하고 핵심노동력 비중의 하락으로 이어진다. 이는 지속가능한 성장의 중단으로 이어질 가능성이 높다. 인구변화가 갑작스럽게 변화하는 데 있어서 노동인력의 수급 불균형을 해결하는 방법에는 외국 인력 도입이야말로 중요한 단기적 대응책이다. 고령화에 따른 인구변화를 경험하고 있는 나라들은 자연스럽게 노력으로 외국 인력에 대한 정책적 관심으로 이어졌다.

우리나라도 2000년대부터는 늘어나는 외국인과, 그들이 들어오면서 발생되는 경제 · 사회적 파급효과에 대한 논의가 시작되었다. 그럼에도 이들에 대한 필요성에는 공감하면서 중장기적인 안목으로 외국 인력을 어떻게 수용하고 활용할지에 대한 정책적 · 학문적 합의는 아직 이루어지지 않고 있다. 우리나라의 경우 외국 인력 노동시장을 전문과 비전문인력의 양분된 체제로 운영했는데, 이는 다양해지고 있는 현재의 외국 인력수요를 제대로 반영하지 못한다. 외국인과 관련된 정확하고 심층적인 통계자료가 부족하여 이들의 유입이 경제성장과 노동시장에 미치는 영향에 대해 제대로 파악이 이루어지지 않는 상황이다. 또한 이들이 어떤 산업과 직종에 배분되어 있는지 충분히 조사되고 있지 못하다. 이러한 문제와 관련되어 장기적인 관점으로 효율적인 외국 인력충원 시스템을 구축하는 것이 중요한 과제이다.

2) 국내 외국 인력 제도의 전개 과정

국내의 저숙련 외국 인력 제도가 시행된 것을 학자들은 1993년 시행된 산업연수생제도의 도입부터라고 지적한다. 산업연수생제 도입 이후의 외국 인력 제도의 전개 과정은 네 단계로 구분할 수 있다(이규용 외, 2012).

(1) 외국 인력 정책의 도입기(1993~2000. 4)

1980년대 후반에 들어와 3D업종에 대한 기피현상이 가속화되면서 정부는 외국 인력을 근로자가 아닌 산업연수생 신분으로 받아들여 활용하는 정책을 시행하였다. 이 시기에 국내 노동시장은 외국 인력 활용 경험이 부족하여 외국 인력 활용 과정에서 송출비리 문제, 불법체류자의 만연, 사업장 내에서의 갈등 등이 다양하게 발생된 시기다.

(2) 외국 인력 활용을 둘러싼 갈등의 확대(2000. 4.~2004. 8)

노동현장에서는 외국인 노동력에 대한 수요가 증가하였으나, 연수생이라는 특성상 영세 중소기업까지 연수생 도입 쿼터를 확대하지 못하여 당시 불법체류자 비율은 80%에 달했다. 이를 해결하기 위해 근로자 신분인 연수취업제로 전환하여 취업과 연수를 결합하고자 하였으나, 외국 인력 관리의 효율화와 외국인력 도입 과정의 투명성은 취업과 연수를 결합한 형태로는 해결될 수 없었다.

그럼에도 이 기간 중에는 국적동포의 취업 욕구를 충족시키기 위하여 방문동거 체류자격을 부여하여 '서비스분야 취업관리제'(2002. 12)로 2년간 저숙련 분야의 동포취업의 문이 열리게 되었다.

(3) 고용허가제의 도입 및 정착기(2004. 8.~2007. 3)

이 시기는 고용허가제와 기존의 산업연수생제도의 병행기(~2006)이자 통합시기다. 고용허가제가 시행되면서 취업관리제는 '특례고용허가제'라는 이름으로 고용허가제에 통합되었다. 2007년부터는 국내에 호적 · 친족이 있는 외국국적 동포만이 아닌 자국에 연고가 없는 외국국적 동포도 취업할 수 있는 방문취업제를 도입하였다. 이에 따라 고용허가제는 일반 외국인이 대상인 '일반고용허가제'와 외국국적 동포가 대상인 '특례고용허가제'로 이루지게 되었다. 두 개의 이원화된 형태를 갖추긴 했지만, 실제적으로는 저숙련 외국 인력 제도가 정착한 시기였다.

(4) 고용허가제 발전기, 외국 인력의 권익 신장(2007. 3.~현재)

제도 정착을 기반으로 고용허가제는 외국 인력 도입 및 운용과 연관하여 제도적 개선이 이루어졌다. 고용허가제가 2011년 UN 공공행정대상을 수상한 점에서도 확인되듯이 제도 운영이 성공적으로 진행되어 여타 국가들에게 모범사례로 정착되었다. 현재 우리나라의 외국 인력 제도는 외국 인력에 대한 관리의 효율화(management) 및 통제(control) 시기를 지나 통합(integration)을 지향해 가고 있다. 이러한 제도의 변화와 개선 과정을 통해 고용허가제는 외국 인력의 권인을 신장시켰고, 외국 인력 유입제도로서의 틀로 자리잡게 되었다. 고용허가제는 외국인들에게 합법적으로 취업할 수 있는 길을 열어주었고, 이들은 내국인과 동등하게 근로기준법, 산업안전보건법, 최저임금법 등 노동관계법의 적용을 받게 되었다. 또한 외국인 근로자를 고용하는 사업주는 「외국인 근로자의 고용 등에 관한 법률」 제22조에 의거하여 부당하게 차별할 수 없게 되었으며, 외국인 노동자는 노동 3권 등 기본적인 권익을 보장받는다. 만약 사업주가 부당해고, 근로계약 위반 등 부당한 처분을 한다면 노동위원회 및 근로감독, 국가인권위원회 등을 통한 권리구제가 가능하다(박미화, 2020).

3) 제도의 변화와 외국 인력의 추이, 고용실태

(1) 고용허가제의 확대

고용허가제는 당초 3년의 범위 내에서 외국인 근로자를 고용하도록 하였으나 2010년 7월 4일부터는 근로계약기간을 체류기간 내(3년)에서 자율적으로 결정하고, 재고용 시 출국요건(1개월 이상) 없이 5년까지 재고용하도록 하여 5년의 범위 내에서 고용하도록 하였다. 2012년에는 성실 근로자 취업 재입국제도를 도입하여 일정요건을 충족하는 근로자가 재입국 후 고용허가를 신청하면 출국 3개월 후에 재입국하여 취업활동을 할 수 있는 제도를 신설하였다. 이에 따라 요건을 충족할 경우 외국인 근로자는 4년 10개월 근무를 마친 후 3개월을 거쳐 최대 4년 10개월 동안 다시 한국에서의 취업이 가능하다. 이러한 조치는 숙련도가 높은 인력을 활용한다는 취지를 가지고 도입되었으나 외국 인력의 정주화 가능성을 높였다는 점에서 또 다른 과제로 대두되고 있다.

(2) 방문취업제도의 변화

보통 동포들이 방문취업자격으로 입국하면 5년의 체류기간이 만료된 후 중국 등으로 돌아가야 했다. 하지만 2009년 3월부터 1차 산업과 제조업 등 인력난을 겪고 있는 업종에서는 동포들이 4년 이상 장기 근속하였어도 재외동포 자격변경을 허용하기 시작했다. 체류기간이 만료되기 전에 재외동포 체류자격으로 변경하면 한국에 계속 거주할 수 있도록 한 것이다. 2010년 4월에는 방문취업자격 동포에 대해서도 재외동포 자격부여지침을 정비하여 재외동포(F-4) 비자로 전환할 수 있도록 하였다.

기존의 1차 산업 및 제조업에 장기 근속한 경우 이외에 다음의 경우에도 F-4 체류자격의 취득이 가능하다. 첫째는 기능사 자격을 획득한 경우다. 둘째는 국내 노동시장에서 만 63세 이상 고령자는 단순노무종사자로 간주할 수 없는 경우다. 셋째는 간병인, 가사도우미 등 내국인의 대체 가능성이 없는 경우다. 넷째는 방문취업비자(H-2) 취득 2년간 200일 이상 해외거주자가 그 대상이다(이규용, 2012).

(3) 외국 인력의 추이와 실태

고용허가제와 방문취업제 등 외국 인력제도가 정착되면서 외국 인력의 도입 규모도 확대되었다. 법무부에서 발간하는 출입국·외국인정책 통계자료를 통해 외국 인력의 범주와 개념의 파악이 가능하다. 외국 인력의 개념은 취업비자로 입국한 외국인으로 파악하는 방법이 있고, 취업활동에 종사하고 있는 체류 외국인을 통해 파악하는 방법이 있다(이규용 외, 2010). 비전문취업비자로 입국하여 체류하고 있는 외국 인력은 2019년 말 기준으로 520,680명이고 전문인력은 46,581명이다(표 10-1).

〈표 10-1〉 주요 체류 자격별 체류 외국인의 변화

(단위 : 명)

구분	총 체류자	유학생	전문인력	비전문인력	결혼이민자
2015년	1,899,519	96,357	48,607	576,522	151,608
2016년	2,049,441	115,927	48,334	549,449	152,374
2017년	2,180,498	135,087	47,404	534,076	155,457
2018년	2,367,607	160,671	46,851	548,140	159,206
2019년	2,524,656	180,131	46,581	520,680	166,025

출처 : 법무부 출입국·외국인정책본부. 출입국·외국인정책 통계연보. 각 연도.

2019년 12월 말 기준 체류자격별 외국국적 동포 현황을 보면 방문취업(H-2) 자격 223,513명, 재외동포(F-4) 자격 464,152명, 거주(F-2) 자격 10,959명의 순이다. 이상의 내용은 외국 인력 규모를 비자유형별로 파악한 것이지만 실제 노동시장에서는 이보다 많은 외국 인력이 취업활동에 종사하고 있는 것으로 추정된다. 이는 비취업비자로 입국하여 취업활동에 종사하고 있거나 유학생, 국적 미취득 결혼이민자, 영주권자, 재외동포 중 상당수가 취업활동에 종사하고 있기 때문이다. 외국 인력 유입에 대한 제도의 변화와, 노동력으로 유입된 외국 인력의 확장적 추이는 이제 정주화 대상이 아니라도 외국 인력이 사회통합정책의 중요한 대상이라는 것을 의미한다. 즉, 전통적인 이주자의 사회통합정책의 관점에서 볼 때도 외국 인력에 대한 사회통합정책의 필요성이 제기되고 있는 것이다.

2. 외국 인력의 지원정책과 사회통합 개념

1) 외국인 근로자 고용 현황

국내 노동시장은 이미 외국인 근로자가 각종 산업 분야의 노동수요에 상당히 중요한 부분을 감당하고 있다. 또한 앞으로도 여러 분야의 산업에서 필요로 하는 대상이다(김종세, 2021). 2020년 통계청의 '2020년 이민자체류실태 및 고용조사 결과'에 따르면 외국인 취업자는 84만 8,000명으로 2020년 통계청의 '2020년 12월 및 연간 고용동향'에 따른 취업자 수 2,690만 4,000명의 3.1%에 해당한다. 산업별로는 제조업(44.6%)이 가장 많았으며 도소매 · 음식 · 숙박업(19.4%), 사업 · 개인 · 공공서비스(16.8%), 건설업(10.1%)의 순이었다. 사업체 종사자 규모로 보면 10~29명(28.2%)이 가장 많았으며, 4명 이하(22.8%), 5~9명(18.2%), 50~299명(17.7%)이었다. 지역별로 보면 경기(38.1%)가 가장 많았으며, 서울(17.5%), 대전 · 충남 · 충북 · 세종(12.2%), 부산 · 울산 · 경남(10.8%)의 순이었다. 동일 직장 근속 기간은 3년 이상(31.3%), 1~2년 미만(24.4%), 6개월~1년 미만(14.8%), 6개월 미만(14.8%)의 순이었다. 특히 동일 직장 근속 기간 조사에서 6개월 미만(-23.5%), 6개월~1년 미만(-15.7%)이 큰 폭으로 감소했으나, 2~3년 미만(5.7%), 3년 이상(6.6%)은 증가한 것으로 나타났다.

2) 외국 인력 도입 및 체류 지원정책

우리나라는 외국 인력이 체류할 수 있도록 돕는 다양한 정책이 시행되고 있다. ❙그림 10-1❙은 외국 인력이 우리나라에 도입되는 과정부터 귀국에 이르기까지 정부가 지원하는 프로그램의 주요 내용이다.

한국어능력시험 실시	• 한국취업 대상자 선발을 위한 한국어능력시험 실시(EPS-KLT)
⬇ 취업희망 외국인 근로자 명부 작성	• 한국어능력시험 성적, 경력 등 객관적인 기준을 통해 송출 대상 인력을 기초로 외국인 구직자 명부 작성
⬇ 근로계약 체결 대행	• 사업주와 선정된 외국인 근로자의 표준근로계약서 작성 및 체결 대행
⬇ 입국	• 출신국가별 외국인 근로자 공항영접 및 취업교육기관에 인도
⬇ 고용 · 체류지원	• 체류관리신고 등 행정지원, 재해사고 및 보험금처리 지원 • 언어통역 지원 등 사업장내 애로 및 갈등 조정
⬇ 기능 · 창업교육	• 송출국 진출 한국기업 취업을 위한 기능교육 • 귀국 후 소규모 창업을 위한 기능, 실무교육
⬇ 취업알선	• 송출국 현지진출 한국기업 취업알선
⬇ 귀국	• 자발적 귀국, 커뮤니티 참여, 한국기업 채용 알선
⬇ 고용허가제 정착	• 한국기업 취업 및 소규모 창업 • 근로자의 선발-체류-귀환의 선순환 제도 정착

❙그림 10-1❙ 외국 인력 지원절차

출처 : 한국산업인력공단, 내부 자료에서 인용.

(1) 입국 초기 지원정책

외국인 근로자(E-9)는 사업장에 배치된 이후 여러 애로사항들을 겪게 된다. 이러한 상황들을 모니터링하여 이들의 심리적인 안정과 사업장 적응을 돕는 정책을 실시하고 있다. 그들이 사업장에 최초로 배치되면 3개월 내에 적응현황과 애로사항을 체크하며, 설문지 또는 엽서를 취업교육 시 배부한다. 외국인 근로자를 고용한 사업주를 대상으로는 방문조사 50% 이상을 수행하며, 부득이한 경우 전화조사를 실시한다.

외국인 근로자가 어느 정도 정착이 그들이 안정적으로 생활할 수 있도록 외국인 근로자 상담센터 및 지원센터 등을 운영하고 사업장 내 문제를 지원한다. 사업장 안에서 일어난 문제에 대해서는 사업장 내 갈등, 근로계약 위반 여부, 언어소통 문제, 일상생활 고충 등의 애로를 해소할 수 있도록 방문통역을 지원하는 방식으로 운영되고 있다.

(2) 재직 외국인 근로자에 대한 교육훈련 지원정책

외국 인력에 대한 교육훈련은 외국 인력이 사업장에서 필요한 지식과 기능을 습득하는 것을 목적으로 한다. 주된 훈련내용은 기초 기능 훈련으로, 연간 5천 명을 대상으로 기계장비, 컴퓨터 활용, CNC선반, 용접 등의 내용으로 이루어졌다. 훈련은 난이도에 따라 기초 · 심화 과정으로 운영되며 대상자는 사업주 추천자 및 체류기간 중 기능교육을 희망하는 자이다.

(3) 외국인 근로자 귀국지원정책

외국인 근로자의 귀국도 지원한다. 이 프로그램은 귀한 프로그램으로 운영되며 네 가지로 구성된다. 첫 번째 단계는 자발적 귀환이다. 고용허가제를 통해 들어온 외국 인력이 불법체류자가 되지 않도록 자발적으로 성공적인 귀환을 할 수 있게 돕는 단계다. 두 번째 단계는 귀국자 네트워크 구성 및 운영이다. 자발적으로 귀국한 귀국자 현황을 파악한 뒤 본국에서 재외공관과 협조하여 그들을 고용허가제 홍보 및 사전교육 강사로 활용하고 있다. 세 번째 단계는 체류기간 만료자 취업알선이다. 귀국근로자가 현지에 있는 한국기업에 취업을 알선하는 단계이다. 절차는 ▌그림 10-2▌와 같다.

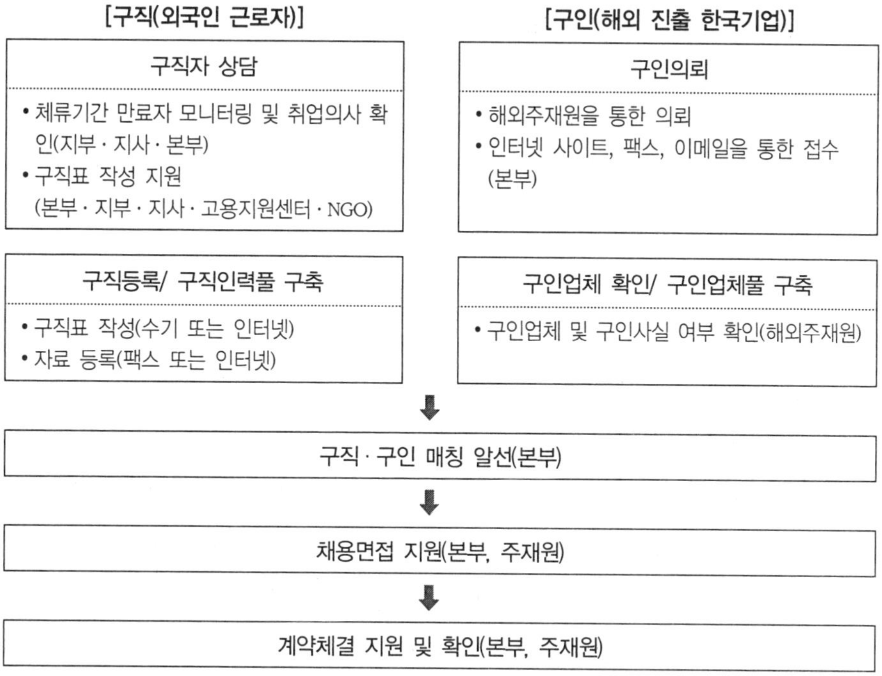

▌그림 10-2▌ 귀국근로자 취업알선 절차

출처 : 한국산업인력공단 내부 자료에서 인용.

네 번째는 기능 · 창업훈련 실시 단계다. 체류기간이 만료된 외국인 근로자가 귀국 후 자립할 수 있도록 소규모 창업 및 기능교육을 위한 교육 프로그램을 실시하고 있다. 훈련은 현지에 진출한 한국기업에 맞게 맞춤형 교육으로 실시하고 훈련 후 취업을 알선함으로써 체류기간이 만료된 사람의 합법적인 귀국을 유도하고 있다. 훈련 및 한국기업 인력지원은 현지 국가별 특성에 맞게 과정이 선정되고 있으며, 대상은 사업자가 추천한 이와 체류기간 만료된 귀국자 중 훈련을 희망하는 이로 하고 있다.

3) 사회통합 관점에서 현행 지원정책의 평가 분석

(1) 언어 문제

언어는 이주자가 빠르게 정착할 수 있는 핵심요소 중 하나다. 현재 고용허가제는 한국어 테스트를 통해 한국어 능력을 지닌 외국 인력을 수용하고 있지만 언어능력은 여전히 문제가 되고 있다. 외국 인력이 국내에 들어와 담당하는 업무는 비교적 단순하기 때문에 업무의 숙지는 짧은 기간 내에 가능하다. 따라서 외국 인력을 통한 생산성은 초창기 한국어 능력에 크게 의존하며, 사회통합이나 정착에도 한국어 능력은 중요하다.

(2) 재직자 훈련의 실효성

외국인 근로자나 사업주 모두 훈련의 필요성은 모두가 공감하지만 실효성에 대해서는 의문이 제기된다. 외국 인력은 단순한 직무를 맡다 보니 훈련의 필요성이 크지 않을 수도 있다. 이는 훈련무용론이 아니라, 현재 국내에 들어와 있는 외국인 근로자의 인력에 대한 활용기조의 적절성에 대한 문제이다. 6년 넘게 체류하고 있는 외국인 근로자들 중에서도 49.1%는 자신이 맡고 있는 직무 숙달을 위해 걸리는 시간이 1개월 이하면 된다고 응답한 산업인력공단의 연구통계에 미루어 보아 숙련도가 아주 높은 것이 아님을 알 수 있다. 이러한 결과는 외국인 근로자에게 낮은 직무를 부여했던 결과로 볼 수도 있다. 외국 인력에게 기업이 요구하는 직무가 숙련의 필요성이 아닌 단순성에 의존하고 있기 때문이다.

(3) 귀국 후 지원

외국인 근로자가 장기체류를 희망하는 이유 중 가장 큰 요인은 한국에서 받는 높은 임금과 귀국을 했을 때 구직활동이 쉽지 않은 점에 있다. 자국에서 받았던 급여와 한국에서 받은 급여는 직업에 따라 다르겠지만, 대략 2~3배 정도 차이가 나고 10배 이상 차이가 나는 경우도 5.3%나 된다. 이러한 임금의 격차는 한국에서의 장기체류에 대한 희망을 높이고, 귀국 후 다시 정착하는 데 어려움을 가중시킨다. 한국에 있는 외국인 근로자에게 귀국 후 활동에 대한 취업교육기회가 주어진다면 78.2%의 외국인 근로자는 교육을 받을 의향을 표했다. 출신국적별로 보면 인도네시아 근로자는 90.6%, 스리랑카 근로자는 88.2%, 태국 근로자는 80.2%로 교육의향이 높은 편이며, 중국 근로자는 55.3%로 외국인 근로자 중 가장 낮다. 남녀 비율에 있어서는 남성 외국인 근로자일수록, 20~30대 젊은 연령층일수록, 그리고 학력수준이 높을수록 귀국에 대비하여 취업교육을 받고자 하는 의사가 높은 것으로 나타난다. 귀국 대비 취업교육을 받을 의향이 있는 외국인 근로자들이 가장 필요를 많이 느끼는 교육 분야는 창업교육으로 39.6%가 이런 교육이 필요하다고 생각하였으며, 그다음으로 한국어교육(35.8%), 자동차수리, 용접, 중장비 운전 등 기술교육(34.3%), 컴퓨터 관련 직종(21.4%), 모국에 진출한 한국기업에 취업하기 위한 중간관리자 과정(19.3%), 운전면허교육(16.1%) 순으로 필요성을 크게 느끼는 것으로 나타났다(정기선 외, 2010). 이와 같이 높은 교육수요에 부응하여 귀국 외국인 근로자를 대상으로 하는 교육훈련을 성과적 차원에서 재검토할 필요가 있다.

이정환 등(2012)은 고용허가제로 근무를 마친 후 자국으로 돌아간 35명의 인도네시아와 베트남 인력들의 정착과정을 조사하여 그들의 재정착 성공 및 실패 사례를 보여주었다. 연구가 보여주는 현지 적응의 어려움은 먼저 낮은 임금으로 인한 근로의욕 상실이다. 두 번째는 사업을 시작하는 데 있어서 자금과 기술의 부족이다. 세 번째는 한국에서 습득했던 기술 · 지식을 활용해 창업했지만, 자국의 산업표준과 맞지 않는 어려움이다. 마지막으로 가장 큰 어려움은 한국에서 지내다 보니 한국식 사고가 내재화되어 변화된 자국의 상황을 제대로 인지하지 못하는 어려움이다. 이러한 문제들을 볼 때, 고용허가제 이후 귀국을 앞둔 외국인 근로자들을 위한 교육이 필요하고 이를 위해 한국과 송출국 정부 간 협력이 필요함을 시사한다.

3. 외국 인력의 지역사회통합 사례

1) 외국 인력의 지역사회 정착 현황

이주노동자는 수도권과 영남지방을 중심으로 분포하고 있다. 이는 수도권이 한국 최대의 공업지역이고, 영남권은 제2의 공업지역인 것과 관련된다. 연수취업제도나 비전문취업으로 한국에 들어온 이주노동자도 수도권과 영남지역에 분포한다. 반면에 방문취업 이주노동자들은 대부분 수도권에 위치한다. 방문취업은 다른 체류자격을 지닌 이주노동자와는 달리 다양한 직종의 선택이 가능하다. 이를 바탕으로 이들은 서비스업 종사 비율이 높은데, 특히 서비스업이 발달한 수도권 지역에 분포하고 있다. 특수 업종의 경우, 어업은 해안가에 높은 분포도를 보이고 연근해 어업이 활발한 동해안과 남해안에 그 비율이 높다(권혁민, 2012).

이주노동자가 지역을 선정하는 요인의 첫 번째는 높은 임금이다. 2008년 이전까지는 '적성'이 지역선정 요인이었으나, 그 이후로는 '임금'으로 바뀌었다. 또한 지역을 선정함에 있어 2005년 이전 산업연수생제도로 입국한 이주노동자들은 '직업소개소 및 정부기관의 추천'을 따랐지만, 2004~2008년 입국자는 '좋은 근무여건'에 따라 지역을 선정했다.

2) 외국 인력의 지역사회통합 사례 : 서울시

(1) 서울시 이주노동자 현황

행정안전부 '2020 지방자치단체 외국인 주민 현황'에 따르면 서울 거주 외국인 수는 2006년 148,966명에서 2020년 443,262명으로 3배 증가하였다. 2020년 서울시 인구(9,586,195명)의 4.6%에 이르고, 전국 외국인 주민 수(2,146,748명)의 1/5이 넘는다. '서울시 외국인 근로자 현황(국적별) 통계'에 따르면 서울시 외국인 근로자 수는 2015년 116,817명을 정점으로 2016년 85,878명으로 급격한 감소세를 보인 후 완만하게 감소하여 2020년 63,526명으로 나타났다. 서울시 이주 노동자 실태와 노동권 보호방안에 관한 주진우 연구원의 정책 리포트[1]에 의하면 서울시 이주 노동자는 임금 및 노동조건에서 차별이 심하고 장시간 근로와 고용 불안정성에 노출되어 있다.

(2) 서울시 이주노동자의 특징

서울시 이주노동자는 재외동포와 방문취업 비중이 높고, 비전문취업과 결혼이민자 구성 비중은 상대적으로 낮다. 이들은 주로 33.7%가 서비스업에 종사하고 62.7%가 임시 · 일용직이며 31.8%는 주 60시간 이상 장시간으로 근로한다. 서울연구원의 연구결과에 의하면 이들은 계약조건 이하의 임금, 임금 및 퇴직금 체불, 초과근로수당 미지급 등 기본적으로 노동권을 침해당하고 인권침해와 차별에 시달린다.

(3) 서울시 이주노동자 사회통합정책

서울시는 외국인 주민 지원정책의 큰 틀 안에서 이주노동자 지원정책을 진행하고 있다. 2014년에는 '서울 외국인주민 및 다문화가족 지원 조례' 제정으로 외국인 지원정책의 제도적 기반을 마련하고 서울 거주 외국인의 안정적인 가정생활과 지역사회 정착을 목표로 지원정책을 수립하였다. 2016년에는 '제2차 외국인정책 기본계획(2013~2017년)'을 바탕으로 외국인정책을 계획, 수립, 시행하였다. 4대 정책 목표는 첫째, 외국인주민이 살기 편한 환경 조성, 둘째, 대상별 맞춤형 정책 추진, 셋째, 다양성과 가치가 존중되는 사회통합, 넷째, 인권 강화 및 인권존중 기반 구축이다. 이러한 네 가지 목표 아래 세부 과제를 수립하고 시행하고 있다. 세부 과제로는 외국인 근로자 자립역량 향상 지원, 이주민 인권사업 및 쉼터 운영 지원, 찾아가는 이동상담 운영 등 이주노동자 관련 지원정책을 들 수 있다.

---

1) 서울시연구원정책리포트(2018. 4. 2). 서울시 이주노동자 실태와 노동권 보호 방안.

서울시 이주노동자 지원정책은 외국인 노동자 지원시설과 민간단체 공모사업으로 진행된다. 외국인 근로자센터 운영으로 노동상담과 법률지원, 한국어 교육, 의료지원, 커뮤니티 활동 지원 등의 사업을 진행한다. 서울글로벌센터를 포함한 3개 글로벌센터, 7개 글로벌빌리지센터 등은 외국인 주민 지원사업의 하나로 이주노동자 대상으로 노동상담과 한국어 교육 등을 진행한다. 6개 외국인 근로자센터는 성북, 성동, 은평, 금천, 양천, 강동에 위치하고 있고, 이주노동자를 대상으로 하는 현장 지원기관으로 노동상담 및 법률지원, 한국어 교육, 의료지원, 문화행사 및 커뮤니티 활동 지원정책을 수행한다. 또한 서울시 외국인 주민 인권 강화 프로그램 역시 민간단체 공모사업으로 진행되는데, 2014년부터 외국인 관련 인권의식 개선을 위한 공모 사업을 진행해 서울시민의 이주노동자 관련 인권의식을 함양하는 교육을 진행했다. 불의의 사고나 실직 등으로 거주지가 급하게 필요한 이주노동자들에게 숙식을 제공하고 자활 기반을 마련해 주기 위해 민간단체의 이주노동자 쉼터 운영을 지원한다. 그러나 이들에 대한 지원은 외국인 주민 지원에 견주어 상대적으로 낮은 편이다. 전체 외국인 지원정책은 외국인 주민과 다문화가정 등의 안정적 정착에 더 많은 비중이 있다. 결국 외국인 주민의 다수를 차지하고 있고, 노동권 사각지대에 있는 이주노동자의 지원정책을 강화할 필요가 있다.

(4) 정책 제언 : 서울연구원 정책리포트[2)]

서울연구원 정책리포트는 외국인 근로자들을 위한 정책을 제언한다. 첫째는 외국인 근로자 권리 구제와 서비스 접근성 강화이다. 노동상담-권리구제 통합 기능을 강화하고, 찾아가는 상담서비스의 확대, 이주노동자 쉼터 확대 운영 등을 추진해 이주노동자의 서비스 접근성 강화가 필요하다. 상담 전문성 강화로 이주노동자 지원서비스의 질 향상이 필요하다. 둘째는 외국인 근로자 지원의 전문성 확대와 보편적 노동권 보장이다. 외국인 근로자센터의 위탁기관을 사회복지기관에서 이주노동자 전문지원기관으로 다양화하는 방안이 요구된다. 서

2) 서울연구원 정책리포트(2018. 4. 2). 서울시 이주노동자 실태와 노동권 보호 방안.

울시는 이주노동자 담당 팀을 신설하고, 외국인 근로자센터 상근노무사를 채용하여 이주노동자 지원서비스의 질을 향상하여 이주노동자에게 보편적 노동권을 보장할 필요가 있다. 셋째는 시민들의 다문화인권 교육 강화와 이주노동자 거버넌스 확대이다. 외국 인력의 지속적 확대를 감안하여 서울시 노동정책의 주요 대상에 이주노동자를 포함시킬 필요성이 증대되고 있다. 서울시에 주민으로 거주하는 이주노동자의 특성을 반영한 맞춤형 정책의 마련이 요구된다. 다문화사회를 살아가는 서울시민을 위해 시민대상 다문화인권 교육과 이주노동자 거버넌스를 강화해야 한다.

3) 외국 인력의 지역사회통합 사례 : 경기도 군포시

(1) 군포시 외국인 인구 현황

군포시는 2019년 기준 275,154명의 인구 가운데 외국인 인구 비율이 13,019명으로 전체 인구의 4.7%를 차지한다. 2019년 군포시 다문화인구는 6,119명이고, 가구구성원 중 한국인 배우자 수는 1,510명이며, 결혼이민자와 귀화자의 수는 2,476명으로 나타났다. 다문화가구 내 자녀 수는 1,267명, 기타 동거인은 866명이다.

한국 국적을 취득하지 않은 외국인 근로자는 188명, 결혼이민자는 3,397명, 유학생은 1,140명, 외국 국적을 가진 동포는 3,060명이다. 그 외 기타 외국인은 1,427명으로 조사되었다. 이들은 주로 제조업, 건설업, 서비스업, 농축산업에 종사하고 있으며 전체 외국인 근로자의 약 90%가 제조업체에 종사하고 있다. 그 중에서도 특히 고무제품 및 플라스틱제품 제조업과 컴퓨터, 음향 및 통신장비 제조업, 전자부품, 영상, 기계 및 장비 제조 업종에서 종사하고 있다.

(2) 군포시의 외국인 근로자 지원정책 현황 및 정책 제안점[3)]

군포시는 자치행정과, 사회복지과, 지역경제과에서 외국인지원업무를 수행하고 있다. 지역경제과에서는 근로자복지관 관리, 노사관련업무, 직업소개소 관리업무를 수행하면서 외국인 근로자 지원업무를 수행하고 있으며, 자치행정과에서는 인터넷민원 운영업무, 공무원이 친절도 평가를 수행하면서 외국인관리업무를 수행하고 있다. 군포시의 외국인 근로자 지원 사업 내용을 보면 한국어교육과 한국문화체험이 주를 이루고 있으며 전체 예산 249,480,000원 중에서 6.8%를 차지하고 있다.

군포시는 외국인 근로자 지원정책을 보완할 필요가 있다. 첫 번째는 외국인 근로자 지원사업의 강화가 필요하다. 군포시는 다문화가족에 지원사업의 초점이 맞추어져 있어서 외국인 근로자를 위한 지원이 소홀히 취급된다. 반면 중소기업에서는 외국인 근로자가 늘어나는 상황인데, 이들이 겪고 있는 애로사항을 해소하기 위한 지원사업은 부족한 현실이다. 두 번째는 사회복지적 통합적 접근이 필요하다. 군포시 외국인 근로자 지원사업은 기초적인 내용들, 즉 한국어 습득, 한국문화 이해 같은 것에 머물러 있다. 사업들은 새로운 시도를 하지 않고 기초적인 수준에만 머물러 있다. 외국인 노동자들을 대상으로는 노동법과 관련 법 교육, 현장에서 발생하는 고충 상담 등이 필요하고, 한국인들을 대상으로는 다문화이해교육 등이 필요하다.

4) 지역사회통합을 위한 외국인 근로자 지원정책 강화 방안

(1) 거주외국인 지원조례의 제정과 기본계획수립

아직 자치단체 가운데는 외국인 지원 조례가 없어 이들에 대한 지원근거가 마련되어 있지 않은 곳들이 있다. 따라서 외국인 거주비율이 높은 지방자치단체에서는 거주하는 외국인들을 위한 지원 조례를 제정하여 지역 내 외국인 근

3) 조석주(2011). 지방자치단체의 외국인 근로자 지원정책 강화방안 군포시 사례를 중심으로. 지방행정연구, 25(2)(통권 85호), 103-142.

로자에 대한 복지 향상의 기초와 인권 증진이 이루어져야 한다. 특히 장기적으로 거주하는 외국인의 지위를 주민에 거하는 개념으로 정립하여 지방자치단체로부터 여러 혜택을 받을 권리를 부여해야 한다.

현재 외국인 근로자 지원정책은 사업장에 초점이 맞추어져 있는데, 향후 외국인 근로자와 이들의 가족이 지역 안에서 활동할 것을 고려하여 지방자치단체 차원의 종합적 기본계획이 수립되어야 한다. 계획서에는 외국인 근로자정책의 기본목표와 추진방향, 추진과제, 추진방법, 추진시기 등과 필요재원의 규모 및 조달방안이 포함되어야 한다. 또한 외국인 근로자 및 그 자녀에 대한 불합리한 차별방지 및 인권옹호를 위한 교육 홍보 등이 포함되어야 한다. 외국인 근로자들의 프로그램 욕구를 분석한 결과 한국어공부와 법률공부, 컴퓨터, 취미활동 등 다양한 욕구가 있었다. 이는 외국인 근로자들이 다양한 자기욕구를 가지고 있음을 보여준다. 이러한 조사를 근거로 하여 다양한 지원정책들이 마련되어야 하며, 이들이 생활하는 지역과의 접근성을 통합하여 지원할 수 있는 방향 등이 모색되어야 한다.

(2) 외국인 근로자 지원부서의 강화

외국인 근로자 수의 증가에 따른 미등록 외국인 근로자(불법체류자)의 증가로 이들을 관리해야 하는 행정수요는 늘어가고 있다. 외국인 근로자 관리 역할을 수행하기 위해 이들에 대한 관리업무를 공식적인 일로 추가시키고 부서도 설치해야 한다. 외국인 근로자 관련 업무는 단순한 복지의 측면만이 아닌, 고용정책의 기회 및 조정, 동향 파악 및 분석 등과도 연관된다. 외국인 근로자와 관련된 업무를 따로 관할하지 않으면 증가하는 외국인 근로자들의 행정수요에 효과적으로 대처할 수 없다. 특히 외국인들에 대한 근로인권에 대해 관리감독을 강화해야 한다. 이들의 임금은 최저임금에도 미치지 못하고, 야간근무를 해도 각종 수당에서 배제되어 있다. 따라서 지방자치단체 차원에서 외국인 근로자들의 근로환경에 대해 꾸준히 감독하고 조사해야 한다. 이를 위해서 관련 시민단체와 연계하여 부당한 행위들이 일어나지 않도록 감시해야 한다.

(3) 민관협력체계의 강화 및 역할 분담

지방자치단체는 외국인 근로자 지원사업을 효율적으로 진행하기 위해 관련 시민사회단체들에 예산 등을 적극 지원하여야 한다. 민간단체에서 그동안 진행한 외국인 근로자들을 위한 지원경험과 노하우를 활용하여 국가가 수행하기 어려운 분야에 대한 업무를 맡겨야 한다.

참고문헌

권혁민(2012). 이주노동자의 지역별 특성과 지역사회 적응 : 대구시 달서구, 경북 경산시, 구미시를 사례로. **현대사회와 다문화**, 2(1).

김영순 외(2019). **다문화 생활세계와 사회통합연구**. 북코리아.

김종세(2021). 외국인근로자 고용과 관련된 개선점. **한양법학**, 32(1), 49-71.

박미화(2020). 한국의 이민정책이 제도화한 이주노동자의 '강요된 위법성' : 건설업에서의 중국동포 취업을 중심으로. 인하대학교 대학원 박사학위논문.

박해육 · 윤영근(2016). 지방자치단체의 이주민 통합정책. 한국지방행정연구원.

유길상(2007). 외국인고용허가제 시행 3년에 대한 평가. 한국사회정책학회. **한국사회정책**, 14(2).

이규용(2012). 외국인력 공급체계의 개선. 한국경제연구원 연구보고서, 2012(12).

이규용 · 강병식(2012). 지역일자리사업의 현황과 쟁점. **노동리뷰**, 83(-).

이규용 · 박성재(2010). 외국인 인력의 공급특성이 직장 및 생활 만족도에 미치는 영향. **다문화사회연구**, 3(2).

이정환 · 한지은 · 김석호(2012). 외국인근로자의 직장생활만족이 정신건강에 미치는 영향. 한국이민학회. **한국이민학**, 3(2).

이철희(2019). 출생아 수 변화요인 분석과 장래전망. **韓國經濟의 分析**, 25(1).

이철희 · 김혜진(2020). 외국인력의 산업별 고용구조분석 : 인구변화 대응에 대한 함의. **노동정책연구**, 20(2).

전경옥 외(2013). **다문화사회한국의 사회통합**. 이담북스.

정기선 외(2010). 2010 체류외국인 실태조사, pp. 73-74.

조석주(2011). 지방자치단체의 외국인 근로자 지원정책 강화방안 군포시 사례를 중심으로. **지방행정연구**, 25(2)(통권 85호), 103-142.

주진우(2018). 서울연구원 정책리포트. 서울시 이주노동자 실태와 노동권 보호 방안.

최무현 · 김경희 · 박홍순(2011). 다문화사회정책 거버넌스 현황과 미래지향적 발전방향. 한국여성정책연구원.

최병두(2018). **초국적 이주와 환대의 지리학**. 푸른길.

한국노동연구원(2018). 한국사회의 이민과 통합연구.

황정미(2009). 이주민의 사회통합을 위한 지역사회 참여현황과 참여증진. 한국여성정책연구.

Chapter

11

결혼이주여성의 사회통합과 지역사회 거버넌스

1. 결혼이주여성의 실태 및 현황
2. 결혼이주여성의 지원정책과 사회통합의 연관성
3. 결혼이주여성의 지역사회와 사회통합 사례

Chapter 11 결혼이주여성의 사회통합과 지역사회 거버넌스

1. 결혼이주여성의 실태 및 현황

1) 결혼이주여성의 개념과 특성

재한외국인 처우 기본법에 의하면 "결혼이민자"란 대한민국 국민과 혼인한 적이 있거나 혼인 관계에 있는 재한외국인을 말한다.[1] 일반적으로 대한민국 국민과 혼인한 경험이 있거나 현재 혼인 관계에 있는 외국 출신자로 법적으로 결혼이민자와 혼인귀화자를 포함한다. 법률적으로 결혼이주여성은 한국인을 남편으로 하여 혼인한 경험이 있었거나 혼인 관계에 있는 재한외국인 여성이라고 볼 수 있다. 즉, 결혼을 통해 한국이주를 한 외국인 배우자 여성이 결혼이주여성이다.

결혼이주여성은 아시아 지역 여성들이 다수이다. 이들은 일본을 제외한 동남아시아 여성이 다수로 나타난다. 21세기 여성 이주의 특징 중 하나는 단순한 물리적 노동으로 치부할 수 없는 보살핌 영역이 시장의 영역으로 포함되었다는 것이다. 아시아 여성들의 선진국으로 분류되는 국가로의 유입은 '보살핌 노동 이주의 전 지구적 현상'의 아시아 지역 버전이라 할 수 있다. 최근 다문화 이해의 한 방편으로 '이주의 여성화(feminized migration)'라는 개념이 출현하게 되었다. 이주노동자로서의 해외 취업보다는 국제결혼이 비용적 측면에서 유리하기에 빈국의 저소득층 젊은 여성들은 결혼이민을 선택한다. 송출국 정부는 자국민 여성 결혼이주에 대해서 개입하지 않는 편이다. 왜냐하면 노동이주와 결혼

---

1) 법무부(2017). 재한외국인 처우 기본법 제2조 제3항.

이민자의 증가는 그 나라들의 외화 획득의 중요한 원천이 되고 있기 때문이다(황정미, 2011).

이주여성의 국적이 다양해지면서 다민족, 다인종화가 진행되고 있다. 초창기 결혼이주여성은 중국의 조선족 여성이었으나 현재는 점점 다양한 국가와 민족들과의 국제결혼이 이루어지고 있다. 또한 초창기는 미혼상태에서 이루어지는 결혼이 다수였으나 최근에는 재혼의 비율도 높아지는 양상이다. 재혼의 경우 주목할 내용은 중국인들과의 재혼인 경우 상대방 배우자의 자녀들도 중도입국시키기도 한다는 것이다.

2) 국내 결혼이주여성의 현황

2019년 출입국 통계에 따르면 결혼이민자는 총 166,025명[남 28,931(17.4%), 여 137,094(82.6%)]으로 나타났다. 결혼이주여성의 출신국은 2000년대 초반에는 중국, 일본과 필리핀 출신이 다수를 구성하였으나 최근에는 베트남, 태국, 캄보디아, 우즈베키스탄, 몽골, 러시아 등 점차 국적이 다양해지는 경향을 보인다. 2019년 12월 기준의 결혼이주여성의 출신국별 현황을 보면 중국이 36.3%로 가장 많으며 베트남이 26.6%, 일본이 8.5%, 필리핀이 7.2%, 태국이 3.1%, 캄보디아가 2.8%, 몽골이 1.5% 순으로 나타났다(법무부, 2020).

행정안전부는 '외국인 주민현황'을 지방자치단체별로 발표하는데, 이주민들의 통계는 행정안전부, 통계청, 법무부 등 부처에 따라 작성 기준이 다르기 때문에 수치상 차이가 있다. 이주민을 위한 정확한 정책을 제안하고 집행하기 위해서는 각 지역별 이주민 실태를 파악하고 국내 전체의 이주민 동향을 파악하는 것이 필요하다.

전국적으로 보면 국내 거주하고 있는 외국인 중에서 결혼이주여성의 비율은 9.8%이다. 그중 외국인 근로자는 대도시와 수도권에 몰려있다(서울 75,322명, 경기 199,634명). 이에 비해 결혼이주여성의 비중이 높은 지역은 수도권을 제외하고 충청남도(32,931명)로 시골 농촌이다. 이러한 지역은 국제결혼 자녀들도 많은

데, 지역에 따라 국적별 구성은 상당한 차이가 있다. 전국단위로 볼 때는 조선족을 포함한 중국 출신이 가장 많고 베트남 여성이 그 뒤를 따른다. 그러나 지역적으로 본다면 중국 출신 여성들은 서울 및 수도권 지역에 몰려있고 전라도나 강원도와 같은 농촌 산간 지역에는 그 수가 상대적으로 적다. 지역에 따른 국적별 구성의 차이가 지역사회 통합 정책의 기본적 배경으로 고려될 필요가 있는 까닭이다.

중장기적으로 지역사회에서 이주민들이 사회통합에 보다 다양하고 활발한 방식으로 참여하기 위해서는 이주민들의 국적과도 같은 그들의 특성, 지역사회 내에서 고려해야 할 점을 함께 바라보는 폭넓은 시야가 필요하다.

3) 지역별 이주여성 사회통합 방안을 위한 실태조사

지방자치단체 또는 지역기반의 정책연구기관에서는 지역 단위의 이주여성 실태조사를 진행하고 있다(김영주, 2006; 김은숙, 2007; 심인선, 2008; 양옥경, 2008; 정기선, 2007). 지방자치단체에서 이루어지는 조사는 이주여성들과 직접적인 접촉을 할 수 있다는 장점이 있고 지역의 정책적 현안과 관련된 구체적 조사가 가능하다는 점에서 전국 단위의 조사보다 강점을 지닌다. 지방자치단체별 이주여성 실태조사의 조사항목으로는 국제결혼 가족의 가족관계, 한국 사회에 대한 적응, 자녀를 양육하는 것에 대한 수요, 사회복지에 대한 서비스 수요, 이주여성들의 사회적 관계망, 지역사회참여 의사 및 모임의 참여도의 총 여섯 가지다. 이러한 조사항목에 따라 지방자치단체는 전수 혹은 표본조사를 실시하고 있다.

그중 결혼이주여성이 지역사회 모임에 참여하고 있는 결과를 보면 유사한 흐름이 나타난다. 심인선(2008)이 실시한 경남 여성결혼 이민자 실태조사에 따르면 정기적으로 참여하는 모임이 있는 여성이 66.6%인데, 그중 가장 높은 모임의 비율은 30.6%로 본국출신 사람들과의 친목모임이었다. 김은숙(2007)이 실시한 강원도 여성결혼 이민자의 실태조사도 비슷한데, 모임에 참여하는 사람 중 가장 높은 비율은 출신국 모임(26.2%)이었다. 이러한 실태조사를 토대로 정기적인 모임에 참석하는 결혼이주여성들은 대다수가 이주자들이나 가족과 관련된 모임으로 한국인과 지역사회 안에서 접촉하는 빈도는 높지 않은 것을 볼 수 있다.

친교관계나 사회적 관계망에 관한 조사 결과를 보면 충남 지역 결혼이민자 여성(김영주, 2006)은 '주로 고민을 의논하는 상대'가 누구인가라는 질문에 남편(37.2%), 한국에 있는 본국 출신 친구(30.1%), 본국에 있는 친구(6.2%)의 순으로 나타났다. 경남 지역 결혼이민자 여성(심인선, 2008)은 힘든 일이 있거나 고민을 의논하고 싶을 때 주로 남편(33.7%), 본국 출신 친구나 지인(20.8%), 나의 가족이나 친척(15.8%)에게 의논한다는 응답이 많았다. 강원도(김은숙, 2007)의 경우는 한국 거주 본국 친구(26.0%)에게 고민을 의논한다는 응답이 가장 많았고 그 다음은 본국의 가족 친구(13.1%), 남편과 가족(11.9%) 순이었다.

서울의 다문화가족 실태조사에 따르면 거주 기간에 따라 이주여성들이 느끼는 긴장감이나 스트레스가 달라졌다(장명선 · 이옥경, 2008). '불공평한 대우'를 느끼는 정도는 5점 기준으로 10년 이상 거주한 여성들은 2.73이며, 1년 미만의 여성은 2.62였다. 이는 초기 정착단계보다 체류기간이 길수록 불공평한 차별을 받는다는 느낌을 강하게 받는다는 것을 알 수 있다. 반면에 '사회활동 참여의 어려움'과 '의사소통 시의 긴장감'으로 인한 스트레스는 거주하는 기간이 늘어날수록 낮아지는 편으로 나타났다.

2. 결혼이주여성의 지원정책과 사회통합의 연관성

1) 결혼여성이민자의 개념

결혼여성이민자는 한국의 이민정책이 주목하는 대상으로 사용되는 용어이다. 엄밀한 의미로 결혼이민자는 남성, 여성의 구분이 없으나 한국 내 남성결혼이민자 비율이 높지 않기 때문에 '여성'을 자연스럽게 결혼이민자 앞이나 뒤에 붙여서 사용하게 되었다. 정부 부처별로는 이들에 대한 호칭이 다른데, 법무부는 '국내 체류 외국인 중 국민의 배우자'라는 용어로 사용한다(김태환, 2013). 행정안전부는 '결혼이민여성'이라는 용어를 사용한다. 여성가족부는 '이주여성'이라는 용어를 사용한다.

결혼여성이민자들이 가장 많이 거주하는 지역은 경기도였고, 그 다음은 서울, 경남, 인천의 순이다. 이들의 연령대는 40대가 23.3%로 가장 많았고, 25~29세가 18.4%, 30~34세가 16.9%, 50세 이상은 13.9% 순으로 나타났다. 다문화자녀의 경우 2019년 18세 이하의 자녀 현황은 총 264,626명으로 나타났다(행정안전부, 2019). 다문화가정 자녀들의 나이 비율을 보았을 때 아직까지는 초등학생과 중학생의 비율이 높게 차지하고 있다. 다문화가정 자녀들 역시도 결혼이주여성이 거주하는 지역을 따라 서울 · 경기에 많은 분포도를 보인다.

2) 결혼이주여성 사회통합정책

국가가 결혼여성이민자를 받아들이게 된 배경에는 국제결혼과 고령화의 대안 및 인구문제가 있다. 국제결혼이 대두된 것은 2000년대 초반 한국의 농촌총각들이 결혼하지 못하자 이를 해결하는 방편으로 외국인 여성과의 결혼이 늘어나면서 나타났다. 이러한 국제결혼은 자녀출산으로까지 이어져서 고령화의 문제에 직면한 정부에 큰 도움이 되었다. 결혼이주여성에 대한 긍정적인 관점은 정책으로까지 이어져서 정부는 이민자 집단 중에 결혼이주여성에게 가장 먼저 적극적인 지원과 수용의 정책을 시행하였다.

결혼이주여성의 사회통합을 위해서 다양한 정부부처들이 사업을 집행하는데, 그중 가장 큰 사업은 여성가족부를 중심으로 이루어진다. 이들의 실제 예산의 규모와 집행 측면에서 보면 20% 수준으로 가장 많은 것으로 파악되었다(마경희 외, 2011). 여성가족부는 2008년 약 231억 원에서 시작해 258억 원, 410억 원, 2011년 576억 원에 이르기까지 매년 다문화가족 지원 사업예산이 큰 폭으로 증가하고 있다. 이민정책 예산의 집행과 운영에서 여성결혼이민자들을 위해 여성가족부가 사용하는 비용이 큰 비중을 차지하고 있다.

3) 법제도를 통한 사회통합 지원

(1) 다문화가족지원법

다문화가족지원법은 2008년에 제정 · 시행되었고 2010년 개정되었다. 다문화가족지원법의 제1조는 "다문화가족 구성원이 안정적인 가족생활을 영위할 수 있도록 함으로써 이들의 삶의 질을 향상시키고 사회통합에 이바지한다"이다. 이 법안에는 다문화가족에 대한 실태조사 및 이해증진, 아동보육지원, 다국어 서비스 제공 등의 내용을 명시하여 다문화가정의 지원을 규정하고 있다. 이 법은 국가와 지방자치단체가 민간단체에게 행정지원을 할 수 있도록 했다는 특징이 있다. 또한 이 법은 기존에 사용되던 명칭인 '결혼이민자지원센터'를 '지역센터'로 변경할 수도 있게 하였다. 이후 센터 명칭은 모두 '다문화가족지원센터'로 변경되었고 현재 전국에는 약 200여 개의 센터가 여성가족부의 주관하에 활동 중이다.

(2) 결혼중개업의 관리에 관한 법률

이 법률은 이주여성이 안정적으로 정착하는 것을 지원하기 위한 규정이다. 결혼중개업소를 이용하는 이주여성의 피해를 예방하기 위해 감독 · 감시하는 장치로서 역할을 한다. 이 법은 한국남성과 이주여성과의 국제결혼을 허용하지만, 동시에 여성결혼이민자들을 대상으로 벌어지는 부당알선행위와 인권침해요소로부터 이들을 보호하기 위한 제도이다. 국내결혼중개업은 신고제, 국제결혼중개업은 등록제로 규정되어 있다.

(3) 재한외국인 처우 기본법

2006년 외국인정책회의의 후속조치로 재한외국인 처우 기본법은 2007년 공포 · 시행되었다. 이 법은 재한외국인에 대한 처우 등에 관한 기본적인 사항을 정하는 데 목적을 둔다. 기본적으로 이들이 한국 사회에 잘 적응하고, 개인 능력을 발휘하여 한국인과 외국인이 서로 존중하는 사회를 토대로 사회통합에 이바지하기 위함이다. 주요 법 조항은 제5조와 제8조다. 전자는 외국인정책 기본계획을 5년마다 수립하도록 규정하고, 후자는 외국인정책 주요 사항을 조정, 심의하기 위해 국무총리 소속으로 외국인정책위원회를 설립하도록 한 것이다. 법무부는 재한외국인 처우 기본법에 따라 5년(2008~2012) 동안의 제1차 외국인정책 기본계획을 수립 · 운영하였고, 제2차 외국인정책 기본계획도 마련하여 2013년부터 2017년까지 수립 · 운용하였다. 그럼에도 불구하고 재한외국인 처우 기본법은 여성결혼이민자를 포용하고 수용하는 데 그 한계를 가진다.

4) 여성결혼이민자정책, 여성가족부와 관련 부처

여성가족부 조직 가운데 여성결혼이민자정책과 관련한 업무는 청소년가족정책실의 가족정책관 산하 다문화가족과에서 담당하고 있다. 다문화가족과는 중앙부처 및 지방자치단체의 다문화가족 지원정책을 총괄하며, 다문화가족정책위원회 실무위원회의 운영, 다문화가족 관련 조사 · 연구 및 법령의 관리 · 운영, 가족센터의 운영 지원, 다문화가족의 자녀 양육 지원에 관한 사항, 결혼이민자의 경제 · 사회적 자립 지원, 다문화가족 정책의 홍보,다문화 이해 교육에 관한 사항, 다문화가족 종합정보 전화센터의 운영 지원, 국제결혼 건전화와 결혼이민자 인권보호 관련 대책의 수립 · 시행, 결혼중개업 관리에 관한 법령의 관리 · 운영, 결혼중개업 등록 · 신고의 관리 및 피해 예방, 국제결혼 예정자의 사전 준비 지원에 관한 사항을 담당한다.

5) 여성결혼이민자 사회통합정책을 위한 정부 업무 진행

정부가 여성결혼이민자를 위해 진행한 공식적인 업무는 2004년부터 구체화되었다. 보건복지부는 2004년 이들을 대상으로 한 실태조사를 전국적으로 처음 실시하였고 이주민의 사회통합논의가 진행되기 시작하였다. 2006년에 접어들어서는 중앙정부의 적극적인 정책행보가 구체화되었는데, 다문화가족 지원정책이 이민정책의 핵심으로 자리잡았다. 또한 「여성결혼이민자 가족 사회통합지원대책」이 발표되었다. 재한외국인 처우 기본법은 2007년에 제정 · 시행되었다. 당시 법무부 '출입국관리국'은 '출입국 · 외국인정책본부'로 변경하면서 인원과 조직을 확충했다.

2008년은 여성결혼이민자를 위한 지원정책이 강화되었던 해라고 볼 수 있다. 국무총리실을 중심으로 한 여성가족부, 보건복지부, 교육과학기술부의 주관하에 '여성결혼이민자 가족의 사회통합 지원 대책'이 발표되었는데, 2008년 정부조직이 개편됨에 따라 보건복지부가 이 정책을 주관하게 되었고, 부서 내부에 다문화가족과를 신설하여 결혼이민자들을 위한 지원정책을 담당하게 되었다. 보건복지부는 「다문화가족 생애주기별 맞춤형 지원강화 대책」을 수립하였고, 다문화가족 지원법을 제정했다. 이러한 정책들을 통해 '다문화가족'이라는 용어가 쓰이기 시작하였고, '결혼이민자 가족지원센터'로 운영되었던 것은 '결혼이민자 가족지원센터'로 이름을 변경하게 되었다. 2009년은 '다문화가족정책위원회 규정'(국무총리 훈령 제540호)이 제정되어 사회통합적인 여성결혼이민자 지원정책의 운영계획을 수립하였다. 국무총리가 위원장을 맡고, 위원은 기획재정부, 교육과학기술부, 외교통상부, 법무부, 행정안전부, 문화체육관광부, 고용노동부, 농림수산부, 여성가족부, 보건복지부 장관들이다.

2010년 정부는 '다문화가족지원정책 기본계획'을 통해 부처 간 다문화정책의 연계를 강화하고 사업추진체계도 정비하였다. 정부는 '다문화가족정책위원회'의 실무위원회 위원장을 여성가족부 장관으로 하였고 여성가족부가 주도하는 여성결혼이민자 사회통합정책의 기조는 유지되고 있다.

6) 바람직한 다문화사회 형성을 위한 과제

바람직한 다문화사회 형성을 위해서 결혼이주여성과 정주민의 사회통합은 매우 중요하다. 이주하여 현지인들과 사회적 관계가 형성된 여성들은 생활만족도가 높은 것으로 나타났다. 관계형성은 결혼이주여성이 지역사회 안에서 자신의 정체성을 회복하며 한국 사회에 받아들여졌다는 느낌으로 이어진다. 가족 이외의 사람들과 관계가 형성되고 사회 속으로 평등하게 진입하는 과정을 사회통합 측정요소로 하는 것은 중요한 의미가 있다.

결혼이주여성의 삶의 만족도는 결혼이주여성 개인이나 가족적 차원과 사회적 차원 모두에게 중요한 문제다. 한국 사회는 법과 제도뿐만 아니라 정주민의 사회적 인식도 변화시켜 나가면서 사회통합을 이루도록 노력하여야 할 것이다.

3. 결혼이주여성의 지역사회와 사회통합 사례

1) 결혼이주여성의 사회문화적 적응

결혼이주여성들은 한국 사회에 편입하게 됨에 따라 문화적, 심리적, 경제적, 사회적으로 적응해야 하는 과제를 안고 있다. 여성가족부의 전국다문화가족 실태조사에 의하면 결혼이주여성들이 한국 생활 적응과정에서 힘들어하는 부분은 경제적 어려움 26.2%, 외로움 24.1%, 언어문제 22.3% 등으로 나타나고 있다(여성정책연구원, 2019). 낯선 한국에서 문화적 차별을 극복하면서 가정생활에 적응해야 하는 결혼이주여성들의 사회통합 문제는 다양한 요인들을 포괄적으로 고려하는 것이 필요하다. 모국을 떠나 새로운 곳에서 살아가는 것으로 인한 스트레스는 가족불화나 자녀 양육 및 교육문제의 원인이 되어 문제를 발생시킬 수 있다. 이주여성의 어려움은 개인에서 그치는 것이 아니라 가족구성원 모두에게 해당되는 문제로 한국 사회의 안정을 위해서도 이들의 한국 적응은 중요하다. 결혼이주여성의 지역사회통합은 인도적 차원의 배려일 뿐만 아니라 우리 사회 전체의 건전한 발전을 위한 중요한 검토 과제가 되어야 한다.

2) 결혼이주여성의 사회통합 영향요인

(1) 문화적응 스트레스

결혼이주여성이 한국 문화에 적응하지 못하면 두려움과 문화충격이 심화되고 그 결과 삶의 만족도에 부정적 영향을 갖게 된다. 즉, 문화적응 스트레스를 많이 받을수록 생활만족도가 떨어진다. 이것은 스스로 한국 사회의 일원으로 인정하거나, 사회의 다른 구성원들로부터 인정받고 사회 역할을 담당하며 수행하는 사회통합을 저해하는 요소가 될 수 있다(엄미선 · 조용주, 2015). 이런 맥락에서 결혼이주여성의 삶의 만족도에 문화적응 스트레스는 영향을 미친다고 보인다. 즉, 음식문화, 언어, 대인관계, 사회제도 그리고 문화적 차이로 인하여 당면하는 적응의 어려움은 일상생활 전반에 걸쳐서 나타나게 되어 삶의 만족도에 영향을 미치게 될 것이다(남인숙 · 안숙희, 2011).

(2) 문화적응과 지역사회통합

문화적응 스트레스와 객관적 사회통합인 지역사회 참여와의 관계를 살펴보면, 한국 사회 적응에 가장 큰 걸림돌은 사회적 편견과 차별이다. 의사소통도 힘든 일인데, 사회적 편견과 차별까지 겹치면 두려움의 증가와 자신감의 하락으로 이어져 점점 고립되어 결국 사회참여를 저해하는 요인이 된다. 사회통합을 이루려면 한국인들이 이주여성을 향해 가지고 있는 사회적 편견과 차별의식이 소멸되어야 한다.

(3) 가족관계 스트레스와 사회통합

결혼이주여성은 결혼과 이민을 동시에 경험하는 커다란 변화 앞에 다양한 스트레스와 마주하게 된다. 한국 사회의 가족구성원으로 결혼생활을 해야 하고, 낯선 나라의 문화에도 적응해야 하니 적응 능력을 최대한으로 끌어올릴 필요가 있다. 이러한 스트레스는 가족구성원들 사이의 관계와 밀접한 영향이 있다. 따라서 가족구성원과 지역사회는 결혼이주여성에게 관심과 지지를 보냄으로써 가족관계 스트레스가 낮아질 수 있도록 사회적 지지를 해주어야 한다.

가족은 결혼이주여성의 사회통합에 있어 핵심적인 기반이다. 사회통합은 가족 내 통합을 바탕으로 이루어질 수 있기 때문에 결혼이주여성과의 상호작용 수준, 가족 내 구성원들의 결혼이주여성에 대한 지원과 수용 수준 등은 결혼이주여성의 사회통합 수준을 결정하는 요인으로 작용할 수 있다. 가족구성원은 서로 염려하고 신뢰하는 분위기를 형성하는 것이 중요하다. 그러나 결혼이주여성이 적응하는 과정에서 가정폭력이나 시댁 식구와의 갈등(고부갈등), 가정경제의 어려움, 자녀 양육의 문제 등은 결혼이주여성의 삶의 만족도 혹은 결혼만족도를 떨어뜨리고 지역사회 참여를 낮추어 궁극적으로 사회통합을 저해한다(황정미 외, 2009; 오금숙 외, 2013). 남편이 결혼이주여성을 지지하면 스트레스는 낮아지고 생활만족도는 높게 나타난다. 즉, 결혼생활의 온전한 적응은 결혼이주여성의 만족과 안정수준으로 이어져 사회통합을 촉진하게 되는 것이다.

(4) 결혼이주여성의 지역사회 참여

대다수 결혼이주여성들은 초기에 고립된 생활을 경험하게 된다. 가족 이외에는 사람들과 접촉할 기회가 많지 않아 생활반경이 집안으로 국한된다(박은정 외, 2020). 초기 정착단계에서는 남편과 가족 간의 관계가 가장 중요하다. 이들을 통해 처음으로 구축된 사회적 관계는 남편의 친구 아내, 동네 사람들과의 친밀한 관계형성으로 이어지고 지역사회 참여의 교두보가 되기도 한다. 이처럼 남편과 가족의 지지와 적극성은 결혼이주여성이 사회통합하게 되는 밑거름이 된다.

결혼이주여성들에게 사회적 지지는 사회적응을 돕는 요인이다. 결혼이주여성들은 새로운 문화에 적응하는 과정에서 문화적 차이로 말미암아 갈등을 일으키지만, 사회적 지지는 이러한 갈등을 감소시키고 지지원들의 사회적 지지로 인해 새로운 환경에 잘 적응할 수 있다. 결혼이민자의 사회통합에 미치는 영향을 분석한 연구에 따르면 정서적 지지, 정보적 지지, 물질적 지지, 평가적 지지 등과 같은 사회적 지지수준이 높아질수록 사회통합수준도 높아지는 것으로 나타났다.

3) 결혼이주여성의 지역사회통합방안 사례 : 충북 지역 중심

(1) 시 · 군 센터별 사업이용 현황

다문화가족지원법 제12조에 의하면 여성가족부장관은 다문화가족지원 정책의 시행을 위하여 필요한 경우에는 다문화가족 지원에 필요한 전문인력과 시설을 갖춘 법인이나 단체를 다문화가족지원센터로 지정할 수 있다고 규정하고 있다. 충청북도는 12개 시 · 군에 다문화가족지원센터를 설치하고 그 근거가 되는 조례를 제정하고 해당 부서에서 업무를 진행 중이다.

충청북도	2010. 11. 5.	충청북도 다문화가족 지원 조례 여성정책과
제천시	2009. 6. 5.	제천시 다문화가족 지원 조례 여성정책과
옥천군	2010. 5. 11.	옥천군 다문화가족 지원 조례 주민복지과
영동군	2010. 5. 17.	영동군 다문화가족 지원 조례 복지여성과
진천군	2010. 12. 16.	진천군 다문화가족 지원 조례 사회복지과
음성군	2009. 6. 10.	음성군 다문화가족지원센터 운영 조례 주민생활복지과
단양군	2010. 12. 31.	단양군 다문화가족 지원 조례 생활복지여성과

※ 충청북도, 시 · 군 12곳은 모두 외국인 주민(거주외국인) 지원 조례를 제정하여 운영하고 있다.

다문화센터 사업별 실인원은 가족통합 및 다문화사회 이해, 다문화가족 취 · 창업, 다문화가족 자조모임, 개인 · 가족상담의 순으로 나타났다. 2010년 다문화가족지원센터 중 연인원이 가장 많이 이용하는 센터는 청주시 다문화가족지원센터(16,486명)이며, 충주시 다문화가족지원센터(13,786명), 제천시 다문화가족지원센터(12,057명) 순으로 시 지역의 다문화지역센터가 군 지역의 다문화지역센터에 비해 이용 연인원이 많은 것으로 나타났다.

(2) 충북다문화지원센터별 결혼이민자 이용 현황

다문화가족지원센터를 이용한 결혼이민자의 출신국은 베트남 896명, 중국 563명, 필리핀 318명의 순이며, 하위 3개국은 카자흐스탄 3명, 인도네시아 2명, 미얀마 2명 등으로 나타났다(전국다문화가족사업지원단, 2010).

(3) 충북다문화가족지원센터 상담인력 현황

충북다문화가족지원센터의 상담인력은 다문화가족지원센터종사자, 수탁기관 상담인력, 기타기관 상담전문가지원, 상담자원봉사자로 구성된다. 「2009년 다문화가족지원센터 사업결과 보고서」에 의하면 충청북도 내의 상담인력은 총 44명이며, 다문화가족지원센터 외 지원인력이 30명(68.2%)으로 센터 이외의 상담지원인력을 활용하고 있다. 주로 다문화가족에 대한 상담은 센터가 자체인력보다는 상담자원봉사자를 통하여 수행하고 있는 것이다. 그러나 충청북도의 결혼이민자를 고려한다면, 제천시, 청원군, 보은군, 옥천군, 영동군을 제외하고는 센터의 설치뿐만 아니라 상담인력을 확보하지 못하고 있다. 즉, 증평, 음성, 단양은 적실성 있는 상담서비스를 제공하지 못하는 문제가 있다(전국다문화가족사업지원단, 2010).

참고문헌

김영순 외(2019). **다문화 생활세계와 사회통합연구.** 북코리아.

김영주(2006). 충남 국제결혼가족 실태 및 지원 정책 방안에 관한 연구. 충청남도여성정책개발원.

김은숙(2007). 강원도 결식아동 급식전달체계 개선 방안 연구. 강원발전연구원.

김태환(2013). 한국 이민정책의 배제, 동화프레임. 한국정책학회 학술대회, 2013(4).

남인숙 · 안숙희(2011). 도시와 결혼이주여성의 스트레스, 사회적 지지 및 결혼만족도 비교. **여성건강간호학회지,** 17(2), 99-108.

마경희 외(2011). 다민족 · 다문화사회로의 이행을 위한 정책 패러다임 구축. 5-[2], 범부처 다문화사회 정책 예산 분석. 한국여성정책연구원.

박은정 · 주우철(2020). 결혼이주여성의 사회통합 영향요인에 관한 연구 : 수도권 결혼이주여성을 중심으로. **디아스포라 연구,** 14(2).

박해육 · 윤영근(2016). 지방자치단체의 이주민 통합정책. 한국지방행정연구원.

법무부(2017). 재한외국인 처우 기본법 제2조 제3항.

법무부 출입국 외국인정책본부(2020). 2019년 출입국 외국인 정책 통계연보, pp. 50-51.

심인선(2008). 경남 여성결혼이민자의 생활실태 및 정착지원 방안. 경남발전연구원.

양옥경(2008). 특히 취약한 계층의 정신보건 및 인권실태조사. 국가인권위원회.

엄미선 · 조용주(2015). 국제결혼이주여성이 지각한 사회적 지지가 생활만족도에 미치는 영향 : 문화적응스트레스의 매개 효과를 중심으로. **한국사회복지교육,** 32, 23-46.

여성정책연구원(2019). 2018 다문화가족실태조사 연구. 여성가족부, pp. 180-183.

오금숙 · 김윤정(2013). 여성결혼이민자의 사회적 지지, 부부친밀감, 생활만족도가 삶의 질에 미치는 영향 : 충북지역을 중심으로. **다문화건강학회지,** 3(1), 15-25.

장명선 · 이옥경(2008). 서울시 다문화 가족실태 및 지원체계 구축방안 연구. 서울시여성가족재단.

전경옥 외(2013). **다문화사회한국의 사회통합.** 이담북스.

전국다문화가족사업지원단(2010). 2010 다문화가족지원센터 사업결과보고서.

정기선(2007). 경기도내 국제결혼 이민자가족의 실태조사 및 정책적 지원방안 연구. 경기도가족여성개발원.

최무현 · 김경희 · 박홍순(2011). 다문화사회정책 거버넌스 현황과 미래지향적 발전방향. 한국여성정책연구원.

최병두(2018). **초국적 이주와 환대의 지리학.** 푸른길.

최현수(2016). 여성결혼이민자 보호에 관한 제도개선방안. 동아대학교 국제전문대학원 박사학위논문.

행정안전부(2019). 외국인주민현황조사.

황정미 · 문경희 · 양혜우 · 정승희(2009). 이주민의 사회통합을 위한 지역사회 참여현황과 참여증진. 한국여성정책연구.

Chapter

12

다문화가정 사회통합과 지역사회 거버넌스

1. 다문화가정 자녀의 현황과 특성
2. 다문화가정 자녀의 교육적 삶의 개념
3. 다문화가정 자녀의 지역사회와 사회통합 사례

Chapter 12 다문화가정 사회통합과 지역사회 거버넌스

1. 다문화가정 자녀의 현황과 특성

1) 다문화가정의 정의

다문화가족이라는 용어는 이전까지 사용한 혼혈아, 국제결혼가정 등의 차별적인 용어를 추방하고자 2003년부터 건강가정연대를 통해 사용되기 시작했다. 법적으로 다문화가정은 국적법 제2조에 따라 대한민국에 태어나 국적을 취득한 자와 재한외국인 처우 기본법 제2조 제3호의 결혼이민자로 이루어진 가족을 말한다. 마찬가지로 국적법 제2조에 따라 대한민국에서 태어나 대한민국 국적을 취득한 자와 국적법 제4조에 따라 다른 나라 국적을 포기하고 한국 국적을 받은 자로 이루어진 가족이 다문화가족이다. 이와 같이 다문화가정은 국적, 문화, 인종이 서로 다른 남녀가 이룬 가정이나 그러한 가족구성원이 포함된 가정을 널리 의미하는 것으로 정의된다.

2) 다문화가정 자녀의 현황

여성가족부 자료(2019)에 따르면 다문화가정 자녀의 유형별로는 전체 다문화가정 자녀의 83%가 국내에서 출생하였고, 부모 모두가 외국인인 가정이 10%, 또한 외국인 근로자 가족 등의 중도입국 자녀가 8%의 비율을 보이고 있다. 그중 초등학교 재학생이 73%로 가장 높았고, 중학생 17%, 고등학생 10% 순의 비율을 보이고 있다. 교육부 통계(2019)에 따르면 초등학교 · 중학교의 다문화 학생 수는 2018년에 122,212명, 2019년에는 137,225명으로 전년대비 15,013명(12.3%) 증가했다. 그중에서 초등학교는 93,027명에서 103,881명으로 10,854명(11.7%) 증가하였고, 중학교는 18,068명에서 21,693명으로 3,625명(20.1%) 증가하였다.

이러한 다문화가정 아동들의 자아개념은 학교적응과 관련이 있다. 다문화아동은 교사와의 관계가 좋을수록 학교적응을 잘하는 것으로 나타났다(이순비 · 김경화, 2010). 또한 학교적응에 있어서는 부모와의 의사소통이 영향을 미치는 것으로 보고되었다. 결과적으로 다문화아동의 학교적응은 사회적 지지와의 상관성이 있으며, 이는 사회적 지지가 이들의 학교적응을 돕고 더 나아가 사회적응에 대한 중재적 역할을 하는 요인임을 말해주고 있다.

3) 다문화가정 자녀의 증가와 다양화

(1) 중도입국 다문화가정 자녀

다문화가정의 유형이 다양해지면서 점차 증가하고 있는 것으로 추정되는 국제결혼 가운데 재혼가정의 비율도 낮지 않다. 통계청 자료에 따르면, 전체 국제결혼 가운데 한국 남성의 재혼은 2001년 이후 매년 꾸준히 40% 정도를 차지하고 있다. 따라서 재혼인 이주여성의 경우까지 포함하면 다문화가정 중 재혼한 국제결혼가정의 비중은 40%를 넘을 것으로 판단된다. 국제결혼 재혼가정의 어머니를 뒤따라서 한국으로 입국하는 이주 자녀(이른바 '중도입국 자녀')[1]의 수는 통계청의 국제결혼 증감 추이, 행정안전부의 외국계 주민 실태 조사 자료, 법무부의 외국인 이주노동자 유입의 추이, 교육부 재학생 자료 등을 통해 현재 통계보다 지속적으로 증가하고 있음을 추정할 수 있다.

1) 정부는 국제결혼 이주여성이 한국인과 결혼하기 이전에 출신국 남성과의 사이에 낳은 자녀를 '중도입국 자녀'로 칭하고 있다(교육과학기술부, 2010).

(2) 외국인 이주노동자가정 자녀

정부의 공식적인 통계자료가 발표되지 않아 미등록 노동자 가정에서 출생하는 자녀(무국적 자녀)[2] 등은 정확한 수를 확인하기 어렵다. 그럼에도 이들이 국내에 거주하게 되는 경우는 두 가지로 구분될 수 있다. 첫째는 국내에 거주하고 있던 이주노동자들 간의 혼인(또는 동거)을 통하여 국내에서 출생하는 경우고, 둘째는 이주노동자들의 국내 정착 후 일정 기간이 지난 후에 모국에 있던 자녀를 불러들이는 경우다. 국제결혼가정 자녀의 학교급별 학생 수와 마찬가지로 외국인 이주노동자가정 자녀의 수도 고등학교에 재학하고 있는 학생 수에 비하여 학교급이 내려갈수록 그 수가 증가하고 있다. 이러한 사실은 시간이 경과할수록 초 · 중 · 고에 재학할 외국인 이주노동자가정 자녀의 재학생 수가 많아질 것임을 시사한다. 이 외에도 학교 밖에 다수의 다문화 아동, 청소년이 존재하고 있을 것으로 추정된다(국무총리실, 2008).

(3) 난민가정의 자녀

난민가정의 자녀도 주목할 필요가 있다. 한국은 1994년부터 난민신청을 받기 시작했으며, 2011년 최초로 난민을 인정하였다. 그리고 2011년 한 해 동안에 모두 1,011명의 신규 신청이 있었고, 이 가운데 260명이 난민으로 인정되었다. 이는 전년에 비해 2.8배 이상 많은 숫자이다. 이와 같이 난민신청가정과 난민인정가정의 수는 점차 증가할 것으로 추정되고 있다. 특히 난민 신청자 가운데 청소년이 136명(2010년에는 112명)으로, 전년에 비해 20명 이상 크게 증가한 것을 확인할 수 있다.[3] 이러한 증가 추이는 다문화가정의 새로운 유형이라 할 수 있는 난민가정 자녀들에 대한 사회적 지원의 중요성과 별도의 지원(장치)이 마련될 필요가 있음을 시사하는 것이다.

---

2) 부모가 모두 불법 체류자인 경우 한국 출생 자녀를 신고할 마땅한 기관이 존재하지 않는다. 따라서 이들은 서류상으로는 존재하지 않는 무국적 아동으로 남게 된다.

3) 법무부 출입국 · 외국인정책본부(2012). 2011 출입국외국인정책 통계연보. 법무부 출입국 · 외국인정책본부 정보팀.

(4) 새로운 사각지대

외국인 이주노동자가정 자녀들 가운데 미등록 노동자 신분을 가진 부모 아래에서 성장하는 다문화가정 자녀는 부모가 모두 한국 국적이 없는 외국 출신이기 때문에 국제결혼가정의 자녀와는 다른 성장과정이 나타날 수 있다. 첫째는 이들은 법적인 지위가 국제결혼가정의 자녀와 다르다. 공교육 진입 기회와 국내 체류 자체의 가능 여부가 국제결혼가정의 자녀와 다르다. 둘째는 미등록 노동자 신분의 부모 아래 태어난 아이는 성장환경도 다르지만, 성장 후 한국거주 가능성의 정도가 다르다. 마지막으로 구성원의 주 연령대도 다르다. 국제결혼가정 자녀는 대부분 초등학교 재학 이하의 연령대이지만, 외국인 이주노동자가정 자녀의 경우 영아기부터 10대 후반에 이를 정도로 연령대가 다양하다(오성배, 2009).

미등록 노동자 신분의 자녀뿐만이 아니라 다양한 사각지대가 존재하는데, 재혼한 국제결혼가정의 '중도입국 자녀'는 국적은 한국이지만 교육적인 측면은 이주노동자가정 자녀에 가깝다. 재혼한 국제결혼가정 자녀 중에는 아버지가 이혼 후 양육하던 자녀들도 다문화가정의 구성원으로 분류되는 상황이라 이들도 새로운 환경에 적응해야 하는 어려움을 겪을 수 있다. 이렇게 기존의 국제결혼가정의 자녀와 다르게 사각지대에 놓인 대상을 향해 지원방안을 강구하고 시행해야 한다.

2. 다문화가정 자녀의 교육적 삶의 개념

1) 다문화사회로의 이행

장미혜(2008)는 다문화사회로의 이행단계를 세 단계로 나누어 제시했다. 첫 번째 단계는 다문화사회로의 진입 단계다. 이 단계에서는 이주민들의 가시적인 비중이 증가하는 단계로 민족국가 관념을 가지고 있는 사람들의 혼란, 이민자에 대한 차별적 태도, 상이한 가치관에 따른 규범의식 저하와 같은 사회문제가 예상된다. 두 번째 단계는 다문화사회로의 전환 단계다. 이 단계에서는 이주자들이 가족을 만들고 그들의 공동체가 형성되는 단계로 다문화가족 내 언어장벽으로 인한 의사소통기능 약화, 정서적 유대관계의 약화, 가족구성원 간의 무관심이 일어난다. 이로 인해 다문화가족의 이혼율 증가와 가족해체 현상이 예상된다. 또한 사회적 일체감의 해체, 이주민 공동체의 사회적 고립 및 빈곤계층화, 소득격차에 따른 새로운 차원의 사회적 불평등 심화 등의 사회문제가 예상된다. 마지막 단계는 다문화사회의 정착 단계다. 다문화가정의 2세가 사회에 진출하며 새로운 이주공동체를 재생산하는 이 단계에서는 이주민 2세의 정체성 혼란, 저소득·저교육층 이민자를 위한 사회복지 부담이 증대된다. 게다가 이들이 주류사회로부터 느끼는 갈등과 혼란, 범죄 및 실업 문제가 가시화되면서 사회적 마찰이 커진다. 이로 인해 사회적 불안이 가중되는 단계다. 이렇게 각 단계에 따라 제시된 예상된 사회문제들은 예상일 뿐 필연적인 것은 아니다. 하지만 이런 문제들을 잘 대비한다면 문제발생을 최소화할 수 있고, 다문화사회의 효과를 극대화하는 계기가 될 수도 있다.

이어서 장미혜(2008)는 다문화사회로의 이행에 따른 성공과 실패 현상을 사회적·가족적·개인적 수준으로 분석하였다. 다문화사회로의 이행이 성공적으로 진행될 때, 사회적 수준으로는 다양한 인종들 간의 신뢰 증대와 서로 다른 집단의 상호 존중의 문화의 정착과 문화적 권리의 존중 등이 이루어지는 사회를 예측할 수 있다. 가족적 수준으로는 이중언어를 가족 내에서 사용하면서 의사소통 역량 강화, 한국에 깔려있는 가부장적인 문화를 대체할 수 있는 새로운 문화가 부상될 것이다. 개인적 수준에서는 정체성 확립으로 개인의 심리적 안정, 타문화에 대한 개방적인 자세와 수용 등의 현상이 예측된다.

반면에 실패할 경우, 사회 속 다양한 구성원들의 사회적 응집력은 약화될 수밖에 없다. 한국 사회에 잘 적응하지 못한 이민자집단은 소수자로 남게 되고, 타문화에 대한 배타로 이어져 사회적 갈등을 야기할 수 있다. 가족적 수준에서는 다문화가족이 사회 빈곤층으로 전락하게 되며, 그들의 자녀는 사회적응에 실패하는 등의 현상이 예상된다. 개인의 차원에서는 인종이 다른 이주민에 대한 타자화, 차별을 경험한 집단의 소외감 심화 등이 예상된다. 이러한 다문화사회로 이행의 성공과 실패는 다문화가정의 자녀들에게 달려있다고 볼 수 있다. 다문화사회가 기회가 될 것인지, 위험이 될 것인지는 가정의 자녀들에 대한 교육의 성패에 달려있다.

2) 다문화가정 자녀의 교육 진입

현행법은 외국인 이주노동자 자녀는 그들의 부모가 불법 신분이라도 정규학교에 다닐 수 있도록 하고 있다. 그러나 실제 현장에서 이주노동자 자녀들은 정규학교 진입에 어려움을 겪고 있다. 여기에는 다양한 이유가 있는데, 가장 큰 이유는 정부 부처 간 입장 차이 때문이다. 이주 노동자 자녀교육 관련 제도들은 부처마다 입장이 다르다. 정부가 가입한 UN의 아동권리협약[4]에 신분의 '불법' 유무를 불문하고 이주노동자 자녀의 교육권을 보장해 주게 되어 있음에도 불구하고, 부처 간에 아직 일관된 입장으로 조율되지 못하고 있다. 공교육 현장 역시도 임대차계약서와 같은 몇 가지 서류가 있으면 초등학교 입학을 허용해야 함에도 학교의 편견으로 인해 이주노동자의 자녀들의 입학이 거부당하기도 한다. 이주노동자들의 현실도 만만치 않다. 이주노동자들은 기본적으로 경제적 목적으로 입국을 하는데 자녀들을 교육시키면 교육비가 지출되기 때문에 경제적으로 부담하기가 어려운 상황이다. 입국과정에서 지출한 비용과 고국으로의 송금을 감당하려면 자녀를 교육시키는 것은 불가능하다. 국가는 이주노동자들의 자녀를 배려하여 이들이 교육받기 위한 경제적 지원이 필요하다.

---

4) UN은 아동과 청소년을 보호하기 위하여 1989년 '아동의 권리협약'을 채택하였고, 한국도 1991년에 가입하였다. 이 협약에 의하면 "이주노동자 자녀들도 자기 자신을 위하여서가 아니라면 부모와 헤어지는 일이 있어서는 안 된다(제9조)", "부모가 다른 나라에 살고 있으면 부모에게 돌아가 같은 나라에서 살 권리가 있다(제10조)", "어떠한 차별 없이 그 아동들의 권리를 보장(제2조)"해 주어야 하며, 교육의 권리(제28조)를 강조하고 있다. 이러한 내용은 합법적으로 체류하는 외국인들의 자녀뿐만 아니라 불법적으로 체류하는 이주노동자의 자녀들도 한국 국적을 가진 아동과 동등한 교육을 받을 권리를 지닌다는 것을 의미한다.

3) 다문화가정 자녀의 교육 경험

(1) 유아기

비교적 적응이 양호한 시기다. 자녀들이 대부분 한국에서 태어나고 한국어와 한국 문화를 배우며 성장하였기에 어린이집에서 진행하는 수업에도 적응하는 데 큰 문제가 없어 보인다. 어린이집들 중에는 이주노동자가정 자녀 여러 명을 돌보는 곳이 있는데, 특히 그런 곳에서는 그들을 배려하는 프로그램도 진행하고 있는 편이라 적응하는 데 불편함이 없다. 그러나 이주노동자의 자녀가 한 명만 등록된 어린이집에서는 별도의 프로그램을 진행할 수 없어 적응에 어려움을 겪기도 한다.

(2) 초등학교 시기

초등학교 시기에는 여러 어려움에 직면하게 된다. 한국에서 태어나 유년기를 한국에서 보내고 초등학교에 입학한 경우는 적응이 양호한 편이지만, 유년시절을 부모의 국가에서 보낸 후 부모를 따라 한국에 입국한 경우는 한국의 언어와 문화를 새롭게 이해해야 하는 실정이기 때문에 적응하는 데 어려움이 있다. 따라서 수업을 적응함에 있어서도 많은 어려움을 겪는다.

(3) 중학교 시기

이주노동자들의 자녀가 중학생 정도가 되면 학습 능력의 격차가 두드러진다. 이는 수업적응이 더 큰 어려움으로 작용하며, 경제적인 어려움으로 교육비나 교재교구비를 마련하지 못하는 경우도 많다. 미등록 외국인 노동자의 자녀의 경우 불법체류자라는 이유로 지원을 받는 데 더 어려운 상황이다. 이러한 경우 현재 학교에 재학하고 있더라도 상급학교 진학에는 큰 걸림돌이 된다.

4) 다문화가정 자녀의 교육 성취

국내 다문화가정 자녀들은 연령대가 다양한 것으로 추정된다. 따라서 '교육 경험'과 '교육 접근'의 과정을 통해, 격차의 누적과 성취의 정도가 어느 정도로 발생하게 되는지 구체적인 확인이 어렵다. 그럼에도 불구하고, 각종 연구 조사에 나타난 수치에서 학업성취와 인성 형성 등에 어려움을 겪고 있는 것으로 나타난다.

(1) 학업성취 수준

'교육 경험'과 '교육 접근'의 과정에서 발생되는 문제들은 '교육 성취'를 매우 낮게 만들고 있다. 한국 사회에서 출생하여 성장한 학생들은 중도입국 뒤에 중학교에 들어온 학생들과 비교했을 때 상대적으로 높은 성취 수준이 나타났다. 하지만 같은 동료집단의 성취 수준에 비하면 여전히 낮은 상태이고, 특히 언어와 문화와 관련된 과목인 국어 · 사회 · 국사 등의 과목의 성취 수준은 낮은 것으로 확인되었다.

(2) 인성 형성의 과정

다문화가정에서 출생한 자녀의 경우와 달리, 중도입국 후 바로 학교에 입학하지 못하고 방치기간을 거친 중도입국 다문화가정 자녀의 경우, 또 다른 문제가 발생할 수 있다. 방치기간이 길어짐에 따른 한국 사회의 예절과 도덕에 대한 사회화가 이루어지지 못하는 문제다. 이러한 아이들을 정부나 지역사회마저 방치한다면 인성이 형성되는 성장의 과정 속에 사회적 문제가 발생할 가능성도 안고 있다.

3. 다문화가정 자녀의 지역사회와 사회통합 사례

1) 사회통합을 위한 여성가족부 생애주기에 따른 다문화가정 지원정책

여성가족부는 결혼이주여성을 위한 생애주기별 맞춤형 서비스를 제공하는 목적을 가지고 단계에 따른 세부 과제를 선정해서 추진하고 있다.

(1) 결혼준비기

결혼을 준비하는 기간에는 결혼 예정자 사전 준비 지원 및 결혼중개 탈법방지를 강화한다. 이를 위해서 국제결혼업체의 탈법적 행위를 방지하고 국제결혼중개업에 대한 관리 강화 등의 정책을 통해서 결혼하는 당사자의 인권을 보호할 수 있는 제도를 마련해야 한다. 이 단계에서는 한국인 예비배우자를 대상으로 한 사전교육을 강화해야 하고, 결혼이민자에 대한 사전 정보 제공을 철저히 해야 한다(오만석, 2011).

(2) 가족형성기

결혼이민자들의 가족형성기에는 이들의 안정적 생활지원과 조기적응에 역점을 둔다. 이를 위해서 다양한 각도에서 한국어 교육을 지원하며, 통역과 번역을 위한 파견 서비스 제공 등 이들의 원활한 의사소통을 지원하고, 정책·생활정보들의 보급을 확대한다. 방송매체는 한국생활정보 및 결혼이민자 정책에 대한 정보를 다양한 언어로 결혼이민자들에게 제공한다. 이 단계에서는 다문화가족의 생활 보장을 위해서 한국 국적의 미성년 자녀를 두었거나 직계존속을 부양하는 국적 미취득 결혼이민자에게 기초생활보장제도, 긴급지원제도, 자활사업제도 등을 확대 적용할 수 있도록 한다(김미영, 2014).

(3) 자녀양육기

자녀를 양육해야 하는 기간에는 다문화가족의 임신, 출산, 양육을 지원한다.

이를 위한 내용으로 임신·출산 방문 지원 서비스, 산후조리, 저소득층 다문화가족의 신생아와 산모의 건강관리 등이 있다. 또한 다문화가족지원센터 내 육아정보나눔터 설치, 아동양육 지원을 위한 방문교육의 효율화, 아버지 육아교육 실시, 부모-자녀 자긍심 향상 프로그램 실시 등을 통한 다문화가족 부모의 양육 능력 배양이 강조된다. 이 단계에서는 아이돌보미 사업을 저소득 다문화가족과 연계, 저소득 다문화가족 영유아에 대한 무상교육 확대, 보육시설에서의 다문화 프로그램의 강화, 농어촌지역 소규모 보육사업 실시 등 영유아 보육·교육을 강화해야 한다(오만석, 2011).

(4) 자녀교육기

자녀교육기에는 다문화가족 아동과 청소년의 학습발달 및 역량개발을 지원하는 데 중점을 둔다. 이를 위해 취학 전 아동의 언어·학습능력 향상을 지원하고, 지역아동센터와 같은 인프라를 활용하여 방과후 다문화 자녀의 학습 및 성장을 지원하는 등의 역량강화를 위한 지원이 강조된다. 이 단계에서는 다문화 청소년에 대한 상담지원 강화, 빈곤 다문화 아동과 청소년에 대한 맞춤형 통합 서비스 제공 등을 통한 지원이 필요하며 부모의 자녀교육 능력 강화 프로그램 등과 같은 부모의 자녀교육 역량이 강조된다(김미영, 2014).

(5) 가족역량 강화기

가족역량 강화기는 결혼이민자가 경제적으로 사회적으로 자립할 수 있는 역량을 강화하는 데 역점을 둔다. 이를 위해 취업 및 창업지원 모델을 개발하고, 직업교육 및 훈련을 강화한다. 결혼이민자의 취업을 촉진하기 위해 결혼이민자의 지역사회 활동의 참여 확대, 다문화가족 자족 모임의 활성화 등을 통한 결혼이민자 사회연계 강화가 필요하다(오만석, 2011).

(6) 가족해체 시 지원정책

가족이 해체되는 경우, 다문화가족의 자녀와 한부모가족에 대한 지원과 보호에 초점을 맞춘다. 이를 위해 가족이 해체의 직접적인 원인인 이혼 후 실태를 파악하고, 한국인 배우자가 없는 한부모가족을 지원하고, 자녀들에 대한 교육권과 생활권을 보장할 수 있도록 대책을 세우는 등의 지원 정책이 요구된다(김미영, 2014).

2) 사회통합을 위한 교육부 다문화가정 자녀 지원정책

2006년 '다문화가정 자녀 교육 지원 대책'을 처음으로 수립한 후 교육부는 매년 '다문화교육 지원계획을 수립'하여 진행하고 있다. '2021년 다문화교육 지원계획'은 "함께 배우며 성장하는 학생, 다양하고 조화로운 학교"를 비전으로 다문화 학생 교육 기회 보장 및 교육격차 해소와 다양한 문화가 공존하는 성숙한 교육환경의 구축을 목표로 하고 있다.

계획의 추진과제는 ① 출발선 평등을 위한 교육 기회 보장, ② 학교 적응 및 안정적 성장 지원, ③ 다양성이 공존하는 학교 환경 조성, ④ 다문화교육 지원체계 내실화이다. 출발선 평등을 위한 교육보장을 위해서 다문화 학생의 공교육 교육 진입 지원과 학교교육 준비도 격차 해소를 지원하고 있으며, 학교 적응 및 안정적 성장 지원을 위해서는 맞춤형 한국어 교육 제공과 학교 적응 및 인재양성 지원을 진행한다. 다양성이 공존하는 학교 환경 조성을 위해서 전체 학교의 다문화교육을 확대, 교원의 다문화교육 역량을 제고, 가정 및 지역사회와의 연계를 진행하며, 다문화교육 지원체계 내실화를 위해서는 다문화교육 관련 법·제도 개선 및 코로나19 대응 다문화교육을 지원, 중앙-지역 및 부처 간 협력 강화를 진행한다.

3) 지역사회와 사회통합을 위한 다문화가정 자녀 교육지원사업

경기도의 '꿈터', 충북 '꿈길', 세종시의 '세종愛꿈', 강원도 '행복한 동행, 영동 진로체험 지원센터' 등과 같이 중·고등학교와 지역사회가 연계하여 진로탐색 프로그램 및 직업 현장체험, 학부모 진로코치, 진로박람회 등 청소년 진로 교육 지역협의회를 구축하고 있다. 대구와 충청남도 등은 교육청에서 주관하여 이중 언어 학습, 다문화 중점학교, 대학생 멘토링제, 학부모 동아리 및 교원연수 등을 통해 실시하고 있다. 이와 같이 지방자체단체에서는 다문화가정 자녀들의 진로나 적성지원들을 위한 사업을 진행하고 있다(배옥현, 2017).

참고문헌

국무총리실(2008). 다문화가정 교육지원정책 평가. 국무총리실 정책분석평가실 평가서.

김미영(2014). 결혼이주여성의 성경적 자아정체성 확립을 통한 자녀양육에 관한 연구. **성경과 상담**, 13(-).

김영순 외(2019). **다문화 생활세계와 사회통합연구**. 북코리아.

박해욱 · 윤영근(2016). 지방자치단체의 이주민 통합정책. 한국지방행정연구원.

배옥현(2017). 경상북도 다문화가족자녀 역량강화를 위한 지원방안. **다문화와 인간**, 6(1).

법무부 출입국 · 외국인정책본부(2012). 2011 출입국 외국인정책 통계연보. 법무부 출입국 · 정보팀.

오만석(2011). 다문화가정 자녀교육의 현실과 과제 : 여섯 가정을 중심으로. **다문화교육연구**, 4(1).

오성배(2009). 외국인 이주 노동자가정 자녀의 교육 실태와 문제 탐색. **한국청소년연구**, 20(3).

이순비 · 김경화(2010). 다문화가정 아동의 자아개념, 부모와의 의사소통 및 사회적 지지가 학교적응에 미치는 영향. 대구가톨릭대학교 사회과학연구소. **사회과학논총**, 9(-).

장미혜(2008). 다문화사회의 미래와 정책적 대응방안. **젠더리뷰**, 10(-).

전경옥 외(2013). **다문화사회한국의 사회통합**. 이담북스.

최무현 · 김경희 · 박홍순(2011). 다문화사회정책 거버넌스 현황과 미래지향적 발전방향. 한국여성정책연구원.

최병두(2018). **초국적 이주와 환대의 지리학**. 푸른길.

황정미(2009). 이주민의 사회통합을 위한 지역사회 참여현황과 참여증진. 한국여성정책연구.

Chapter

13

한국이주자 지역사회와 사회통합의 방향과 과제

1. 법무부 사회통합프로그램의 이해
2. 다문화사회 사회통합을 위한 미래 방향과 과제
3. 다문화사회 지역사회의 향후 역할과 과제

13 Chapter 한국이주자 지역사회와 사회통합의 방향과 과제

1. 법무부 사회통합프로그램의 이해

1) 법무부 사회통합프로그램 도입

(1) 사회통합프로그램

사회통합프로그램은 재한외국인 처우 기본법을 기반으로 법무부가 종합적인 외국인정책을 실시하기 위해 도입되었다(문병기 · 이향수 · 황민철, 2016). 법무부는 이민자의 법적 지위(비자발급, 체류, 영주, 국적 등)에 대한 정책과, 한국 사회 적응과 통합이라는 두 가지 외국인 정책을 접목하는 방안으로 사회통합프로그램을 도입하였다(문병기 · 이향수 · 황민철, 2016). 법무부의 사회통합프로그램은 합법적으로 한국에서 체류하는 모든 외국인이 참여할 수 있도록 보장하고 있다(문병기 · 이향수 · 황민철, 2016). 법무부가 지정한 운영기관에서 한국어와 한국 사회 이해 교육이 이루어지고 있으며, 교육 이수자에게 체류허가, 영주자격, 국적 부여 등의 혜택을 제공하고 있다(김종세, 2013).

(2) 법적 추진체계

「이민자 사회통합프로그램 및 그 운영 등에 관한 규정」에 대한 훈령을 제정하여 전국 단위의 사회통합프로그램을 운영하고 있다(김종세, 2013). 출입국 관리법을 개정하여 사회통합프로그램의 주요 내용, 대상, 운영기관, 전문인력에 대한 법적 근거를 마련하였다(김종세, 2013).

2) 법무부 사회통합프로그램 대상

합법적으로 한국에 체류하는 모든 외국인은 제한 없이 사회통합프로그램에 참여할 수 있으며 연도와 체류자격별 참여 인원은 〈표 13-1〉과 같다.

〈표 13-1〉 법무부 사회통합프로그램 참여자 현황(연도별 · 체류 자격별)

(단위 : 명)

구 분	합계	2009년	2010년	2011년	2012년	2013년	2014년	2015년	2016년
연도별 합계	115,449	1,331	4,429	6,519	12,444	14,014	22,361	25,795	28,556
결혼이민(F-6)	68,757 (67.7%)	846 (63.6%)	3,266 (73.7%)	4,971 (76.3%)	8,238 (66.2%)	8,572 (61.2%)	13,131 (58.7%)	14,534 (56.3%)	15,199 (53.2%)
방문동거(F-1)	6,121	246	558	534	878	593	391	1,475	1,446
방문취업(H-2)	2,029	83	130	111	238	212	324	413	518
영주(F-5)	1,011	90	125	33	66	117	159	193	228
유학(D-2)	4,835	14	64	154	388	392	806	1,302	1,715
기업투자(D-8)	1,688	11	89	159	248	328	333	288	232
비전문취업(E-9)	10,904	19	44	148	1,356	1,272	2,181	2,734	3,150
재외동포(F-4)									1,392
기 타	18,712	22	153	109	1,032	2,528	5,036	4,856	4,676

2009년 참여인원은 약 1,300명에 불과했으나 2016년 9월 기준으로 약 28,500명으로 증가하였다. 참여인원 중 다수가 결혼이민자이지만 2011년이 지나서는 그 비율이 꾸준하게 감소하고 있다. 2016년 9월 기준으로 사회통합프로그램 참여자 중 결혼이민자 다음으로 많은 비중을 차지하는 체류자격은 비전문취업, 유학생, 방문동거 순이었다. 2016년 7월을 기점으로 재외동포가 영주자격을 취득하기 위해서는 사회통합프로그램을 의무적으로 이수해야 하기 때문에 2016년 9월부터 통계에 새롭게 기록되고 있다. 2017년부터 2021년 1월 기준까지의 참여자 현황은 다음과 같다.

〈표 13-2〉 법무부 사회통합프로그램 참여자 현황(2017~2021. 1)

(단위 : 명)

연도	2017년	2018년	2019년	2020년	2021년 1월
합계	41,500	50,639	56,535	36,620	7,206

3) 사회통합프로그램 내용

사회통합프로그램은 단계별 한국어(한국문화), 한국 사회 이해와 관련된 교육이 진행된다. 교육단계는 0단계에서 4단계까지는 한국어와 한국 문화에 대한 교육이 진행된다. 5단계는 한국 사회 이해만을 교육하게 된다. 5단계에서는 헌법, 제도, 사회, 문화, 정치, 역사, 경제, 지리 등 한국 사회와 관련된 전반적인 내용이 교육내용으로 포함되어 있다.

교육레벨에 있어서 기초는 0단계, 초급은 1 · 2단계, 중급은 3 · 4단계, 고급은 5단계로 나누어져 있다. 0단계는 15시간 이수해야 하며, 1단계부터 4단계까지는 각각 100시간 이수해야만 한다. 5단계는 70시간을 의무적으로 이수하여야 하며, 모든 이수자가 수강해야만 한다. 이러한 교육에 참여하는 인원은 2016년 9월 기준으로 5단계 참여 인원이 가장 많으며(7,276명, 25.5%), 그 다음으로 4단계(6,520명, 22.8%), 3단계(6,291명, 22%), 2단계(4,494명, 15.7%), 1단계(2,132명, 7.5%), 0단계(1,776명, 6.2%) 순이었다.

〈표 13-3〉 이민자 사회통합프로그램의 참여자 현황(교육 단계별)

구 분	과정 수(개)	인원(명)	비율(%)
전 체	1,849	28,556	100
0단계(한국어 기초)	153	1,776	6.2
1단계(한국어와 한국 문화 초급 1)	157	2,132	7.5
2단계(한국어와 한국 문화 초급 2)	297	4,494	15.7
3단계(한국어와 한국 문화 중급 1)	411	6,291	22.0
4단계(한국어와 한국 문화 중급 2)	425	6,520	22.8
5단계(한국 사회 이해)	400	7,276	25.5
심 화	6	67	0.2

프로그램은 사회통합정보망(www.socinet.go.kr)을 통해 신청이 가능하다. 참여 신청 대상자를 위해 사전평가가 이루어지며, 사전평가 성적에 따라 교육단계가 배정된다. 사회통합정보망을 통해 프로그램에 참여가 가능한 운영기관을 선정하여 등록할 수 있고, 운영기관에 등록되면 교육을 이수하게 된다. 프로그램에 참여하기 이전에는 법무부에 의해 시행되는 사전평가 또는 국립국제교육원이 시행하는 한국어능력시험(TOPIK) 성적에 따라 단계별 수업에 참여하도록 하고 있다. 각 단계별로 성취도 평가가 25문제, 40분간 진행되며, 60점 이상이 되면 다음 단계 수업에 참여가 가능하다. 4단계 이후 중간평가가 실시되는데, 한국어, 한국 문화에 대한 평가가 35문제, 55분간 진행된다. 60점 이상이면 한국어와 한국문화시험 합격증이 발부된다. 5단계까지 이수한 경우 종합평가를 실시하게 되고, 45문항으로 70분 동안 진행된다. 60점 이상이면 한국이민귀화적격시험 합격증이 발부된다. 합격증을 받게 되면 국적심사에 있어 대기기간이 단축되며, 귀화를 신청하였을 때 국적필기시험, 국적면접심사 면제의 혜택들이 주어진다.

〈표 13-4〉 법무부 사회통합프로그램의 교육과정 구조

단계 구분	0단계	1단계	2단계	3단계	4단계	5단계
과정	한국어와 한국 문화					한국 사회 이해
	기초	초급 1	초급 2	중급 1	중급 2	
이수시간	15시간	100시간	100시간	100시간	100시간	70시간
사전평가 점수	3점 미만 (구술 3점 미만은 자필성적 무관)	3~20점	21~40점	41~61점	61~80점	81~100점
TOPIK 등급	–	–	TOPIK 1급	TOPIK 2급	TOPIK 3급	TOPIK 4~6급

※ 정책 변경 및 교육과정 개편에 따라 변경될 수 있다.

4) 사회통합프로그램 전달체계

법무부는 사회통합프로그램 전반에 걸쳐 총괄적인 책임을 가진다. 일선 현장에 설치된 거점, 일반 운영기관이 체류 외국인에게 직접적으로 서비스를 전달하고 있다. 거점운영기관은 법무부 출입국관리사무소를 중심으로 관리, 감독이 이루어지고 있고, 거점운영기관은 일반운영기관을 관리, 감독하고 있다. 거점운영기관 중에는 중앙운영기관을 설치하여 전국 단위 전담인력 교육, 평가관리, 소식지 발간, 화상교육 등의 업무를 진행하기도 한다(문병기 외, 2013).

이러한 거점, 일반운영기관들의 구체적인 역할은 〈표 13-5〉와 같다. 거점운영기관은 주로 대학에 설치되어 있으며, 일반운영기관은 주로 민간단체가 참여하여 프로그램을 전달하고 있다. 2021년 기준으로 총 348개의 운영기관(거점 : 48개소, 일반 : 300개소)이 설치되었다.

〈표 13-5〉 법무부 사회통합교육 운영기관 및 역할

거점교육기관	일반운영기관
• 법무부로부터 직접 국고보조금 수령 • 예산집행 등의 제반업무 수행 • 관할출입국에 각종 학사 관련 보고 • 거점 내 학사강사관리 총괄 • 거점 내 교육 프로그램 기획·총괄	• 개설과정 관리 감독 • 강의실 등 시설 제공, 교육 실시 • 소속 강사 관리 감독 (부당/ 허위 출결관리 여부 등 감독)

〈표 13-6〉 법무부 사회통합교육 운영기관 현황(2021. 12)

구 분	거점운영기관	일반운영기관	합계
대 학	32	46	78
다문화가족지원센터	2	114	116
농 협	0	4	4
그 외 (민간단체, 자치단체 및 공공기관)	15	170	185
총 계	49	334	383

출처 : 사회통합정보망(2021).

2. 다문화사회 사회통합을 위한 미래 방향과 과제

1) 사회통합을 위한 기반

(1) 영주권과 시민권에 따른 권리보장 확대의 필요성

스트랭과 에이거(Strang & Ager)의 사회통합 모형에 따르면 이주민의 권리와 시민권은 이주민이 이주국에 정착하는 데 있어서 가장 주요한 요소이다. 시민권자의 권리 가운데 주요 요인은 복지혜택을 제공받는 것이지만 현행 국내에서의 시민권은 국적 취득이라는 점에 국한되어 있을 뿐 복지혜택에 있어서는 매우 제한적으로 지원되고 있다(황정미 외, 2007).

사회보험제도의 경우는 4대 보험의 적용은 시민권자에게, 건강보험은 영주권자들에게만 적용된다. 국민기초생활보장제도는 한국인 자녀를 둔 국민의 배우자와 영주권자로 수급대상을 제한하고 있다. 장애인 영주자는 장애등급과 관계없이 공공부조 프로그램의 혜택을 받을 수 없다. 이러한 차별은 시정되어야 할 필요가 있으며, 시민권자와 영주권자 모두 내국인과 동등한 경제 · 사회복지의 혜택을 받는 것은 전 지구적 표준이다(이성순, 2013).

(2) 국적법의 개정

주요 선진국인 미국, 캐나다, 호주 등은 국적을 부여하는 방식에 있어서 이주민의 체류안정적 지원을 위해 속지주의를 채택하고 있다. 우리나라의 경우 속인주의를 채택하고 있기에 최근은 무국적자의 문제가 주요 이슈가 되고 있다. 무국적자는 난민 부부 사이에서 태어난 자녀, 유학생 부부 사이에서 태어난 자녀, 외국인 근로자 부부 사이에서 태어난 자녀 등이다. 이에 이들을 위한 무국적자 판정제도의 정비, 무국적자 인정제도의 마련, 「무국적자의 지위에 관한 협약」 관련 국내법의 정비, 「무국적자 발생방지와 무국적자 감소에 관한 협약」의 가입 등이 요구된다(황필규, 2010).

우리나라는 합법 체류하는 외국인 근로자, 유학생 부부 사이에서 출생한 자녀에 대해서 국내 체류기간 동안 방문동거(F-1) 비자를 주고, 외국인 근로자 부부가 불법 체류하는 중에 태어난 자녀일지라도 질병과 같은 인도적인 사유가 있을 경우에는 G-1 비자 같은 기타자격 비자를 발급해 주고 있다. '국제아동권리협약'에 따르면 그 어떤 이유로도 아동에 대한 차별을 하지 못하도록 하고 있다. 따라서 어린이들의 경우는 반드시 합법적인 체류권을 부여하도록 규정하여야 할 것이다. 궁극적으로는 속인주의가 아닌 속지주의를 적용하여 한국 국적을 2세들에게 부여하는 제도적 보완이 요청된다.

2) 사회통합을 위한 요소

(1) 언어문화교육의 확대

이주민을 대상으로 하는 언어문화교육은 이민자의 한국 사회 조기정착 지원이라는 점에서 중요한 지원이다. 외국인 근로자의 경우 언어문화교육은 취업을 기반으로 하여 한국이라는 새롭게 적응해야 하는 사회에 잘 녹아들 수 있도록 하는 데 있다. 반면에 결혼이민자의 경우는 언어문화교육 강화를 통해 한국에서의 원만한 생활이 가능하도록 도와야 한다. 정리하자면 언어문화교육은 전문화가 되어야 하는데, 이를 강화하기 위해서는 다음과 같은 세 가지 방편이 요구된다.

① **교육관리** : 국가에서 정책적으로 이주민을 대상으로 언어문화교육을 실시할 때는 일원화된 프로그램과 등질적인 강사 양성 및 관리가 필요하다. 또한 수업을 참여하는 이들로부터 수업만족도를 체크하고 교육의 사각지대에 놓인 이주민들을 찾아내며, 철저한 학사관리 및 교육 프로그램에 대한 지속적인 연구가 필요하다.

② **교육대상** : 교육대상에 있어서는 결혼이민자, 외국인 근로자 등의 환경을 제고한 대상에 따른 교육 프로그램 운영이 필요하다. 즉, 집합이나 방문교육 중 어느 것이 효과적일지, 주간이나 주말교육 중 어느 것이 더 효과적

일지 고려해야 한다. 또한 교육대상에 대한 점차적 확대가 요구되며 중도 입국자녀, 초청가족 등으로 대상을 확대하여 한국의 언어와 문화에 관심이 있는 외국인들을 교육해야 한다.

③ 교육내용 : 교육의 내용에 있어서는 통합적인 코스가 일반적으로 필요하며, 속성코스, 부모 및 여성 사회통합코스, 청소년 코스, 문맹자 코스 등으로 내용을 확대해 가야 한다.

(2) 갈등예방과 차별금지

이주민이 늘어남에 따라 내국인과의 갈등은 주된 사회적 불안 요인으로 발생하게 된다. 서구 사회는 먼저 인종 소요 사태를 겪어왔는데, 이것의 주요 요인은 내국인들의 외국인에 대한 배타나 혐오의 태도, 이주민들의 실업문제 및 경제적 빈곤, 본국에서 태어난 2세들의 사회적응 문제, 외국인 주거지역의 슬럼화 현상 등이었다. 이러한 선례들을 고려할 때 단일민족이라고 불리는 한국 사회는 이주민에 대한 배타적 태도가 더 강하게 나타날 수 있다. 한국 사회는 잠재적 위험들에 대해 얼마나 사회적으로 준비되어 있는지 점검해 보아야 한다.

3) 사회통합을 위한 사회적 관계

(1) 내외국인과 상호관계를 통한 초기 정착지원

대한민국은 이주민 정착을 지원함에 있어 교육지원의 비중이 크다. 외국인 지역별 거주현황에 따르면 수도권에 58%의 외국인이 거주[1]하는 바와 같이 다문화시책이 활발한 지방자치단체 또한 수도권에 집중되어 있다.[2] 현재 진행 중인 지방자치단체별 이주민 지원의 현황의 1단계는 가장 기초적인 단계로 문화체험, 한국어교육 등이다. 2단계는 취업 관련 교육, 다문화자녀교육, 다문화이

---

1) 2012년 6월 말 기준 지역별 외국인거주현황을 보면 등록외국인 975,922명 가운데 경기(302,606명), 서울(266,412명)으로 집계된바 이주민이 수도권에 58% 거주하고 있음(법무부, 2012. 6. 통계월보)

2) 지방자치단체별 외국인주민의 수적 규모가 작은 경우 중앙정부의 표준시책과 프로그램 그리고 보조금에 준하여 사업을 시행할 뿐 프로그램 개발하지 못하는 실정임

해교육, 조기정착 지원 등이 있다. 3단계는 외국인 대표자 회의, 외국인공동체 지원, 외국인협의체 운영 등이다. 최근 들어서는 지방자치단체별 민간단체들을 중심으로 이주민들을 지원하는 프로그램들이 늘어나고 있다. 예를 들어, 1일 홈스테이 체험, 이주민과의 일대일 친정어머니제 등과 같은 프로그램으로 이주민이 지역 내에 사회구성원으로 자리잡을 수 있도록 돕고 있다.

(2) 커뮤니티 활성화 등 지역사회 적응 강화

이주민 공동체는 언제나 지역사회 내 다른 주체들과 어떻게 소통하는가가 중요한 과제이다. 이주민 모임이 고립된 형태의 모임이라면 그들의 지역사회 참여에도 한계가 분명히 존재한다. 이주민들이 자발적인 활동에만 그치는 것이 아니라 동시에 지역사회 내국인들과 연계하는 차원의 프로그램 개발이 요구된다. 이에 향후 비영리기구들과 지방자치단체가 공동으로 이주민과 내국인의 지역사회 결속력 강화 및 상호문화 이해를 위한 프로그램이 개발되어야 할 것이다.

(3) 지역사회의 서비스 전달체계 구축의 강화

지방자치단체는 이주민 정책의 일선기관으로 다문화가족과 직접 연계된 생활형 서비스를 담당하는 곳이지만 지방자치단체의 능동적이고 실효성 있는 정책의 수립과 집행보다는 중앙정부의 시책을 관리하는 수준[3)]에 그치고 있다는 지적이 있다. 단기적 성격의 사업들이 주로 추진되고 교육과 취업정책 사업 등이 분산적으로 이루어지고 있으며, 동시에 이주민 지원의 지원책이 유기적으로 결합되어 있지 않아 이주민 지원에 한계를 보인다는 평가도 있다.

향후에는 지방자치단체 내에 사회통합국과 같은 새로운 부서를 설치하여 지역별 맞춤형 이주민 지원정책을 실시하고, 중앙정부와 지방자치단체, 지방자치단체 내 민간단체들과의 연계성을 통해 자원봉사단의 활성화 등이 요구된다.

3) 질 높은 사회통합 사업의 전달체계를 살펴보면, 직접집행형이 28.0%, 소속기관 집행형과 관련단체 및 별도기관 집행형이 각각 16%, 관련단체 집행형이 14.7%, 지방자치단체 집행형이 13.3%, 소속기관 및 별도기관 집행형이 12.0%로 나타났다. 이에 국내 다문화관련 지원정책은 관주도형으로 추진되고 있음을 알 수 있다(임동진, 2011 : 384).

3. 다문화사회 지역사회의 향후 역할과 과제

1) 다문화사회 사회통합을 위한 지역사회의 역할

(1) 지역사회 정주민의 인식 변화

지금까지의 지역사회는 다문화가족을 관리의 대상으로 여기거나, 타인 혹은 외부인이라는 의제로만 다루었다. 그러나 지역사회의 통합과 세계화를 실현하기 위해서는 지역주민이 외국인을 한 지역의 식구로 인식(membership)하는 과정이 필수적이다.

(2) 지역사회의 다문화이주민 지원을 위한 재정의 확보

인구 및 재정 규모가 있는 도시들은 다문화 가족을 지원하는 데 여유가 있을 것이지만, 일반적인 지역의 대부분은 다문화가족과 관련한 지원 수준은 아직 충분하지 않은 것으로 보인다. 다문화가족에 대한 다양한 지원사업을 하려면 독립적인 지원과 인력이 필수적이다. 따라서 공공부문에서의 다문화가족 지원을 위한 인력과 예산을 확충해야 한다.

(3) 정주민과 이주민의 상호이해를 위한 프로그램의 개발

다문화 지역사회가 이루어지기 위해서는 다문화가족들을 대상으로 하는 비교문화 이해 프로그램과 내국인들을 대상으로 하는 다문화 이해 프로그램을 균형적으로 병행해야 한다. 또한 건강한 다문화가족을 지역사회 안에서 계속 발굴하고 모범 사례로 홍보하며, 상호 간의 문화적 이해도와 신뢰를 높여가야 할 것이다.

(4) 다문화지원체계를 위한 거버넌스의 확대

지역사회의 자원봉사와 시민단체의 존재는 지역사회 내의 다문화가족을 지원하고 이들이 정착하는 데 많은 도움을 주고 있다. 이러한 자생적 민간단체들은 시민 거버넌스적인 측면에서 중요하다. 다문화가족은 빠르게 늘어나고 있지만, 시민사회나 민간단체는 턱없이 부족한 형편이기에 이들을 위한 지속적인 투자가 필요하다.

2) 다문화가족의 지원에 대한 지방정부와 지역사회의 역할

다문화가족의 지원에 대해 추정하기에 지방정부나 지역사회의 비중은 현재까지 크지 않다. 서울특별시와 광역시들의 경우를 보면, 예산 비중에 있어 다문화 관련 예산은 1% 수준에 머무르고 있다. 구체적으로 2014년에 서울은 21조 5,498억 원 중에서 2,585억 원(약 1.2%), 인천은 7조 8,254억 원 중에서 711억 원(약 1.1%), 대구는 6조 206억 원 중에서 842억 원(약 1.4%), 대전은 4조 712억 원 중에서 651억 원(약 1.6%), 광주는 3조 6,179억 원 중에서 361억 원(약 1.1%), 울산은 2조 7,852억 원 중에서 473억 원(약 1.7%)을 거주외국인과 다문화가족 관련 예산으로 편성, 집행하였다(행정자치부, 2015c).

이러한 원인은 지방자치단체들의 재정자립도가 낮은 이유일수도 있으며, 예산집행의 순위가 상대적으로 다른 지역현안들보다 뒤로 밀려나기 때문일 수도 있다. 그러나 정부의 예산은 다문화가족을 지원하는 기본적인 재원이므로, 이대로 방치하면 장기적으로 사회적 문제가 되어 돌아올 수 있다. 그렇기에 정부와 지역사회의 관심이 필요하다.

3) 지역사회와 사회통합을 위한 다문화복지의 지원 과제

다문화가족의 지역사회 적응 수준의 차이를 연구한 결과, 집단에 따라 상당부분 의미 있는 차이가 드러나는 것으로 밝혀졌다. 이는 기존 이민의 인구학적 특성(demographic characteristic)에 따라 다문화가족의 지역사회 적응 수준이 뚜렷한 차이를 보일 수 있다는 기존의 연구결과와 일치한다(공수연 · 양성은, 2011; 김태원, 2013; 장진경 · 신유경, 2012; Castles & Miller, 2009; Kivisto, 2002; Nelson et al.,

2008). 대체로 교육수준과 경제수준이 높고, 국내 체류기간이 길며, 종교가 있을수록 적응 수준이 높았다.

이주민의 지역사회통합에 영향을 미치는 요인은 여러 가지이다. 심리적 특성의 타인 신뢰와 정착 의지 요인, 타문화에 대한 이해와 유연성 요인, 커뮤니케이션 특성의 외부 활동의 참여 수준, 언어기술과 의사소통 요인, 지역환경 특성의 자원봉사와 시민종교단체와 지방정부 특성의 시설과 서비스체계 요인, 인구사회학적 특성의 경제 · 교육 · 거주기간 요인 등이다. 정부를 포함한 지역사회는 앞으로 이러한 의미 있는 요인들을 중심으로 이주민의 지역사회 통합 수준을 향상시키기 위한 다문화복지적 노력을 기울여야 한다는 것을 시사한다.

이주민이 한국 문화에 대한 이해도, 선호도, 수용성이 높으면 순종(submission), 타협(compromise), 일치(consensus) 등의 여러 가지 방법을 통한 사회적 적응이 훨씬 쉬워진다는 기존의 견해가 많은데(곽병선 · 김희숙, 2009; 김희순 · 정희선, 2011; 송지현 · 이태영, 2010; 여중철, 2010), 이것이 구체적으로 증명되고 있다. 또한 고학력 전문직이 저학력 저숙련직보다 상대적으로 이주사회 적응에 유리하다는 연구결과가 빈번하게 보고되고 있다(공수연 · 양성은, 2011; Levitt & Jaworsky, 2007; Nelson et al., 2008).

참고문헌

공수연 · 양성은(2011). 다문화가족의 적응과정에 대한 연구. **한국생활과학회지**, 20(1).

곽병선 · 김희숙(2009). 다문화가족의 지역사회 적응 지원방안 고찰- 전북 군산지역을 중심으로-. **지역발전연구**, 8(2).

김영순 외(2019). **다문화 생활세계와 사회통합연구**. 북코리아.

김종세(2013). 출입국관리법령에 있어서 다문화사회전문가 양성과정에 대한 소고. **漢陽法學**, 24(2).

김태원(2013). 베트남 결혼이주민의 한국사회 적응과정과 가치갈등. **다문화와 인간**, 1(2).

김희순 · 정희선(2011). 커뮤니티 아트를 통한 다문화주의의 실천: 안산시 원곡동 '리트머스'의 사례. **국토지리학회지**, 45(4).

문병기 · 라휘문 · 한승준(2015). 이민자 사회통합정책 종합진단 및 개선방안 결과보고서. 법무부.

문병기 · 이향수 · 황민철(2016). 사회통합프로그램 이수 의무화 방안 연구. 법무부 출입국 · 외국인 정책본부.

박해육 · 윤영근(2016). 지방자치단체의 이주민 통합정책. 한국지방행정연구원.

송지현 · 이태영(2010). 다문화가족 부부의 결혼적응요인에 관한 연구. **保健社會硏究**, 30(2).

여중철(2010). 다문화가족의 형성과 문화적 적응. **민족문화논총**, 0(44).

이성순(2013). 이주민 사회통합정책에 관한 연구. **사회과학연구**, 24(3).

장진경 · 신유경(2012). Marital Adjustment Factors for International Marriages in South Korea. *International Journal of Human Ecology, 13*(2).

전경옥 외(2013). **다문화사회한국의 사회통합**. 이담북스.

최무현 · 김경희 · 박홍순(2011). 다문화사회정책 거버넌스 현황과 미래지향적 발전방향. 한국여성정책연구원.

최병두(2018). **초국적 이주와 환대의 지리학**. 푸른길.

황정미(2009). 이주민의 사회통합을 위한 지역사회 참여현황과 참여증진. 한국여성정책연구.

황정미 · 김이선 · 이명진 · 최 현 · 이동주(2007). 한국사회의 다민족 · 다문화 지향성에 대한 조사연구. 한국여성정책연구원 연구보고서, 2007(19-2).

황필규(2010). 「난민의 지위에 관한 협약」상 '충분한 근거가 있는 공포'. 서울대학교 대학원 박사학위논문.

저/자/소/개

■ **배경임**
은평구 구립 내를건너서숲으로도서관 관장
인하대학교 다문화교육학과 초빙교수
한국열린사이버대학교 사회복지학과 겸임교수

■ **순덕기**
한국열린사이버대학교 상담복지대학장, 사회복지학과 교수
한국복지경영연구소장

다문화사회 지역사회와 사회통합

|공저자| 배경임 · 순덕기

|1판 1쇄| 발행 2022년 1월 14일
|1판 2쇄| 발행 2023년 1월 30일
|1판 3쇄| 발행 2025년 7월 30일

|발행인| 김동훈
|발행처| 공동체

|주소| 경기도 고양시 일산동구 호수로 358-39, 동문타워 1차 905호(백석동)
|전화| 031)814-3000(대표)
|팩스| 031)814-3100
|홈페이지| http://www.compub.co.kr
|전자우편| compub@naver.com
|출판등록| 2005년 10월 6일
|등록번호| 제396-2005-36호

|ISBN| 979-11-6725-093-3
정가 17,000원